权威·前沿·原创

皮书系列为
"十二五""十三五""十四五"时期国家重点出版物出版专项规划项目

BLUE BOOK

智 库 成 果 出 版 与 传 播 平 台

健康老龄化蓝皮书

BLUE BOOK OF HEALTHY AGEING

中国大中城市健康老龄化
指数报告
（2023~2024）

REPORT ON INDEX OF HEALTHY AGEING
IN MAJOR CHINESE CITIES (2023-2024)

聚焦基本养老服务体系
Focus on the Basic Older Adults Care System

主　　编／张雪永　杨一帆
执行主编／颜学勇

组织编写／西南交通大学国际老龄科学研究院
　　　　　西南交通大学公共管理学院老龄事业与产业发展研究中心

社会科学文献出版社
SOCIAL SCIENCES ACADEMIC PRESS (CHINA)

图书在版编目（CIP）数据

中国大中城市健康老龄化指数报告.2023~2024：
聚焦基本养老服务体系／张雪永，杨一帆主编；颜学勇
执行主编.-- 北京：社会科学文献出版社，2024.12.
（健康老龄化蓝皮书）.-- ISBN 978-7-5228-4512-8

Ⅰ.C924.24

中国国家版本馆 CIP 数据核字第 20244ZK017 号

健康老龄化蓝皮书

中国大中城市健康老龄化指数报告（2023~2024）
——聚焦基本养老服务体系

主　　编／张雪永　杨一帆
执行主编／颜学勇

出 版 人／冀祥德
组稿编辑／桂　芳
责任编辑／陈　雪
责任印制／王京美

出　　版／社会科学文献出版社·皮书分社（010）59367127
　　　　　地址：北京市北三环中路甲 29 号院华龙大厦　邮编：100029
　　　　　网址：www.ssap.com.cn
发　　行／社会科学文献出版社（010）59367028
印　　装／天津千鹤文化传播有限公司

规　　格／开　本：787mm×1092mm　1/16
　　　　　印　张：19.25　字　数：287 千字
版　　次／2024 年 12 月第 1 版　2024 年 12 月第 1 次印刷
书　　号／ISBN 978-7-5228-4512-8
定　　价／158.00 元

读者服务电话：4008918866

健康老龄化蓝皮书
编　委　会

主要编撰者简介

　　张雪永　博士，教授，博士生导师，西南交通大学文科学部主任，西南交通大学国际老龄科学研究院院长，兼任中国老年学和老年医学学会养老人才发展专委会副主任、四川省老年学学会会长，四川省教学指导委员会委员、四川省老年健康发展中心专家组副组长、《西南交通大学学报》（社会科学版）编委会副主任，日本庆应义塾大学法学部访问教授（2017年、2019年）。在国内核心期刊发表论文30余篇，出版学术著作10余部，主持主研国家社会科学基金、省部级科研课题和政府委托课题10余项，获四川省哲学社会科学优秀成果奖3项，四川省教学成果奖2项。

　　杨一帆　经济学博士，西南交通大学公共管理学院教授，博士生导师，西南交通大学国际老龄科学研究院副院长，四川省社会科学重点研究基地（西南交通大学公共管理学院老龄事业与产业发展研究中心）执行主任，主要研究领域为公共服务、养老金融、数智治理、康养产业。主持国家社会科学基金、国家自然科学基金、教育部、四川省社会科学重大项目等5项，国家发展改革委、国家卫生健康委等各级政府和部门委托课题50余项。

　　颜学勇　管理学博士，西南交通大学公共管理学院副教授，硕士生导师，四川省儿童工作资源中心核心专家，主要研究领域为公共政策理论、社会政策、家庭政策。著有《社会政策视野下城市劳动者的工作-生活关系研究》，编著《工作-生活平衡：理论借鉴与中国现实》，主持教育部课题1

项，四川省社会科学规划课题 2 项，在《公共行政评论》等国内核心期刊发表论文 20 余篇。

范文婷 西南交通大学公共管理学院讲师，法学博士，硕士生导师，中国人口学会婚姻家庭专业委员会委员，主要研究领域为人口发展与社会政策、婚姻家庭研究。在国内外学术期刊上发表论文十余篇，作为副主编参编专著 2 部。主持四川省社会科学学术研究专题项目 1 项，参与多项国家级社会科学基金项目。

施小勤 西南交通大学公共管理学院硕士研究生，老龄事业与产业发展研究中心研究助理，主要研究领域为公共政策、数字老龄化治理。

西南交通大学国际老龄科学研究院简介

  西南交通大学国际老龄科学研究院（以下简称"老龄院"）于2015年5月15日正式从全国老龄工作委员会获批，成为全国第一批四所"国家老龄科学研究基地"之一。老龄院立志彰显百年交大深厚的理工科学术基础，深入研究、广泛推广"积极老龄化，健康老龄化"的世界理念，以"高起点、跨学科、国际化"的办院宗旨，坚持走"文工交叉、医工结合、数智驱动"的创新发展道路，建设具有国际影响力的一流人才培养基地、一流成果产出基地、一流政策研究基地和一流产业咨询基地。2016年，老龄院被四川省委办公厅评为"四川省委高校重点智库"，并于2019年1月建成"四川省哲学社会科学重点研究基地——老龄事业与产业研究中心"，2019年9月，同中国质量认证中心合作建立"现代服务业评测业务操作中心康养培训基地"。

  老龄院现有专兼职研究人员23人，其中教授4人，副教授3人。四川省高等学校教学名师1人，四川省"天府青城计划"天府名师1人。近年来，老龄院教师主持完成国家、省部级社会科学基金重大项目4项，纵向合作项目共62项，横向合作项目数共103项；出版《中国大中城市健康老龄化指数报告（2021~2022）：聚焦年龄友好城市》《点亮银发设计：100个国际创意案例》《积极应对人口老龄化研究报告（2020）：聚焦医养结合》等专著8本；在CSSCI、北大核心、CSCD等学术刊物发表学术论文120余篇；在 *Geriatric Nursing*、*Frontiers in Endocrinology*、*Journal of American Medical Directors Association* 等 SSCI/SCI 来源期刊发表学术论文24篇。依托老龄院建成了西南交通大学公共管理学院老龄事业与产业发展研究中心，同时老龄院也搭建了数智社会基础设施新文科实验室等省部级科研平台、现代服务业评测业务操作中心康养培训基地。《以科技创新强化老龄社会的韧性治理》《以包容友善为导向统筹应对养老育儿难题》《专家建议-破解养老服务人才短缺的几个关键》《专家建议-关于加强养老服务机构监管的对策建议》等10余篇专家建言经学校党委采用，上报至教育部办公厅信息处、四川省委办公厅信息处、中共四川省委政策研究室等部门，充分发挥了新型智库的作用。

成立近十年来，老龄院广泛联系世界卫生组织、国际电信联盟、国际行政科学学会等国际组织和日本、韩国、瑞士、德国等老龄化发达国家的著名高校，始终坚持以国际比较的视野，聚焦基本养老服务和医养康养事业产业互动，研究成果丰硕，社会服务卓越。伴随国家及地方老龄工作和养老服务体系建设迈入新阶段，老龄院取得了长足进步，已经成为广大中西部和长江中上游地区的知名特色智库。

西南交通大学公共管理学院
老龄事业与产业发展研究中心简介

　　四川省社会科学重点研究基地"西南交通大学公共管理学院老龄事业与产业发展研究中心"（以下简称"中心"）于 2019 年 1 月建立。中心本着"高起点、跨学科、国际化"的发展原则，依托西南交通大学公共管理学院和国际老龄科学研究院的师资和资源，发挥学校在老龄科学交叉研究领域的优势，着力建设具有专业素养和创新精神的一流师资团队，开展具有国际视野和本土关怀的一流教学科研，培养具有社会责任和行动能力的一流人才。目前中心共有 21 位研究人员，其中教授 10 人，副教授 5 人；具有博士学位的研究人员 19 人，专职研究人员 7 人，培养硕士研究生 20 余人。

　　中心致力于我国老龄事业与产业发展领域的重大理论与实务问题研究。紧紧围绕党的十九大报告中提出的"构建养老、孝老、敬老政策体系和社会环境"的要求，借鉴国际有益经验，围绕老龄人口的养老、医疗、长期护理、社会福利等社会保障制度，围绕老龄人口的养老服务财税支持政策、家庭养老支持政策、社会参与支持与适老宜居环境建设政策、农村老龄人口的关爱服务政策以及养老服务人才教育培养政策，围绕人口老龄化背景下的家庭政策、代际关系以及与全龄友好社会的构建等议题开展研究。形成了《习近平总书记关于有效应对我国人口老龄化新理念新思想新战略研究》（被全国老龄委采用）、《推进养老机构市场化的财政补贴机制研究》、《关于渐进式延迟退休年龄政策的研究综述》、《养老金待遇差别与机构养老意愿研究—基于城乡调查样本的实证分析》、《企业的社会保险缴费是否过高：

文献回顾与反思》等多项研究成果。

中心致力于为不同学科视野下的老龄事业与产业研究提供支持，并为学者提供高水平、专业化的学术交流平台。从 2020 年到 2024 年，中心共发布年度课题 100 项，发布"后疫情时期的养老服务业中长期应对措施及制度建设""'十四五'时期四川省积极应对人口老龄化重大政策举措系列研究"专项课题 10 余项。2023 年，中心主办"新时代多层次养老服务高质量发展"学术研讨会，以养老服务供给、智慧养老、健康老龄化为主题进行了探讨，召集国内多个单位的近 30 名专家学者、青年才俊，为构建老龄研究的学术共同体贡献力量。

作为学校二级学术性质实体研究中心，西南交通大学公共管理学院老龄事业与产业发展研究中心将继续积极响应党和国家应对人口老龄化的战略部署，着眼老龄化政策研究以及老龄事业人才培养，为有效应对人口老龄化做出应有贡献，开辟学科改革与发展的试验田，实现"放眼国际、立足本土""国内一流，国际知名"的发展目标。

摘　要

　　人口老龄化和城市化是当前全球发展的两大显著趋势，庞大的老龄群体需求与快速的城市发展相互碰撞，形成了各个城市应对老龄化的复杂课题。如何提高城市健康老龄化水平以保障更大群体老龄人口的健康和福祉是各国政府公共政策的重要内容之一。

　　按照联合国的人口老龄化程度判断标准，我国已正式迈入中度老龄化社会，人口老龄化影响的弥散性和社会保障事业高质量发展，对老年服务提质增效提出新要求。党和国家高度重视老龄事业和养老服务体系发展，2023年5月中共中央办公厅、国务院办公厅印发了《关于推进基本养老服务体系建设的意见》，明确了基本养老服务体系的主要任务、工作原则、重点任务和组织保障，并以附件的形式规定了《国家基本养老服务清单》。基本养老服务何以成为中国特色养老服务体系的一个关键议题？当前我国基本养老服务体系建设情况如何？在未来发展中有哪些需要重点解决的问题？本书将对这些问题进行深入探讨。

　　"十四五"时期是我国新发展格局演变的关键期，也是人口老龄化进程的加速期和养老服务发展的重要战略机遇期。本书作为国际老龄科学研究院"积极应对人口老龄化"连续研究项目的年度成果，适时顺应国家政策形势变化，聚焦"基本养老服务体系建设"，从38个大中城市的基本养老服务清单、精准服务主动响应机制、养老服务保障机制、养老服务供给能力以及养老服务便利化可及化实践五个方面进行对比分析，深入剖析不同量级城市基本养老服务的地区发展差异，重点关注农村基本养老服务和数字化背景下

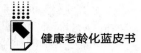

的基本养老服务建设，并借鉴国外基本养老公共服务的实践经验，以期搭建具有中国特色的基本养老服务体系，建成一个融社会保险、社会福利、社会服务于一体，覆盖全体老人兼具社会化、市场化、产业化的基本养老服务制度。在对38个大中城市的相关数据进行评估计算并加总对比的基础上，研究发现，目前仍存在总体建设水平偏低、区域间发展不均衡等问题，整体上我国健康老龄化建设仍处于探索阶段，基于国际经验及本土国情，未来我国大中城市健康老龄化建设应采取提升老年医疗服务水平、优化城市特色政策设计、创新老年群体社会参与模式等行动策略，为我国积极应对人口老龄化、提高城市健康老龄化水平提供一定参考。

本书综合运用全生命周期理论，结合政策工具理论、需求层次理论和协同治理等多学科前沿理论，从关注老龄化的"结果"研究转向"过程"研究，探讨基本养老服务体系建设的理论创新与实践创新，从而实现服务对象的普遍性、服务需求的基本性、服务标准的基础性、服务供给的多元性以及服务项目的可调整性，探索老龄人口治理的现代化路径，创新中国特色老龄社会治理新模式。

关键词： 老龄化　基本养老服务　健康老龄化　服务清单

Abstract

Population aging and urbanization are two significant trends in the current global development. The needs of the huge aging population collide with the rapid urban development, and how to improve the level of healthy aging in cities to protect the health and well-being of a larger group of elderly population is one of the important contents of public policies of governments.

According to the United Nations criteria for judging the degree of population aging, China has officially entered a moderately aging society, and the dispersion of the impact of population aging and the high-quality development of social security undertakings have put forward new requirements for improving the quality and efficiency of services for the elderly. The Party and the state attach great importance to the development of the cause of ageing and the service system for the aged. In May 2023, the General Office of the Central Committee of the Communist Party of China and the General Office of the State Council issued the "Opinions on Promoting the Construction of the Basic Old-age Service System", which clearly defined the main tasks, working principles and organizational guarantees of the basic old-age service system, and stipulated the National List of Basic Old-age Services in the form of annexes. Why has basic pension service become a key issue in the pension service system with Chinese characteristics? What is the current situation of the construction of the basic old-age service system in China? What are the key problems to be solved in the future development? This book will explore these issues in depth.

The "14th Five-Year Plan" period is a critical period for the evolution of China's new development pattern, as well as an important strategic opportunity period for the acceleration of the process of population aging and the development of pension services. As the annual achievement of the continuous research project of the

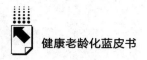

International Academy of Aging Sciences on "Actively Responding to Population Aging", this book timely adapts to the changes of national policy situation and focuses on the construction of basic old-age service system. The list of old-age services in 38 major cities, the active response mechanism of precise services, the guarantee mechanism of old-age services, the supply capacity of old-age services and the practice of facilitating and accessing old-age services. Focus on rural basic pension services and the construction of basic pension services under the background of digitalization, and learn from the practical experience of foreign basic pension public services, in order to build a basic pension service system with Chinese characteristics and pension service system that integrates social insurance, social welfare and social services, and covers all the elderly with socialization, marketization and industrialization. On the basis of evaluating and comparing the relevant data of 38 major cities, this book finds that there are still some problems, such as the low level of overall construction and the unbalanced development among regions, and that the construction of healthy aging in China is still in the exploratory stage on the whole. In the future, the construction of healthy aging in large and medium-sized cities in China should take action strategies such as improving the level of medical services for the elderly, optimizing the policy design of urban characteristics, and innovating the social participation mode of the elderly groups, so as to provide some reference for China to actively respond to population aging and improve the level of healthy aging in cities.

This book comprehensively applies the Whole Life Cycle Theory, Policy Instruments, Hierarchy of needs, Collaborative Governance Theory and other multidisciplinary frontier theories and turns from focusing on the result of aging to the process, explores the theoretical and practical innovations in the construction of the basic old-age service system, and explores the theoretical and practical innovations in the construction of the basic old-age service system. So as to realize the universality of service objects, the fundamentality of service demand, the fundamentality of service standards, the diversity of service supply and the adjustability of service items, explore the modernization path of aging population governance, and innovate the new model of aging social governance with Chinese characteristics.

Keywords: Ageing; Basic elderly care system; Healthy Ageing; Service list

目 录 ⟁

Ⅰ 总报告

Ⅱ 分报告

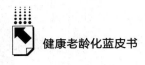
Ⅲ　专题篇

Ⅳ　借鉴篇

皮书数据库阅读**使用指南**

CONTENTS ⟆

I   General Reports

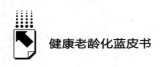
II Sub Reports

III Special Reports

IV Reference Report

总 报 告

B.1

中国大中城市健康老龄化建设进展
（2023~2024）

颜学勇　李心悦　黄彦植*

摘　要： 　中国社会迈入老龄化已经成为现实，老年人口作为社会重要组成部分，在社会稳定和谐中扮演着重要角色。健康老龄化的实施，一方面有利于改善老年人物质、精神生活质量，增进老年人福祉，另一方面也有利于推动养老保障体系的改革，促进社会领域制度创新，维持社会安定和谐，助力社会经济健康发展。目前，我国在健康老龄化建设中还存在认知缺乏整体性、制度环境不完善、区域发展不均衡等问题，需要国家进一步针对薄弱环节重点突破，提高健康老龄化建设工作的实效性与质量。本报告延续原有健康老龄化建设进展报告，选择38个具有代表性的大中城市作为样本城市，采用层次分析方法构建具有中国特色的城市健康老龄化水平评价指标体系。在保持原有五大评价维度不变的基础之上，根据现有经济社会形势发展以及

---

* 颜学勇，管理学博士，西南交通大学公共管理学院副教授，研究领域为社会政策、家庭政策等；李心悦，西南交通大学公共管理学院硕士研究生；黄彦植，西南交通大学公共管理学院本科生。

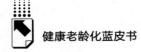
实际情况，对各维度下的一级指标进行了有针对性的调整和更新，使用公开数据，对 38 个样本城市各个维度的指标进行测量与评估，分析城市健康老龄化建设情况，并将城市量级作为考量因素，对比探究不同量级城市健康老龄化发展的特点以及区别，总结先进城市发展经验，提出未来应积极探索城市特色健康老龄化发展道路、完善医养融合发展的养老服务体系、推进老年群体友好环境建设、创新老年群体社会参与模式等政策建议，为我国积极应对人口老龄化、全面推进健康老龄化建设提供一定参考。

关键词： 人口老龄化　健康老龄化　城市建设与发展

一　中国健康老龄化建设现状

（一）中国健康老龄化建设的背景

1. 中国人口老龄化现实背景

随着现代经济和社会的发展，人口老龄化在世界范围内已成为一种普遍存在的现象。自 1949 年以来，由于新中国成立初期社会环境稳定和医疗卫生条件改善，我国人口一直处于快速增长阶段。20 世纪 70 年代，为了控制人口的迅猛增长并促进人口与经济社会的协调发展，我国实施了计划生育政策，"少生优生，幸福一生"的政策标语在全国范围内推广开来，在计划生育政策的严格影响下，我国人口的增长速度出现了明显的下降。直至 20 世纪 90 年代初，我国总和生育率降至 2.1 的更替水平以下，并于 2022 年呈现负增长趋势，总和生育率降至 1.1 以下，在全球处于倒数水平。由此可知，"低出生率、低死亡率、低自然增长率"的人口增长模式已经成为中国人口发展的主要特征，中国正在面临着少子化与老龄化加速发展态势。

2000 年，我国 65 岁及以上老年人口占总人口比重达到 7.0%，我国开始进入老龄化社会。在此之后我国的老龄化增速不断加快，程度进一步加深。到 2022 年，我国 65 岁及以上人口比重增长到 14.90%，进入深度老龄化社会（见图 1）。不断严重的人口老龄化趋势给我国的社会保障、公共服务带来巨大的压力与挑战。

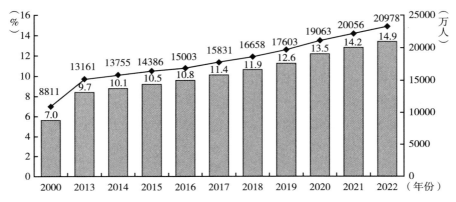

图 1　2000~2022 年我国 65 岁及以上人口总数及比例

资料来源：国家统计局。

目前，我国人口老龄化呈现人口规模大①、发展速度快、高龄化速度攀升、老年抚养比上升、养老负担加重②等特点。我国老年人口规模大，绝对数量在亚洲乃至全国都处于中上水平，增速更是处于全球老龄化发展的前列。我国 65 岁及以上老年人口占总人口的比重从 7% 上升到 14% 左右仅用了 20 年左右的时间（见图 1）。根据中国人口与发展研究中心的预测，中国 80 岁及以上高龄老人在 2035 年将直接翻倍，从 2020 年的 3570 万人增长至 7960 万人。③ 中国的高龄人口比例的持续增加是经济社会高速发展的必然产物。目前，中国已成为世界第二大经济体，其经济总量位居世界第二，仅次

① 国家统计局：《人口老龄化及其衡量标准是什么》，https：//www. stats. gov. cn/zs/tjws/tjbz/ 202301/t20230101_ 1903949. html，最后检索时间：2024 年 6 月 7 日。
② 孙鹃娟、高秀文：《国际比较中的中国人口老龄化：趋势、特点及建议》，《教学与研究》 2018 年第 5 期。
③ 《中国人口中长期变动趋势预测（2021—2050）》，https：//china. unfpa. org/sites/default/ files/pub-pdf/chinas_ population_ projection_ -_ medium_ variant_ 0. pdf，最后检索时间：2024 年 6 月 7 日。

于美国，经济的蓬勃增长带动了人民生活水平和生活质量的提高，同时也推动了医疗卫生水平的不断提高，人均预期寿命从 2010 年的 74.8 岁提高至 2022 年的 77.4 岁，逐渐庞大且增长迅速的老年人口数凸显出解决老龄化问题的迫切性。老年人口抚养比是用来衡量处于劳动年龄的人群供养老年人口负担的一项指标，其变动趋势揭示了我国人口结构的变化态势。近年来，我国老年人口抚养比的持续攀升，表明我国劳动力年龄结构日趋老化。更为严峻的是，生育率的持续低迷使新增劳动年龄人口数量锐减，劳动年龄人口规模缩减与老年人口规模扩大的双重作用，共同推动了老年人口抚养比的显著增长（见图 2）。2021 年中国老年人口抚养比首次突破 20% 大关①，预测到 2050 年，这一数字将突破 50%②，社会养老负担进一步加重。

图 2　2017～2021 年我国老年人口抚养比

资料来源：国家统计局。

人口老龄化是如今世界范围内普遍存在的人口现象，其影响涉及社会生活的各个方面。对于中国而言，老龄化将是未来较长时期内必须面对的常态化挑战。针对老龄化对经济发展、社会保障、养老模式以及老年人权益等方面所带来的影响，国家亟须采取有效措施积极应对。在这一背景下，健康老

①　国家统计局编《中国统计年鉴 2022》，中国统计出版社，2022。
②　任泽平团队：《中国老龄化研究报告》，《企业观察家》2022 年第 4 期。

龄化战略规划应运而生。

2. 健康老龄化中国方案的确立

1987 年 5 月，世界卫生大会首次提出健康老龄化概念[①]，1999 年世界老龄大会将其确定为应对人口老龄化的一项重要发展战略。而在 2002 年，世界卫生组织在健康老龄化的基础上提出了"积极老龄化"概念，这一概念的提出进一步扩展了健康老龄化的范畴和内涵。[②] 2015 年，《关于老龄化与健康的全球报告》发布，再次把"健康老龄化"提升到了重要议事日程上。明确了健康老龄化的核心目标在于提升老年人的生命质量，缩短患病生存期，延长健康预期寿命[③]。2021 年 12 月，《2021—2030 年健康老龄化行动十年》号召在全球范围内统一采取十年协调一致的健康老龄化行动来积极应对人口老龄化[④]，健康老龄化战略再一次作为应对人口老龄化的重要策略被提出，国际社会进一步加大了对健康老龄化的讨论与应用。我国作为人口老龄化问题日益突出的国家，积极响应国际社会的呼吁，将健康老龄化战略纳入了行动计划之中。2017 年 3 月，我国发布了《"十三五"健康老龄化规划》，首次将"健康老龄化"融入国家层面的宏观政策框架，标志着我国已将此战略视为国家宏观战略规划的重要组成部分。紧随其后的 2022 年 2 月，国家又颁布了《"十四五"健康老龄化规划》，明确提出推动健康老龄化进入新的发展阶段，并确定了国家健康老龄化战略的行动目标和方针。因此，健康老龄化战略与健康中国战略相互协同支撑，成为我国应对人口老龄化的重要行动方案。

对于健康老龄化内涵的深入理解是推动健康老龄化建设的关键。世界卫生组织（WHO）将健康老龄化定义为"发展和维护老年健康生活所需的功

---

① 王洵：《"健康老龄化"研究的回顾与展望》，《中国老龄科研中心》1996 年第 3 期。

② 陆杰华、阮韵晨、张莉：《健康老龄化的中国方案探讨：内涵、主要障碍及其方略》，《国家行政学院学报》2017 年第 5 期。

③ 杜鹏、董亭月：《促进健康老龄化：理念变革与政策创新——对世界卫生组织〈关于老龄化与健康的全球报告〉的解读》，《老龄科学研究》2015 年第 12 期。

④ WHO：《2021—2030 年健康老龄化行动十年》，https：//www.who.int/zh/initiatives/decade-of-healthy-ageing，最后检索时间：2024 年 6 月 7 日。

能发挥的过程"①，强调了从功能角度出发，全面考虑健康老龄化在整个生命周期中的重要性。中国作为全球老年人口规模排名前列的国家，根据本国人口老龄化的具体情况，对健康老龄化内涵进行了本土化的解读，并提出了适合中国国情的健康老龄化方案。其核心理念是维护健康公平和贯彻全生命周期视角，具体表现在转变发展模式方面，从以"治疗疾病"为核心的健康服务模式向以"维护健康"为核心的健康保障模式转变。此举将健康视为一种人力资本的投资，着重于维持和优化行动能力与社会功能，以延长平均预期寿命，提升寿命质量。② 综上所述，中国的健康老龄化框架立足于国际共识，重视个体差异，注重功能发挥，以维护健康公平为首要目标，关注全国人口在各个生命周期的健康维护和保障，而非仅仅局限于老年健康问题，更加突出对健康进行长期、全面的干预和促进。③

（二）中国健康老龄化建设的现状和问题

促进健康老龄化和积极老龄化对社会经济的发展和实现健康中国战略有重要意义。④ 为实现健康老龄化，国家在《"健康中国 2030" 规划纲要》⑤和《关于印发"十四五" 健康老龄化规划的通知》⑥ 等政策文件中作出了战略部署，明确了实现健康老龄化的规划。具体包括老年健康与教育工作、老年健康公共卫生服务体系建设、医养结合与医疗保障体系建设、适老健康环境建设、老年服务专业人才队伍建设等，全方位营造有利于老年人健康的

---

① WHO：《关于老龄化与健康的全球报告》，https：//www. who. int/publications/i/item/9789
241565042，最后检索时间：2024 年 6 月 7 日。

② 陆杰华、阮韵晨、张莉：《健康老龄化的中国方案探讨：内涵、主要障碍及其方略》，《国家行政学院学报》2017 年第 5 期。

③ 李志宏等：《国家应对人口老龄化战略研究总报告》，《老龄科学研究》2015 年第 3 期。

④ 刘远立等：《老年健康蓝皮书：中国老年健康研究报告（2018）》，《养生大世界》2020 年第 8 期。

⑤ 《中共中央 国务院印发〈"健康中国 2030" 规划纲要〉》，https：//www. gov. cn/zhengce/
2016-10/25/content_ 5124174. htm，最后检索时间：2024 年 6 月 7 日。

⑥ 《关于印发"十四五" 健康老龄化规划的通知》，https：//www. gov. cn/zhengce/zhengceku/
2022-03/01/content_ 5676342. htm，最后检索时间：2024 年 6 月 7 日。

社会支持环境。然而，由于我国仍处于并将长期处于社会主义初级阶段，经济社会的发展速度难以匹配人口老龄化加剧的速度，因此在人口老龄化趋势日益严峻的当下，健康老龄化建设仍存在一系列问题，实施健康老龄化的过程还需面对较大的挑战。

1. 健康老龄化建设环境支撑有待加强

政策的顺利实施需要各方面环境的支撑，良好的环境有助于扫清政策执行障碍，推动政策实行，二者形成良性互动，相互促进。环境主要包括主体环境和社会环境。目前，在健康老龄化建设过程中，各主体对健康老龄化建设仍存在认知不足的情况。于老年人群体而言，"健康"一词意味着身体上的健康，不生病即健康，心理、社会功能等维度的健康显然被忽视，由此可知大部分老年人对于健康这一概念还缺乏系统性和整体性的认知；于大部分养老机构而言，其对老年人提供的服务也更多停留在日常吃喝住行的照料层面，对于其社会参与、心理健康等方面的关注较少，这也显示出机构这一主体对于健康老龄化内涵的认知偏差；于大多数普通民众而言，健康老龄化的主体仍然是老年人，而非整体社会人群。这种认知的偏差导致部分中青年群体认为健康老龄化措施仅针对老年人，与自身关系微弱，从而对健康老龄化的建设缺乏关注和重视。因此，加大对健康老龄化理念的宣传与传播，在观念上纠正社会群体对健康老龄化概念和内涵的认知误区尤为重要。社会环境是指人类所处的社会经济、政治、法制等方面的综合环境，包括物质条件和精神文化因素在内的各种社会条件。健康老龄化战略的有效实施依赖于社会环境的支持，而我国目前的社会环境对于健康老龄化战略的支撑力不足。具体表现为老年友好生活环境建设的不足、老年人偏见与年龄歧视、制度歧视现象的存在、老年人群体权益保护的不足等，这导致我国老年群体在资源分配和机会获取等方面仍处于弱势地位，营造老龄友好的整体社会环境仍是健康老龄化战略中的重点任务。

2. 健康老龄化相关配套制度建设尚未完善

在政策制定方面，我国设计了一系列针对健康老龄化建设的战略规划，从国家层面的行动规划到相关部门的政策文件，都对实施健康老龄化作出了部署，但细化到具体执行领域，相关配套制度还存在不完善的地方。首先，长期照护制度的不健全是一个主要问题。随着我国高龄化趋势的加重，失能和失智老年人口的数量逐渐增加，传统的家庭照护模式已经无法满足快速增长的长期照护需求，亟须政府和社会作为补充力量提供长期照护服务。但目前我国长期照护制度还处在试点阶段，缺乏正式的制度规范和立法保障，相关人才的培养也存在缺失，整体性的长期照护服务体系还不完善，需求和供给的不平衡导致失能老人照料问题成为养老问题中亟待解决的一环。其次，"医养结合"的综合医疗卫生服务体系仍不完善。综合医疗卫生服务体系涉及医疗、护理、保健等多内容，目前我国在建设"医养结合"的综合服务体系过程中仍存在较多问题，如医养体系协同不畅、养老护理人才短缺、医养结合机构标准不一，质量良莠不齐，缺乏监管、医疗设施供给不足等问题，未来在医疗机构和人员的协调与管理方面还需进一步加大力度。

3. 健康老龄化建设中不平衡不均等问题仍然存在

我国地域辽阔，不同地区在老龄化程度、经济及社会发展等方面呈现出显著的差异性。伴随着经济与社会的持续进步，人口老龄化的趋势也愈发明显，特别是在沿海地区与内陆地区之间，这种差异变得日益突出。从全局来看，沿海地区因其较高的经济发展水平，往往也伴随着更为显著的老龄化现象。因此，相应的健康老龄化建设水平也会有所不同，呈现出不平衡和不均衡的特征。此外，同一地区的城乡之间也存在明显的差异。随着城镇化进程的加快，乡村劳动力大量涌入城市，造成乡村老龄化现象明显，而由于产业与劳动力向城市的迁移，城市的经济发展速度明显快于乡村，造成城市经济发展快、老龄化程度低，乡村经济发展弱、老龄化程度高的局面，这种经济发展状况与老龄化程度的不匹配导致乡村老龄化问题解决难度大，城乡之间健康老龄化建设不平衡程度加深。因此，如何统筹地区、城乡之间的资源，缩小因地区经济发展不平衡与城乡二元结构带来的公共服务不均等问题，也是健康老龄化战略实施的关键。

总之，我国目前在健康老龄化建设的过程中既存在制度和环境建设上的不足，也存在客观发展上的限制与短板，应对建设过程中的问题，需要国家和政策针对薄弱环节重点突破，从理念规划、政策设计、政策实施、政策评估、政策监管全过程出发，拓宽发展视野，构建老龄友好的社会发展环境，加强对健康老龄化建设评估指标体系的构建，提高健康老龄化建设工作的实效性与质量。

二 中国大中城市健康老龄化评估体系与构建原则

健康老龄化的治理是一个系统协调的过程，包括养老保障、社会参与、城市建设、经济发展、社会环境多个维度，治理水平的提高关键在于多维度的统筹协同与均衡发展，因此本轮评估构建了以健康医疗、人居环境、交通出行、社会公平与社会参与、社会保障与金融五大维度为基础的评估体系，下设 42 个一级指标以评估城市健康老龄化治理水平。

此外，考虑到中国幅员辽阔、人口众多且分布不均的情况，人口规模的大小直接关系到社会资源的人均分配情况，也直接影响着个人可获得资源的数量和质量①，随着人口规模的增加，公共服务的需求也相应增加，任务更为繁重，带来的压力也更大。因此，不同量级城市在治理过程中所面临的挑战是不同的，本次评估分析将加入人口规模因素，采用分类分析的方法，探讨不同人口规模城市健康老龄化治理的异同。

（一）多维度的健康老龄化评价体系

1. 养老保障维度

随着中国人口老龄化趋势的日益严峻，养老问题一直是社会关注的焦点，而养老保障体制的建设则是其中的关键。养老保障内涵丰富，不仅包括基本养老保险制度，还包括养老服务，即针对老年人的健康状态与需求给予

---

① 《超大城市治理的三点思考——规模焦虑、治理负荷与技术赋能》，https：//www.mtc.zju. edu.cn/2022/0330/c57731a2512066/page.htm，最后检索时间：2024 年 3 月 18 日。

日常照护服务①，老年人福利水平会受到养老服务质量的影响。同时，随着我国经济发展水平的提高，人民生活质量的提升，我国人口预期寿命逐年增长，老年人的疾病谱受到人口老龄化现象的影响而发生相应变化②，老年人群体中患慢性病的比例增加，伴随着其他生理、心理健康问题，直接影响老年人的晚年生活品质与生活幸福感，养老保障的作用便是通过预先的制度安排为老年人的生活提供各类保障，以提高老年群体抵御风险的能力，帮助其高质量地度过晚年。进入新时代以来，对于建立高质量养老保障体系、优化养老保障现有制度的呼声愈发高涨，如何在经济发展的同时促进养老保障体系的同频优化，从而促进整个国家基本养老服务体系的完善，是有效应对深度人口老龄化和提升健康老龄化水平的重要问题。

2. 社会参与维度

人是社会人，人不是完全孤立的主体，老年群体也是如此。社会参与是公民参与的一部分，是参与主体在与整个社会进行沟通互动的过程中，通过社会劳动或社会活动的形式，实现自身价值的一种行为模式。老年人社会参与是老年群体与社会互动的重要方式，这个过程包括多种活动，如退休再就业、从事家务劳动、从事社会公益/志愿活动等，多样化的社会参与形式有助于提升老年人的健康水平。已有研究证明，社会参与的程度对老年人的健康自评、认知功能、生活满意度、长寿以及死亡有影响③，对老年群体来说，退休之后他们的社会角色和社会地位会发生转变，晚年缺乏社会参与和社会活动对老年人的身体和心理都会产生不利影响。反之，积极参与各类社会活动有利于其舒缓身心，保持积极的心态，延缓身体机能的老化，提升其老年生活的质量。④ 因此，在人口老龄化不断加剧的背景下，增强老年人的

---

① 冉晓醒、陈功：《反思与重构：我国养老保障体系建设与动态发展》，《云南民族大学学报》（哲学社会科学版）2023 年第 6 期。

② 宁宇、李波、方芳等：《人口老龄化与老年人口健康及疾病问题的研究进展》，《吉林大学学报》（医学版）2008 年第 6 期。

③ 周云、常亮亮：《老年人"社会参与"的概念界定及其研究视角》，《老龄科学研究》2020年第 6 期。

④ 盛亦男、刘远卓：《社会参与对老年人健康的影响》，《中国人口科学》2022 年第 6 期。

社会参与对于促进他们的健康至关重要，也有助于推动健康老龄化和积极老龄化的进程。

3. 城市建设维度

城市发展是社会发展的必然结果，资源要素不断向城市聚集，人口向大城市集中，城市人口所占比重不断上升。与此同时，城镇化所带来的产业升级、经济发展、文化转变等，也使人们的生活、思维、就业等各方面的行为方式也发生转变。由此，人口老龄化问题伴随着逐年降低的生育率，在城镇地区尤为突出。老年人的生活质量与城市发展密切相关，城市化进程和老年人健康状况之间的相互影响日益凸显。除各类在城市发展中不断显现的"城市病"外，老年人的健康生活质量问题也成为城市未来面临的重要挑战之一。

4. 经济发展维度

习近平总书记指出，把积极老龄观、健康老龄化理念融入经济社会发展全过程。① 我国作为人口基数庞大、老年人口众多的国家之一，面临着老龄化速度迅速加快的挑战，应对老龄化的任务十分繁重。人口老龄化对经济发展的影响是双重的：一方面给经济带来了发展上的压力，另一方面也在一定程度上推动产业结构、就业结构和科技水平的转型与升级。这种影响具有持续性和全方位的特点。在当今积极老龄化的背景下，经济的发展也会反过来为健康老龄化的建设提供物质基础。经济的快速发展，为养老保障有关的制度体系的改革奠定了坚实的物质基础，促进了社会保障体系的构建，其中包含了医保报销流程、基本养老金标准以及养老金待遇等方面的进一步完善。同时，经济的增长、产业结构的优化也将对养老服务的需求产生一定的影响。随着我国人口老龄化程度的不断加剧，对老年人的照料需求也在不断增加。养老产业预计将成为未来我国经济发展的主导产业之一，尤其考虑到老年群体因身体机能衰退而对卫生医疗资源的需求量大于中青年群体，医疗卫

---

① 王建军：《把积极老龄观健康老龄化理念融入经济社会发展全过程》，《中国党政干部论坛》2022年第5期。

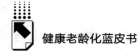

生产业体系的发展也显得尤为重要。因此，以健康理念为引导、健康服务为主线的养老产业模式对于提高老年人的生活质量有重要作用。[①] 未来，如何在促进经济平稳发展的同时，建立与经济发展水平同步的老龄产业保障制度，是实现健康老龄化的重要问题。

5. 社会环境维度

社会环境指的是我们生活的社会政治、经济、法律、科技和文化等各方面宏观因素的综合体，是与自然环境相对应的概念。环境对一个人的影响是潜移默化的，人的健康与生活环境、工作环境、居住环境以及娱乐环境都有密切关系，除了自然环境的破坏对人们的健康会产生消极影响外，其他环境因素也会对人们的健康产生影响。城市的发展在带来便利性的同时，也带来了巨大的城市生活压力，包括快节奏的生活、高竞争的工作、逐渐淡化的人际交往等，对人们的身体和心理健康产生影响。目前，环境和老年健康之间的关系受到了学界较为广泛的关注，其中包括养老机构环境对老年人健康的影响研究[②]、社区环境对老年健康的影响研究[③]、年龄友好环境的建设与发展研究[④]以及对适老化改造的演化特征的研究[⑤]。综合关注各方面社会环境因素对老年人健康的影响，有利于系统建设老年宜居城市，促进健康老龄化的进一步发展。

（二）健康老龄化城市治理评估体系构建

1. 评估过程

健康老龄化城市治理主要评估以下几个方面：老龄化社会资源的整合、

① 何宏莲、李晓东：《我国养老产业集群发展应对人口老龄化策略》，《学术交流》2020 年第 10 期。

② 张瑞秋、王義昂、张蓓、朱国栋：《养老机构环境对老年人健康影响的研究进展》，《中华护理教育》2023 年第 9 期。

③ 刘旭辉、于一凡：《高密度人居环境条件下社区建成环境对老年人健康的影响与干预路径》，《城市发展研究》2023 年第 8 期。

④ 伍小兰：《我国年龄友好环境的建设现状和发展趋势分析》，《老龄科学研究》2022 年第 3 期。

⑤ 刘天畅、朱庆华、赵宇翔：《中国适老化改造政策的文本分析与演化特征研究》，《情报科学》2024 年第 1 期。

老龄化社会行为的规范、老龄化社会问题的解决以及老龄化社会经济发展的措施。本报告将从系统观点出发，研究样本城市治理系统构成，主要是研究城市治理的主体、客体、环境、各子系统及其相互关系，以及系统运行各环节的作用发挥问题。

2. 评估方法

本报告采用层次分析法（AHP）来评估所选样本城市的健康老龄化治理水平。层次分析法是一种结构化的技术方法，用于处理复杂决策问题。它将决策分解为多个层次，再以之前的层次为基础，比较同一层次不同要素，确定不同因素之间的相对重要性，最后依据不同层次之间的权重来获得最优方案。在健康老龄化城市治理评估中，影响城市健康老龄化治理水平的因素主要可分为健康医疗、人居环境、交通出行、社会公平与社会参与以及社会保障与金融等五大维度。在这五个维度的基础上，进一步设置相应的二级指标，用于评估样本城市在各个维度上的治理水平。层次分析法基本步骤主要如下。

第一步，建立层次结构模型。将研究问题中的各种因素按照目标层、准则层和指标层进行分类和分解。

第二步，构造成对比较矩阵。根据第一步建立的层次结构模型，从第二层开始逐层与上一层进行对比，直至达到最底层。

第三步，计算权重并做一致性检验。分层级计算同一排因素的权重。

第四步，进行排序。对指标进行总体一致性检验。

第五步，将数据代入模型。根据计算结果得出结论，并提出相应的政策建议。

3. 指标选取原则

健康老龄化治理水平是多方因素共同影响的结果。城市的健康老龄化水平反映城市发展的多个方面。因此，在构建评估指标体系时，须确保所选指标全面、系统地反映城市健康老龄化治理水平。指标选取遵循以下原则。

（1）系统性

城市健康老龄化的治理水平体现在城市适老化建设的各方面，在评价城

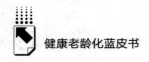

市健康老龄化治理水平时，应根据各维度的情况来系统构建城市健康老龄化指标，综合考虑每个维度之间的联系，将提升城市健康老龄化治理水平视为一个完整的系统，而非单一的指标评价维度。因此，系统性是在构建指标时必须考虑的原则之一。

（2）可行性

指标的可行性内涵主要包含两个方面：一是指在指标选取时要保证指标能够进行量化；二是指数据的可及性，即保证研究者能够收集到正确且可靠的数据进行量化处理。对于城市健康老龄化治理水平的5个维度而言，定性、定量相结合的方式使指标分析具有可行性，可为以后的数据分析提供依据。

（3）科学性

指标的科学性是指指标的设置要具有合理性，要能全面反映所研究问题的客观事实，评价指标就不能是主观臆断、没有科学依据的，评价结果的科学性和可信度需要科学且合理的评价指标保证。城市健康老龄化治理是一项系统性工程，在选取每个维度下的二级指标时应遵循科学的原则，既注意各项指标之间的联系，又要确保指标之间的独立性，避免指标重复和指标相互影响情况的出现。

（4）一致性

在指标的选取上，要注意三个方面：一是总体范围的一致性，即所选的指标应统一应用于38个城市健康老龄化治理水平的测量；二是目标的一致性，即选取指标的目标始终指向城市健康老龄化治理水平的评估；三是资料来源、统计口径的统一，即在获取38个城市健康老龄化水平治理的指标数据时，应保证其数据来源、年份、统计口径的统一。

（5）客观性

指标的客观性是指选取评估的指标必须能够客观、真实地评估研究对象的情况，而不是根据主观想法进行推断。在选取评估指标时，继续沿用课题组之前提出的城市居民退休生活质量的5个维度，从现实生活情况出发衡量各城市健康老龄化治理水平。

4. 评估指标体系

遵循上述指标选取原则，采用层次分析法将城市健康老龄化的总目标体系分为健康医疗、人居环境、交通出行、社会公平与社会参与、社会保障与金融 5 个维度。根据每个维度的特性选取适当指标，构建城市健康老龄化水平的评价指标体系。该指标结构体系可以更全面、系统、科学地评估城市健康老龄化水平。

在指标的调整上，延续原有健康老龄化建设进展报告的指标设置，结合目前我国经济社会发展现状，对部分指标进行了更新，提高了对 38 个城市健康老龄化水平评估的针对性。健康医疗维度更加注重评价老年人在各类医疗设施中的拥有和使用情况，目的在于对老年人拥有各项健康医疗服务的水平进行更为全面且具有针对性的评价；人居环境维度增加对市容环境投资比重的衡量，从城市市政投入重视程度的角度对人居环境水平进行评价；交通出行维度按照公共交通出行工具进行细化分类，分为公共汽（电）车、出租车、轨道交通三类，从公众的多种出行选择角度出发，衡量城市交通的便捷程度，同时增加对交通道路投资比重的测量，评估城市对于交通出行的重视程度；社会公平与社会参与维度增加了每千名老年人配备卫生与社会工作人员数指标，更加具有针对性地衡量老年群体的社会参与程度，社会保障与金融维度保留以往测量指标，对城市健康老龄化水平的经济发展状况进行评价。

至此，城市健康老龄化水平的评价指标体系构建完成，包括健康医疗、人居环境、交通出行、社会公平与社会参与、社会保障与金融 5 大维度下的 43 项指标，其中健康医疗维度下设 7 项指标、人居环境 8 项指标、交通出行 9 项指标、社会公平与社会参与 7 项指标、社会保障与金融 12 项指标。

在完整的指标体系中：（＋）表示该项指标为正向指标，其数值越高，现实情况越好；（－）表示为负向指标，其数值越低，现实情况越好（见表 1）。

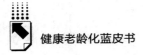
表1　城市健康老龄化指标评估体系

目标层	评价维度	一级指标
城市健康 老龄化水平	健康医疗	医疗卫生支出占GDP的比重(+)
		城镇家庭人均医疗保健支出占家庭消费支出的比重(−)
		每万人拥有医院数(+)
		每千人拥有医生数(+)
		每千名老人拥有医疗机构床位数(+)
		人口平均预期寿命(+)
		每千名老人拥有养老机构床位数(+)
	人居环境	城市总绿地面积(+)
		建成区绿化覆盖率(+)
		道路交通等效声级(−)
		环境噪声等效声级(−)
		生活垃圾无害化处理率(+)
		废水处理厂集中处理率(+)
		市容环境卫生支出占全市市政公用建设总投资的比重(+)
		空气优良率(+)
	交通出行	市辖区单位公共汽(电)车车辆客运量(+)
		公共汽电车数量/城市道路面积(+)
		万人拥有公共汽(电)车车辆数(+)
		万人拥有出租车车辆数(+)
		单位轨道交通里程配车数(+)
		人均城市道路面积(平方米)(+)
		建成区路网密度(+)
		交通道路固定资产投资占全市市政公用建设总投资的比重(+)
		路灯灯盏密度(+)
	社会公平与 社会参与	城镇非私营单位第三产业人口占总人口比例(+)
		城镇人均住房建筑面积(+)
		CPI（居民消费价格指数）5年算术平均(−)
		互联网宽带接入用户数占总人口的比例(+)
		娱乐教育文化服务占消费总支出的比例(+)
		每千名老年人配备卫生和社会工作人员数(+)
		城市教育支出占一般公共预算支出的比重(+)

目标层	评价维度	一级指标
城市健康 老龄化水平	社会保障 与金融	城镇基础养老金占人均可支配收入的比例(+)
		城市居民家庭消费支出(+)
		人均公共服务预算支出(+)
		人均一般公共财政预算支出(+)
		城市居民最低生活保障金与人均可支配收入比(+)
		月人均城镇职工基本养老保险金(+)
		城镇非私营单位在岗职工平均工资(+)
		城镇居民人均可支配收入(+)
		人均城乡居民储蓄存款(+)
		商业保险深度(+)
		商业保险密度(+)
		城镇基本养老保险参保人数占总人数的比例(+)

在缺失值处理方面，本次报告统计数据年份为 2022 年，考虑到数据收集与某些城市统计数据的发布之间存在时间差，且不同城市、不同指标之间的统计口径存在差异，遵循科学性原则，本书主要根据 2021 年和 2020 年已有数据计算指标变化率，以此为基础估算 2022 年数据的方法来补全缺失值，以尽可能减小数据缺失对分析带来的影响。

在本报告城市健康老龄化水平评估部分中，5 个维度都与老年人生活息息相关，对城市健康老龄化水平评估至关重要。因此，本报告将每个维度的权重均设置为 20%，以确保各维度下的指标具有相同的权重，从而反映各指标地位的一致性。

5. 指标解释

（1）健康医疗

A. 医疗卫生支出占 GDP 的比重：卫生医疗支出除以当年 GDP 后乘以 100%。

B. 城镇家庭人均医疗保健支出占家庭消费支出的比重：城镇家庭人均医疗保障支出除以家庭总消费支出。

C. 每万人拥有医院数：当地医院数（含卫生院数）除以以万为单位的当地常住人口数。其中医院、卫生院包括卫生部门、工业及其他部门、集体所有制单位、私人、以各种合作方式等举办的医院和卫生院数，还包括县级及以上医院数及其他医院数、城镇街道卫生院、农村卫生院及其他医院。

D. 每千人拥有医生数：医生（包括执业医师和执业助理医师）数除以以千为单位的城市常住人口数。

E. 每千名老人拥有医疗机构床位数：城市医疗卫生机构总数除以以千为单位的城市常住 60 岁及以上老人数。

F. 人口平均预期寿命：指假若当前的分年龄死亡率保持不变，同一时期出生的人预期能继续生存的平均年数。人口平均预期寿命是一个动态变化的指标，随着社会经济的发展、医疗技术的进步，以及公共卫生条件的改善，人口预期寿命通常会逐渐提高。它既是衡量人口健康状况的重要指标之一，也是衡量一个国家或地区经济社会发展水平的综合指标。

G. 每千名老人拥有养老机构床位数：城市养老机构床位数除以以千为单位的城市常住 60 岁及以上老人数。

（2）人居环境

A. 城市总绿地面积：指城市各类绿地（含公共绿地、居住地绿地、单位附属绿地、防护绿地、生产绿地、风景林地等六类）总面积。

B. 建成区绿化覆盖率：指在城市建成区的绿化覆盖面积占建成区的百分比，由城市建成区绿化面积除以建成区面积得出。建成区是指城市行政区内实际已成片开发建设、市政公用设施和公共设施已基本具备的区域。

C. 道路交通等效声级：指在特定时间段内，城市道路交通噪声的平均声级。反映城市道路噪声监测情况。

D. 环境噪声等效声级：反映城市市区环境噪声等级。

E. 生活垃圾无害化处理率：指无害化处理的城市市区垃圾数量占城市生活垃圾总量的比重。这个指标是衡量城市生活垃圾管理和环境保护水平的重要参数，反映了城市对生活垃圾进行有效处理和资源化利用的能力。

F. 废水处理厂集中处理率：指在一定时期内，通过废水处理厂进行集中处理的废水量占该时期内城市生活产生的废水总量的比重。这个指标反映了城市或地区对废水进行有效处理的能力，是衡量水资源管理和环境保护水平的重要参数。

G. 市容环境卫生支出占全市市政公用建设总投资的比重（+）：政府当年市容环境卫生投资数除以当年全市市政公用建设总投资数。反映政府在市容环境和卫生管理方面的投资情况的指标，衡量政府对环境卫生事业的投入程度。

H. 空气优良率：指空气优良天数占全年的比例，是衡量空气质量的重要指标。城市的空气质量受到各种污染物的影响，一定程度上会影响到居民的身体健康。

（3）交通出行

A. 市辖区单位公共汽（电）车车辆客运量：衡量公共汽（电）车每年客运人数的指标。

B. 公共汽电车数量/城市道路面积：衡量城市交通便捷程度。

C. 万人拥有公共汽（电）车车辆数：城市公共汽（电）车车辆总数除以城市常住人口万人数。

D. 万人拥有出租车车辆数：城市出租车车辆总数与城市常住人口万人数的比值。

E. 单位轨道交通里程配车数：衡量城市轨道交通发展水平的指标。轨道交通车辆数与轨道交通运营线路里程长度的比例。

F. 人均城市道路面积（平方米）：城市道路的总面积除以城市常住人口数。

G. 建成区路网密度：指道路网的总面积与建成区面积的比值。

H. 交通道路固定资产投资占全市市政公用建设总投资的比重：衡量政府对交通出行优化的重视程度与投入程度。当年政府交通道路投资总额（含轨道交通固定资产投资、道路桥梁固定资产投资）除以全市市政公用建设总投资数。

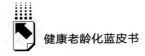

I：路灯灯盏密度：指城市路灯灯盏数量除以城市总道路面积，用以衡量城市道路照明情况。

（4）社会公平与社会参与

A. 城镇非私营单位第三产业人口占总人口比例：城镇非私营单位中第三产业在岗职工年末人数占总人口的比重（由于各地统计口径有所差异，出于对指标数据统一性、完整性的考虑，此项指标采用城镇非私营单位在岗职工人数衡量该城市第三产业从业人数）。

B. 城镇人均住房建筑面积：城镇住房建筑面积除以总人口数。

C. CPI（居民消费价格指数）5 年算术平均：近 5 年居民消费价格指数算术平均值。

D. 互联网宽带接入用户数占总人口的比例：反映城市积极参与现代社会生活的人口比重以及未来发展智慧养老的社会条件。

E. 娱乐教育文化服务占消费总支出的比例：娱乐文化服务支出总额除以居民消费支出。

F. 每千名老年人配备卫生和社会工作人员数：卫生和社会工作人员总数除以常住人口中 60 岁及以上老年人总数。

G. 城市教育支出占一般公共预算支出的比重：城市教育总支出除以全市当年一般公共预算支出。衡量城市政府对教育工作的投入程度和建设水平。

（5）社会保障与金融

A. 城镇基础养老金占人均可支配收入的比例：城镇基础养老金总额除以城镇居民可支配收入总额。

B. 城市居民家庭消费支出：包括个人和家庭用于生活消费和个人消费的支出总额。

C. 人均公共服务预算支出：指政府在民生预算的投入除以当地常住人口数。

D. 人均一般公共财政预算支出：指政府在公共卫生的支出除以当地常住居民人口数。

E. 城市居民最低生活保障金与人均可支配收入比：城镇居民最低生活保障金除以人均可支配收入。

F. 月人均城镇职工基本养老保险金：衡量城镇职工每月基本养老保险金水平的指标。

G. 城镇非私营单位在岗职工平均工资：衡量城镇单位在岗职工平均工资水平的指标。

H. 城镇居民人均可支配收入：当年城镇居民可支配收入除以当地常住人口数。

I. 人均城乡居民储蓄存款：由年末城乡居民存款余额除以常住人口数。

J. 商业保险深度：城市中保险费用收入总额占城市 GDP 之比重。

K. 商业保险密度：城市中保险费用收入总额占城市常住人口的比重，它标志着该地区商业保险业务的发展程度，也反映了该地区经济发展的状况与人们保险意识的强弱。

L. 城镇基本养老保险参保人数占总人数的比例：衡量城市基本养老保险覆盖程度，城镇基本养老保险参保人数与城市常住人口总数的比值。

注：为统一指标的统计口径，保证指标的一致性，各城市老年人口数量的数据来源于各城市第七次人口普查公报中 60 岁及以上人口数据，人口平均预期寿命数据来源于各城市第七次人口普查数据。

三 中国大中城市健康老龄化建设情况

（一）2023~2024年城市健康老龄化建设情况

1. 城市选取和资料来源

在完成城市健康老龄化水平评估的指标体系构建之后，本报告选取了 38 个城市为样本进行量化处理，对其健康老龄化状况进行比较和深入剖析。为了提升城市健康老龄化评估的广泛代表性和普遍适用性，确保能够全面而准确地反映全国各城市在推进健康老龄化方面的建设成效，进而深入分析不同地域间健康老龄化发展的差异性与趋势，本报告在选取评估城市时，严格遵循"地域广泛覆盖与均衡分布"的原则，选取全国各省市的省会城市及一批具有显著代表性的城市作为研究样本，对这些城市进行了深入细致的测量与综合评估。[①]。

本研究报告采用政府部门公开数据，保证数据来源多样性和严谨性。主要数据来源于 38 个大中城市 2023 年统计年鉴和 2022 年统计公报，部分数据采用《中国城市统计年鉴 2023》《中国城乡建设统计年鉴 2022》《中国城市建设统计年鉴 2022》的数据。

2. 数据处理

为了统一数据分析和计算，本报告对采用的城市健康老龄化水平评估指标的计量单位差异进行了处理。主要步骤如下。

首先，确定指标的正负属性。正向指标表示数据数值越大，现实情况表现更好，得分越高；负向指标则相反，数值越小表示现实情况越好，得分越高。其次，针对每个指标收集完整的数据筛选出表现最好和最差的城市，表现最差的城市赋值为 0 分，表现最好的城市赋值为 100 分。对其他城市则按照 0~100 分进行赋值，以同样的方式处理所有指标数据，从而实现对所有指标的无量纲化处理。

在数据收集完成之后，将 38 个城市健康老龄化水平数据矩阵化：

$$[x_{ij}](i = 1,2,\cdots,38; j = 1,2,\cdots,43) \tag{1}$$

i 表示样本城市的数量，j 表示指标数量。随后，对数据进行无量纲化处理，将任意的第 j（$j=1, 2, \cdots, 44$）项指标的数据，记为：

$$m = \min\{x_{ij}\}, M = \max\{x_{ij}\}, R = M - m, i = 1,2,\cdots,38 \tag{2}$$

公式变化如下。

①当数据为正向指标，即数据越大反映越好的表现时，进行如下处理：

---

① 注：鉴于各样本城市在规模上存在显著差异，为便于行文表述，本报告将所涉 38 个样本城市统一称为"大中城市"。此处"大中"仅为一个统称用语，不承载具体规模分类的实质意义，与后续分析中详细区分的"超大城市"、"特大城市"及"大城市"等概念相区别。后者依据城市规模划分标准，严格以城区常住人口数量为基准进行界定，并对各样本城市进行了细致分类。后文将深入阐述这些划分标准的具体内容，以及各样本城市所归属的具体类别范畴。

$$y_{ij} = (x_{ij} - m)/R \tag{3}$$

②当数据为负向指标，即数据越大反映越差的表现时，进行如下处理：

$$y_{ij} = (M - x_{ij})/R \tag{4}$$

通过无量纲化处理，得到新的数据矩阵：

$$[y_{ij}](i = 1, 2, \cdots, 38; j = 1, 2, \cdots, 44) \tag{5}$$

通过对样本城市所有指标得分进行计算，进而利用这些指标数据得分计算出样本城市在各维度上的得分，最后根据各维度权重加总得出每个城市的健康老龄化水平，即：

$$D_i = \sum_{j=1}^{44} (y_{ij} \times w_j) \tag{6}$$

D 代表城市健康老龄化水平。

3. 总体情况

通过对 38 个样本城市相关数据的统一处理，得到各城市健康老龄化各维度以及总体建设情况。从总体情况来看，各城市的健康老龄化建设还处在尚未成熟的阶段，且呈现出区域发展不平衡的特点。北京、南京、上海、广州、深圳的健康老龄化水平位于全国前列，但除北京、南京、上海、广州外，其余城市健康老龄化水平总得分在 50 分以下，得分在 40~50 分的城市共有 22 个，得分在 30~40 分的城市共有 12 个，全国平均得分 43.07 分。总体分数的偏低一方面与本轮评价指标的调整与细化有关，为了提升评估的科学性，在指标设计环节对各一级指标进行了调整，更加注重各维度下一级指标与健康老龄化水平的关联性，对关联性较弱的指标进行了优化处理，且在计算过程中对指标数据进行了统一的无量纲化处理，统计口径的缩小与数据的统一化处理导致了本轮各城市健康老龄化水平总体得分的小幅度降低。另一方面也说明了当今各大城市健康老龄化建设总体水平偏低，仍存在基本养老服务供给能力不足，体系尚未健全等问题。从区域来看，健康老龄化建设水平较高的城市大多为沿海城市，比如上海、珠海、广州、深圳、宁波等，得益于其丰厚的经济基础以及先进的治理理念，养老服务水平处于领先地位；而一些内陆城市由于资源禀赋的不足，如兰州、西宁、呼和浩特、乌鲁木齐等城市，养老服务供给水平较低，健康老龄化整体水平的提高还有很大的进步空间。

与上一轮城市健康老龄化建设评估相比，38个大中城市的健康老龄化建设水平均存在不同程度的变化，其中乌鲁木齐、哈尔滨、呼和浩特、济南、天津、长沙、银川、合肥的变化较大，大幅度变化的背后是多因素作用的结果，一方面与本轮评估指标的变动有关，另一方面也反映了城市在推进健康老龄化建设过程中治理水平与重点的变化。

本轮评估中，乌鲁木齐在总体建设水平的评估上出现了很大程度的下降，是38个城市中下降最多的城市。具体来看，乌鲁木齐各项指标相较于上一轮城市健康老龄化水平评估中的得分均有所下降，其中下降最为明显的一项是社会公平与社会参与，从2021年的9.75分下降到2022年的2.94分，得分远低于平均水平（见图3）。

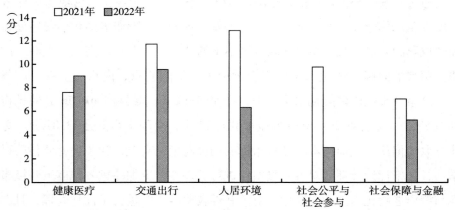

图3 乌鲁木齐健康老龄化各维度建设情况对比（2021年、2022年）

资料来源：2021年数据见《健康老龄化蓝皮书：中国大中城市健康老龄化指数报告（2021~2022）》；2022年数据从中国各城市统计年鉴和统计公报获取，经作者计算得出。

近年来，作为新疆维吾尔自治区的首府，乌鲁木齐的社会经济得到了较大的发展，但由于长期以来基础薄弱、负债较多，发展后劲不足，增长动力减弱，难以维持持续高速的发展态势。就得分最低且下降最多的社会公平与社会参与维度来说，截至 2022 年底，乌鲁木齐常住人口有 408.24 万人，但全市图书馆、文化馆、博物馆总量仅 21 个，[①] 平均每万人仅拥有 0.05 个公共文化设施，公共文化设施建设显然难以满足本市各族群众日益增长的精神文化需求。同时，作为地处西北的城市，受待遇保障、发展环境等诸多因素的影响，乌鲁木齐目前仍存在引才、留才、用才难的问题，就当地健康老龄化建设来讲，卫生和社会工作专业人才的缺乏，老年人身心照料专业力量的不足也阻碍了当地医养结合的健康老龄化模式的发展，导致其在健康医疗领域的落后。除此之外，老龄工作涉及民政、发改、财政、规划、卫健、人社等多个部门，各部门协调能力的不足以及政策落实步调的不一致导致政策落实效果的不足，也在一定程度上制约了当地老龄事业的高质量发展。总之，随着老龄化形势日益加剧，乌鲁木齐养老服务发展仍面临巨大挑战，任务紧迫繁重，需要进一步加强顶层设计，完善政策落实。

相比于乌鲁木齐断崖式的下降，哈尔滨、济南、天津、长沙、合肥五个城市在健康老龄化建设上均有较大程度的进步与提升。对比各城市综合建设情况，哈尔滨是 38 个城市中进步最为明显的城市。治理水平的提升是自上而下齐心努力的结果，2022 年，哈尔滨积极创建"老年友好型社区"，社区养老服务工作成果显著，全市 6 个社区被命名为"2022 年全国示范性老年友好型社区"，[②] 在提升社区基础设施适老化程度的基础上完善了社区基本养老服务，不仅从日常生活起居方面关注社区老人健康，还注重老年人的心理和社会参与需求，提升老年人的综合幸福指数，良好的示范作用也进一步带动了哈市整体老年友好社区的建设，也为未来哈尔滨进一步提升养老服务质量奠定了基础。济南、天津、长沙、合肥紧跟哈尔滨步伐，在健康老龄化

---

① 《2022 年乌鲁木齐市国民经济和社会发展统计公报》，https：//www.xinjiang.gov.cn/xinjiang/dzdt/202304/abe0ff204835445cb9e0003d646e5f60.shtml，最后检索时间：2024 年 3 月 17 日。

② 《关于命名 2022 年全国示范性老年友好型社区的通知》，http：//www.nhc.gov.cn/lljks/zcwj2/202210/088f76619d3f4351bba843d6d6467913.shtml，最后检索时间：2024 年 6 月 7 日。

各项建设上取得了较大的进步，对比各维度发展情况，各城市在交通出行方面的建设进步最为明显（见图4）。

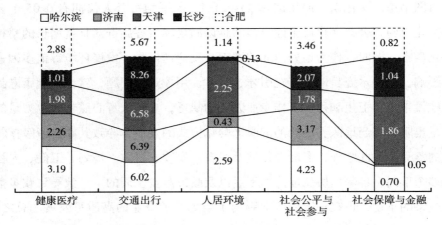

图4 哈尔滨、济南、天津、长沙、合肥各维度建设水平变动绝对值

资料来源：2021年数据见《健康老龄化蓝皮书：中国大中城市健康老龄化指数报告（2021~2022）》；2022年数据从中国各城市统计年鉴和统计公报获取，经作者计算得出。绝对值为2022年指标得分与2021年指标得分之差。

交通运输是国民经济中的基础性、先导性和战略性产业。城市综合交通运输体系的完善有助于满足人民多样化的出行需求，提升人民的获得感和满意度，同时也为城市在其他治理水平方面的提升奠定了基础。

交通出行的发展得益于各地交通建设政策的落实和推进，从顶层设计来看，各地交通出行发展水平的提高得益于其因地制宜发展规划的制定和实施。2021年哈尔滨发布《哈尔滨市综合交通运输"十四五"发展规划》①，推动哈尔滨成为全国向北开放的重要窗口以及与俄罗斯及东北亚区域合作的中心枢纽；济南市印发了《济南市"十四五"综合交通运输发展规划》②制定了详细的"十四五"综合交通运输发展规划，并设立了详细的指标体

---

① 《〈哈尔滨市综合交通运输"十四五"发展规划〉发布》，https：//new.qq.com/rain/a/20211231A06UVU00，最后检索时间：2024年3月17日。

② 《济南市人民政府关于印发济南市"十四五"综合交通运输发展规划的通知》，http：//www.jinan.gov.cn/art/2022/7/26/art_2613_4924866.html，最后检索时间：2024年3月17日。

系以参照比对发展落实情况，为建设综合立体交通体系奠定了基础；天津发布《天津市综合交通运输"十四五"规划的通知》，明确了天津交通发展目标，建设"2-3-6-8出行交通圈"①，发展铁路、公路、航空港综合发展的立体交通网；长沙在《长沙市"十四五"交通运输发展规划（2021—2025）》中明确了交通发展总体思路，把握"一二五九四"总思路精准发力②，构建"大交通"格局。合肥在《合肥市"十四五"交通运输发展规划》中则明确了打造"四个枢纽"，完善"四个网络"，结合自身地域特点，推动建成长三角西翼门户型、链接长三角与中西部的国家级综合交通枢纽。③ 发展规划的制定为地方执行提供了方向，奠定了基础。

在交通建设方针的指引下，各地加大了对于交通出行基础设施的投资与建设。哈尔滨、济南、天津、长沙、合肥五市均加大了道路交通领域基础建设的投资。截至2022年，哈尔滨、济南、天津、长沙、合肥分别建成79.72公里、84.02公里、293.86公里、209.29公里、170.95公里城市轨道交通线路，在建城市轨道交通线路长度总计超600公里④，不断延伸的城市轨道交通线路进一步完善了城市交通运输网络，切实提升了市民出行的便利程度。除此之外，各城市还加大了互联网+交通的应用，在交通道路信息共享、车辆调度、交通运营车辆监管等多方面强化"智慧交通"模式，打造"城市交通大脑"，而济南作为国内第一个建立"点—线—面"全生命周期精细化管理的城市，正在交通大脑2.0时代稳步推进城市治理领域的智慧赋能工作。交通基础设施的完善加之智慧交通手段的运用优化了城市公共交通资源，在保障公众安全出行、提高出行安

---

① 《天津交通"十四五"规划发布 基本建成现代化高质量立体交通网》，https://www.tj.gov.cn/zwgk/zcjd/202108/t20210823_5541832.html，最后检索时间：2024年5月18日。

② 《〈长沙市"十四五"交通运输发展规划（2021—2025）〉出炉》，https://jtt.hunan.gov.cn/jtt/xxgk/gzdt/szdt1/202112/t20211203_21232836.html，最后检索时间：2024年5月18日。

③ 《合肥市"十四五"交通运输发展规划》，https://jtj.hefei.gov.cn/jsgh/14856101.html，最后检索时间：2024年5月18日。

④ 中华人民共和国住房和城乡建设部：《中国城市建设统计年鉴2022》，中国统计出版社，2023年9月。

全系数、节约居民交通成本方面发挥了重要作用，进一步提升了城市交通建设的水平和质量。

（二）不同量级城市2022~2023年健康老龄化建设情况

在本轮城市健康老龄化水平评价体系中，指标多选用人均指标，因此除了城市发展的各项数据外，城市的人口数量对于指标的衡量也具有关键作用。城市的人口数量对指标数据的影响体现在城市医疗卫生、社会公平、社会保障等多个方面。为了降低各城市人口差异带来的影响，我们基于不同城市的人口数量，将城市进行分类，以此为基础进行进一步分析。

2014年国务院发布《关于调整城市规模划分标准的通知》，以城区常住人口为统计口径对城市规模进行了统一的划分。[①] 本报告根据这一划分标准，结合所选样本城市特征，将城市划分为超大城市、特大城市和大城市。超大城市的城区常住人口超过1000万人，这类城市规模庞大，人口密度高，经济发达，具有显著的国际影响力，本报告样本城市中的北京、上海、广州、深圳、杭州、天津、成都、苏州、郑州、重庆、武汉、西安属于这一范畴。而特大城市的城区常住人口介于500万人至1000万人之间，这类城市规模较大，人口密度高，经济相对发达，也具备一定的国际影响力，本报告样本城市中的南京、长沙、济南、哈尔滨、宁波、青岛、大连、合肥、无锡、昆明、沈阳、南昌、长春、福州、石家庄、南宁属于这一范畴。大城市的城区常住人口介于100万人至500万人之间，这类城市规模适中，人口相对较多，经济较为发达，本报告样本城市中的珠海、太原、海口、贵阳、西宁、兰州、银川、厦门、呼和浩特、乌鲁木齐位于这一范畴之内。

总体来看，超大城市、特大城市和大城市在环境、教育、医疗等公共服务方面存在差异（见图5）。超大城市在医疗卫生、交通、社会公平和环境方面都比较发达，很少拥有短板部分，但对比起来东部以及沿海地区超大城

---

① 《国务院关于调整城市规模划分标准的通知》（国发〔2014〕51号），https://www.gov. cn/zhengce/content/2014-11/20/content_ 9225. htm，最后检索时间：2024年2月13日。

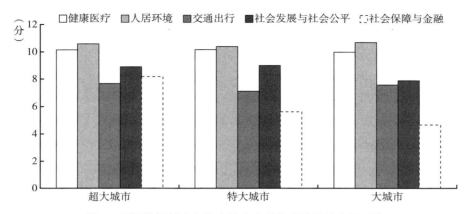

图5 不同量级城市各维度健康老龄化建设平均水平对比

注：为了减小极值的影响，此处按照去除最大值和最小值，取余下数据的平均值得出不同量级城市各维度健康老龄化建设平均水平。

资料来源：根据中国各城市统计年鉴和统计公报，经作者计算得出。

市总体水平会高于西部超大城市，这与城市的资源禀赋有关，西部地区相较于东部发达地区和沿海地区而言，其经济发展水平和资源拥有量较少，加之其人口规模较大，提供优质公共服务的难度会更大。除此之外，有限的公共资源配给不断扩大的人口，人均获取的公共资源和公共服务随之减少，在本轮评估中体现为偏低的人均指标得分，这也是导致个别超大城市在评估中处于劣势的原因之一；特大城市在部分方面发展较好，城市的发展有自己的特色和支撑，但存在发展不平衡的情况，某些方面的发展有所欠缺；大城市健康老龄化的治理水平存在较大的地区差异，东部沿海地区经济发达城市治理水平明显高于西部内陆地区经济欠发达城市，良好的经济基础与发展资源加之适宜的人口规模，有利于城市在更大程度上实现服务供给与需求的匹配，促进政府在健康老龄化治理过程中对老年群体需求的满足，提高其老龄化治理资源的利用效率与效果，人均资源的分配也会略强于个别特大城市和大城市，如珠海、海口等城市。但对于西部内陆地区的城市来说，发展视野的局限、基础资源的不足、可有效利用劳动力资源的欠缺等因素交织融合，制约其城市整体治理水平的提高。而健康老龄化治理作为城市治理体系的一部

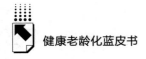

分，由于加入了老年群体多样化需求这一更为具体化的要素，治理任务的复杂性进一步增加，给城市治理带来了更大的压力。

由此，城市人口规模是城市治理的恒定因素，也是城市治理的变化因素，既包含正向积极的因素，也蕴含着负面消极的因素，不同的人口规模意味着不同的需求和问题，需要采用与之匹配的治理策略和政策。

（三）典型城市分析

下文选取 38 个城市中单项维度表现最突出以及最薄弱、综合维度发展最均衡的三个城市进行分析，研究其中的治理策略与问题，以提供经验教训，促进同类型城市治理水平的提高。

1. 北京市：综合治理水平、社会保障与金融发展的典范

在城市健康老龄化水平综合得分上，北京市以总分 58.5 分领先全国其他大中城市。从具体每个维度的得分情况来看，北京市的健康医疗得分为 12.11 分、人居环境得分为 12.25 分、交通出行得分为 9.02 分、社会公平与社会参与得分为 9.25 分、社会保障与金融得分为 15.87 分（见图 6）。从城市健康老龄化建设的五大维度来看，北京市各维度的得分均超过平均水平，且各维度建设水平较为均衡，综合治理水平处于全国领先地位，其中经济与金融方面的发展情况最佳，极具示范性作用。

北京市是最先建设养老驿站的城市之一，也是"社区嵌入式养老"家庭适老化改造项目和社区基本养老服务提升项目的开创者，北京市致力于将养老服务贴近老年人的生活，包括老年人的身边、床边以及周边。同时，北京市在养老提供的主体上不同于其他城市的多元主体，指出要培育一类主体，政府作为唯一主体，通过市场化运作向基本养老服务对象发放津贴和补贴，提供无偿或低偿服务。

在社会保障与金融方面，北京"断崖式"领先其他城市。这得益于北京的政策支持。2022 年疫情之后，为了加快经济的复苏，北京市金融服务工作领导小组发布《北京市"十四五"时期金融业发展规划》，在七个方面发展北京金融业。通过强化大国首都金融功能，高水平建设国家金融管理中

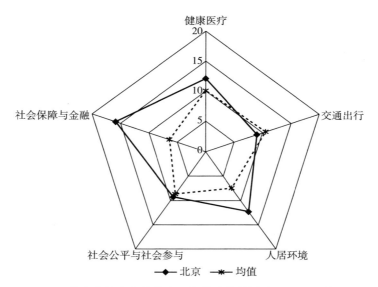

图6　北京市健康老龄化建设各维度指数雷达图（2022年）

资料来源：作者根据中国相关城市统计年鉴和统计公报计算所得。

心。同时，发挥"金融+科技+数据"的叠加优势，构建金融科技创新中心。大力发展与首都功能定位相适应的现代数字金融体系，打造一个市场要素完备、发展动能强劲、创新能力突出、治理体系完善的数字金融示范区，为北京建设全球数字经济标杆城市提供坚实保障。[①]同时，北京注重京津冀协同发展，京津冀交通一体化，打造便捷交通与产业共赢的新格局。京津冀交通一体化不仅为区域交通带来了革命性的改变，更为区域产业发展带来了前所未有的机遇。随着交通瓶颈的打破，三地之间的产业合作将更加紧密，形成一个优势互补、互利共赢的产业生态圈。一方面，北京的科技创新成果将在天津和河北实现产业化，推动区域产业升级和转型。另一方面，河北和天津将发挥自身的产业优势，积极承接北京的产业转移，提升自身产业水平。

　　在追求经济发展的同时，北京也重视环保问题。在京津冀协同发展的过

---

① 《北京市"十四五"时期金融业发展规划》，https://fgw.beijing.gov.cn/fgwzwgk/zcgk/ghjhwb/wnjh/202209/t20220906_2809326.htm，最后检索时间：2024年2月13日。

程中，环保成了一个至关重要的考量因素。为了实现区域的可持续发展，京津冀地区在推进交通一体化的同时，也加强了环保措施的落实。北京市积极推广绿色出行方式，倡导低碳、环保的生活理念。同时，加强生态环境保护，确保每一片绿地、每一条河流都得到妥善的照顾。通过这些措施，京津冀地区将打造一个绿色、生态、美丽的区域环境，为经济发展注入新的活力。这不仅有利于提高居民的生活质量，也有助于区域经济的长远发展。

由此可见，京津冀交通一体化不仅是一个产业和交通领域的变革，更是推动绿色发展、实现可持续发展的重要手段。京津冀地区为全国乃至全球树立了一个典范。

2. 苏州市：稳步打造"苏式颐养"新典范

2022 年苏州健康老龄化建设总得分为 42.72 分，具体而言，健康医疗得分 7.83 分，交通出行得分 10.29 分，人居环境得分 6.89 分，社会公平与社会参与得分 8.49 分，社会保障与金融得分 9.22 分，各维度的得分较为平均，得分最高与得分最低的维度仅相差 3.4 分（见图 7），除超大城市深圳以外，苏州是 38 个样本城市中发展最为均衡的城市，因此对苏州均衡发展经验的分析有利于为大部分城市综合发展提供借鉴。

均衡的发展源自对发展大局的综合把握。作为全国首轮市域社会治理现代化试点城市，苏州市高度重视社会治理现代化模式的创新和探索，从顶层设计、制度创新、目标规划等多个方面加强市域统筹，全力推动社会治理各项工作。苏州市相继出台《苏州市市域社会治理现代化"十四五"发展规划》和《苏州市争创市域社会治理现代化示范城市三年行动计划（2020—2022）》，将风险防范、公共服务、科技赋能、社会参与、健康照料等多项工程融入经济社会一体化发展大局中①，并同步开展社会治理创新研究与案例经验总结，做到实践创新与反思总结的统一，高质量的协同发展治理模式为健康老龄化的治理提供了良好的基础。

---

① 《苏城善治：为特大城市社会治理现代化探路》，https：//www.jsthinktank.com/xhrbzkzk/202207/t20220722_7624884.shtml，最后检索时间：2023 年 3 月 18 日。

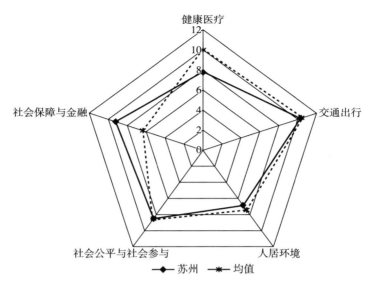

图7 苏州市健康老龄化建设各维度指数雷达图（2022年）

资料来源：作者根据中国相关城市统计年鉴和统计公报计算所得。

"统筹规划、苏城善治"是苏州健康老龄化治理的主基调。作为全国老龄化程度较高的地区之一，苏州致力于建设整合型老年健康服务体系，创建老年友好型社区，主要涵盖以下几个方面：居住环境的安全整洁、出行设施的完善便捷、社区服务的便利可及、社会参与的广泛充分，将人居环境、交通出行、社会参与等维度融入健康服务体系之中，以此提升老年人口的获得感、幸福感、安全感。统筹规划的同时需要结合痛点问题加以治理。老年医疗问题一直以来是困扰老年人健康养老的关键问题，因此，苏州将老年友善医疗卫生机构的建设作为构建高质量老年健康服务的重要内容，2022年，全市347个医疗机构中，已有338家创建省级老年友善医疗机构，创建率、优秀率分别达97.4%和27.95%[①]，有效提升了老年健康服务水平。除健康医疗、社会参与、人居环境、交通出行在老龄化治理中的统筹发展外，苏州

---

① 《苏州市推进老年健康服务体系建设 建成省级老年友善医疗机构338家》，https://www.suzhou.gov.cn/szsrmzf/szyw/202310/6c42343dbf0a44f7ab4b1dbeb8162df1.shtml，最后检索时间：2024年3月18日。

在养老服务财政资金的供给方面也做了有效保障。2022 年，全市养老服务和建设支出 21.2 亿元，户籍老年人养老服务人均标准从 2006 年的 80 元增加到 2022 年的 1000 元以上，同时撬动社会资本投入 24.8 亿元[①]，充足资金的保障为养老服务各项设施的建设提供了坚实的物质基础。

政策网络的不断完善、资金支持的不断加大，以及发展路径的融合显著推动了苏州居家社区机构的协调发展，将医养康养相结合，构建起更加完善的养老服务体系，促进了苏州健康老龄化治理的均衡发展。但从健康老龄化发展的整体水平对比来看，苏州目前还存在较大的提升空间，下一步，苏州可在协调均衡发展的基础上加强对诸如康养产业等重点领域的发展，同时进一步加强养老服务模式的创新，在"大养老"的框架下丰富微观养老服务内容。

3. 贵阳市：稳优势，补短板

在 2022 年健康老龄化建设评估中，贵阳市总得分 42.30 分，其中健康医疗得分 9.46 分，交通出行得分 11.07 分，人居环境得分 9.57 分，社会公平与社会参与得分 9.73 分，社会保障与金融得分 2.47 分。与上一轮健康老龄化评估相比，贵阳市社会保障与金融得分的下降最为严重，也是 38 个城市中得分最低的指标，在探讨健康老龄化评分中具有典型性，同时也可以更好地探讨部分城市总分下降的原因（见图 8）。

贵阳的社会保障与金融在所有的城市中得分最低。近年来，贵阳经济发展放缓，2022 年地区生产总值增长 2.0%[②]，疫情的出现使贵阳市的经济发展受到了一定的影响。经济结构方面，贵州的传统产业如冶金、化工和机械制造等是其经济支柱，这些产业的效率和增长潜力受到了一定的限制，在一定程度上阻碍了贵阳的高速增长。经济发展的落后和产业发展的困境也导致政府在民生领域的资金投入不足。从民生领域相关数据来看，2022 年，贵

---

① 《去年苏州市养老服务和建设支出 21.2 亿元》，https://mzt. jiangsu. gov. cn/art/2023/3/16/art_ 55087_ 10832658. html，最后检索时间：2024 年 3 月 18 日。
② 《2022 年贵阳市国民经济和社会发展统计公报》，https://www. guiyang. gov. cn/zwgk/zfxx gks/fdzdgknr/tjxx/tjgb/202306/t20230601_ 79992313. html，最后检索时间：2024 年 3 月 18 日。

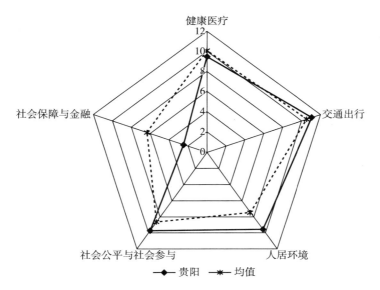

图 8　贵阳市健康老龄化建设各维度指数雷达图（2022 年）

资料来源：作者根据中国相关城市统计年鉴和统计公报计算所得。

阳的一般民生预算支出仅 65650 万元[①]，较其他城市而言水平较低，进而导致城镇居民的福利待遇以及城镇退休职工养老待遇稍落后于其他城市。金融行业存款规模相对其他城市而言也较少，2022 年全市年末金融机构住户存款余额 4646.48 亿元，住户贷款余额 4173.46 亿元，[②] 经济活力与其他城市相比还存在差距。

稳固优势、补足短板是贵阳解决经济发展落后的一个举措。优美的人居环境是贵阳的特有优势，地处低纬度高海拔的高原地区，贵阳气候宜人，拥有丰富的自然和人文资源。因此，贵阳在健康老龄化城市治理的过程中也应充分发挥这一优势，在加强城市道路设施和绿化建设的同时融入老年

---

① 贵阳市统计局、国家统计局贵阳调查队编《贵阳统计年鉴 2023》，贵阳市人民政府网，https：//www.guiyang.gov.cn。
② 贵阳市统计局、国家统计局贵阳调查队编《贵阳统计年鉴 2023》，贵阳市人民政府网，https：//www.guiyang.gov.cn。

群体出行、居住等生活需求，促进环境建设和适老化建设的融合发展，打造老龄宜居之城。除了稳固优势，补短板也是极为重要的一环。其中最为直接的便是基础设施建设，基础设施建设的加强是推动经济增长和可持续发展的关键环节。贵阳市在未来数年中，须持续深化基础设施建设的投入，特别是交通、水利、能源以及信息通信技术等核心领域。贵阳作为贵州省的政治、经济和文化中心，具备着良好的地理位置和优越的自然资源条件，青岩古镇和黔灵山等旅游资源的开发无疑为贵阳未来的经济发展提供了巨大的潜力。这些举措将为贵阳市的企业家和创业者们创造更为优越的经营环境和资源保障，提升贵阳市的整体竞争力，从而为城市健康老龄化建设夯实经济基础。

总体而言，城市健康老龄化水平是综合因素影响的结果，各城市在发展过程中由于资源禀赋、基础能力、文化背景等的不同，发展的方向和重点有所区别。从指标得分来看，健康老龄化建设水平高的城市各有强项，发展优势较为明显，但也仍然存在表现逊色的维度；而建设水平不足的城市虽总体得分偏低，但个别城市也有较为突出的部分。因此，城市的指标得分应仅作为评价其健康老龄化水平的一部分，而一味借鉴发展基础好、建设水平高的城市发展经验的做法不可取，提高城市健康老龄化水平还需根据各城市具体情况采取措施，强化优势基础，补齐短板与不足，即"强优势、补短板"。具体而言，应根据城市类型和具体情况判断自身优势与短板。就超大城市和特大城市而言，丰富的人才资源、完善的基础设施、开放的经济文化发展环境是其优势，而日益凸显的人地矛盾、老龄化趋势的加重正不断加大其提升老龄化治理水平的难度，如何在矛盾凸显的当下运用合理适当的资源加强健康老龄化建设，是目前在健康老龄化建设中应思考的问题；就大城市而言，由于各项指标在与特大城市和超大城市的对比中都处于劣势，因此大城市在发展健康老龄化时要特别考虑保持自身相对优势，补足短板，即"固优势、补短板"。大城市可充分发挥其较周边城市而言资源聚集的优势，以城市群、都市圈为依托促进中心大城市的发展，在健康老龄化发展过程中，大城市可考虑聚集周边小城镇的资源，建设合作养老圈，链接周边资源共同开展养老服务，在尊重城镇化发展规律的基础上充分发挥自身优势，提升健康老龄化水平。

四 提高健康老龄化水平的地方治理行动策略

人口老龄化是全球范围的人口发展问题，其带来的挑战已经引起了国际社会的广泛关注，联合国曾发布《维也纳老龄问题国际行动计划》①《马德里老龄问题国际行动计划》，倡导各国重点关注老年人口数量增长、比例增加的问题，特别是发展中国家老龄化趋势加剧的现象，主张各国家积极主动采取行动以应对人口老龄化所带来的问题和挑战，② 世界卫生组织也针对人口老龄化问题提出了一系列倡议，发布了相关的研究报告。自改革开放以来，我国就日益关注到了人口老龄化的问题，且在不同的阶段先后制定了一系列应对人口老龄化的政策和办法。党的二十大报告指出，实施积极应对人口老龄化国家战略③，推进健康老龄化是积极应对人口老龄化国家战略的重要举措。2022 年《"十四五"健康老龄化规划》确立了协同推进健康中国战略和积极应对人口老龄化战略的发展方向，标志着健康老龄化已经成为一项部门共同推进的战略工程。在此基础上，本报告针对如何提高地方健康老龄化治理能力提出以下政策建议。

（一）优化顶层政策设计，探索不同量级城市特色化发展模式

在本轮健康老龄化指标的评估中，不同量级城市在健康老龄化治理中展现出了不同程度的差异。在城市规模不同的情况下，对于健康老龄化治理的挑战也显现出多样性。随着城市人口规模的增加，资源分配和服务供

---

① United Nations, *Vienna International Plan of Action on Aging*, New York: United Nations, 1983.
② United Nations, *Report of the Second World Assembly on Aging*, New York: United Nations, 2002.
③ 《习近平：高举中国特色社会主义伟大旗帜 为全面建设社会主义现代化国家而团结奋斗——在中国共产党第二十次全国代表大会上的报告（2022 年 10 月 16 日）》，http://www.qstheory.cn/dukan/qs/2022-11/01/c_1129089160.htm，最后检索时间：2023 年 11 月 25 日。

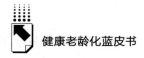
给面临更为复杂的情况。在有限的资源下，人口规模越大，城市人均享有资源和服务的量就会越少，从而导致全民福利扩大和公共服务提供的难度加大。城市的人口规模对健康老龄化治理产生压力的原因之一便是这种资源稀缺性。

随着人口老龄化趋势的显著增长，城市面临着日益严峻的挑战。老龄人口的增加不仅带来了医疗、护理、社会服务等方面的需求激增，也对城市基础设施、公共交通、社区环境等方面提出了更高层次的要求。因此，在城市健康老龄化治理的过程中，必须审慎考虑人口规模，尤其是老龄人口的规模以及其特点和需求，以便更有效地应对挑战。

在顶层政策设计方面，应当制定符合实际情况的政策框架，以应对不同城市规模下的老龄化挑战。政府部门应加强协调合作，确保政策的贯彻执行和效果评估；社会机构应当积极参与，提供多元化的服务和支持；医疗机构应不断提升服务水平，以满足老年人多样化的医疗需求，同时，个人也应增强健康意识，积极参与到健康管理和预防工作之中。此外，政策制定者还应鼓励创新，推动科技与健康老龄化治理的深度融合，为老年人提供更加智能化、信息化的健康管理服务。

总之，城市健康老龄化治理是一个复杂系统工程，需要全社会的共同参与和努力。通过科学合理的政策制定、资源的合理配置、社会的广泛参与以及个人的积极配合，多方协同，共同打造一个适应老龄化社会需求的健康、和谐、宜居的城市环境，改善老年人的生活质量，进一步为城市的可持续发展和社会的和谐稳定作出积极贡献。

（二）推进"健康中国"建设，构建医养融合发展的养老服务体系

根据我国人口老龄化呈现出的高龄化、规模大、发展迅速等特点[1]，老年人患病与失能失智的风险增大，统计数据显示，我国身患慢性病的老人数

---

① 桂世勋：《高度关注低龄老人适度"参与"对健康老龄化的影响》，《华东师范大学学报》（哲学社会科学版）2022 年第 4 期。

量超过 1.9 亿人①，失能和部分失能老年人约 4000 万人②，在医疗资源供应本就紧缺的情形下，养老照料和护理的压力进一步加剧。因此，如何构建更加完善的医养服务模式，为老龄人群提供更为有效的医养服务，使其能够安度晚年，是当今健康老龄化建设的重要议题。

我国现有的养老服务和医疗卫生领域存在的主要问题在于供需不匹配和资源分配不均衡③，这种不均衡又主要体现在城乡差距上，城市老年人的医疗保障普及程度普遍高于农村老年人。与此同时，我国医疗卫生资源和养老服务资源并未实现良好的结合，有健康隐患的老年人数量增加，现有医院的医疗资源又十分有限，难以满足患病老人的治疗需求，且无法为身患重疾的老人提供长期的住院和护理服务。除此之外，现有的机构养老也无法满足老龄人群的就医治疗需求。据各城市 2022 统计年鉴和相关统计数据显示，截至 2021 年 12 月，大部分城市养老机构床位数不超过 10 万张，仅有北京和上海超过了 10 万张，分别为 10.86 万张④和 15.86 万张⑤，相较于数量庞大的老年群体来说，远远不足以满足其机构养老需求。由此可见，在人口老龄化加速发展的背景下，老龄人口的规模大、医养服务不足，供需矛盾突出，构建医养结合的养老服务模式迫在眉睫。

构建医养结合的养老服务体系，首先，需要政府部门加大扶持力度，采用财政补贴、政府购买养老医疗服务、鼓励和支持社会组织和养老机构通过医养服务等方式扩大养老服务供给；其次，还应当建立完善的长期照护保险制度，目前我国长期照护保险制度仍处于试点阶段，有待进一步完善和全面实施。因此，需要加快建立长期照护保险制度，借鉴其他先进国家的经验，

---

① 《国家卫健委：我国大致 1.9 亿老年人有慢性病》，https://ky.scol.com.cn/jrtj/202112/58363894.html，最后检索时间：2023 年 11 月 25 日。

② 《从加强和推进老龄工作进展情况报告看解决老年人“急难愁盼”》，https://www.gov.cn/xinwen/2022-08/30/content_5707495.htm，最后检索时间：2023 年 11 月 25 日。

③ 张韬：《健康老龄化背景下医养结合服务模式探析 —— 以中国红十字会医养护“三位一体”实践为例》，《中国特色社会主义研究》2017 年第 2 期。

④ 数据来源：北京市民政局 2021 年社会服务统计 12 月报表。

⑤ 数据来源：《2021 年上海市老年人口和老龄事业监测统计信息》。

以帮助照护者减轻对失能老人照护的压力；除此之外，推动"互联网+养老"的融合发展，促进智慧养老，借助先进科技手段满足老人相关养老需求；最后，从健康中国宏观发展战略角度，完善整体健康支持体系，不仅要着眼于满足老年群体的基本生理治疗需求，也要注重提升老年人的精神健康，从提升整体老年生活质量的角度出发，大力推广健康的生活方式，营造健康的生活环境，发展健康产业，促进健康老龄化整体水平的提高。

（三）推进"老年友好型"城市建设，构建"老龄宜居"生活环境

健康老龄化的实现需要全社会各系统共同构建支持环境，促进适老化建设，构建"老年友好型"社会，打造健康宜居的生活环境。宜居的环境不仅能预防事故和疾病，防止精神和身体功能的退化，同时还能够提升老人的自主生活能力，促进老年人生活质量的提高。因此，生活环境的安全性、便捷性以及老年友好性对老年群体的健康、尊严和幸福至关重要①。

建设老年友好型社会是一项系统工程，需要社会各主体的共同协作与努力，从认知提升、政策完善、基础设施建设改进等方面展开。首先从认知上来说，需消除对老年人的年龄歧视，目前舆论认为人口老龄化对社会具有消极影响，导致社会对老年人群体产生偏见，认为他们是社会的负担和包袱，但实际上老年群体在年轻时也是为社会提供劳动力的群体，其为经济社会的发展也作出了巨大的贡献，因此在其年老退休时，理应受到社会的关爱和尊重，享受社会发展带来的成果。因此，建设老年友好型社会，首先应从认知上摒弃偏见思维，反对年龄歧视，用平等包容的理念来看待老年群体，尊重老人、爱护老人。其次，从政策制定上来看，政府部门应营造出支持老龄友好型社会建设的政策环境。在政策制定的过程中，应当更加关注老年人的真实需求，强调政策的可实施性和有效性，将老年群体和相关的老年组织纳入政策制定和执行的评估过程之中，以确保所制定的政策能够真正解决老年群

---

① 穆光宗、胡刚、林进龙：《康养中国：健康老龄化视域下养老体系之重构》，《杭州师范大学学报》（社会科学版）2022年第2期。

体的困境、满足老年群体的需求。从城市基础设施的建设方面来看，城市的建设要关注老年群体在日常生活中的问题，从交通出行、信息通信、房屋状况、安全保障、环境保护等方面出发，从细微处关注老年群体的生活需要，展现城市治理的温度，帮助老年人安享晚年。

（四）拓宽老年群体社会参与渠道，构建"各主体参与、多模式结合"的养老体系

自老龄化发展趋势日益严重以来，国际社会提出了一系列积极应对人口老龄化的基本原则。1991 年，《联合国老年人原则》曾提出"独立、参与、照顾、自我充实和尊严"五大原则[1]，1999 年，基于《联合国老年人原则》，世界卫生组织提出了积极老龄化倡议，鼓励老年人进行社会参与，并强调参与、保障、健康为其三大行动策略。衰老是人的自然规律，是人类必然要经历的过程，而面对由老化带来的身体机能弱化、劳动力市场的退出、社交范围的缩小，老年群体需要在参与各项社会活动的过程中，感受自身的生命价值，用积极的、发展的眼光来看待老年生活。

促进老年人的社会参与需要多主体多部门的协同配合，从政策、就业、环境等方面为老年人参与社会提供支撑。从目前的情况来看，社会上已经存在促进老年人社会参与的意识，并做出了相关举措。城市社区大多建有"老年关爱之家""老年活动中心"等老年人活动场所，各项爱老、敬老、助老的政策和制度已逐渐完善起来，各类老年社区活动也层出不穷，如老年广场舞比赛、老年志愿团等。但目前存在的问题就是，老年人群体多数时候还只是作为被保护的对象存在，参与社会治理、政策制定、权益维护等方面事务的程度不深[2]且浮于表面。因此，如何丰富老年人社会参与模式，拓宽其参与渠道，让老年人能够真真切切地参与到整个社会治理过程之中，做到

---

[1] 《联合国老年人原则》，https：//www.ohchr.org/zh/instruments-mechanisms/instruments/united-nations-principles-older-persons，最后检索时间：2023 年 11 月 25 日。

[2] 鞠春彦、李凯：《"老有可为"：在参与社区治理中实现积极老龄化》，《人文杂志》2020 年第 6 期。

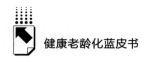

"老有所为""老有所用",是提升老年人社会参与程度的关键。

从政策方面来讲,要完善家庭支持政策、社会养老服务体系以及 0~3 岁托幼服务体系①,把老人从过多的家庭照料责任中脱离出来,给予老人更多的时间和空间走出家庭,丰富个人生活,参与社会活动;其次,政府应为老年人的再社会化制定相关支持制度,协调好相关养老机构、科研机构以及企业,避免劳动力市场出现年龄歧视的现象,鼓励身体符合条件的老人通过再就业进入劳动力市场,促进老年人社会参与;除此之外,要对老年人的需求进行个性化考虑,对于有行动能力、参与积极性较高的老人,为其提供更为多元的社会参与机会和场所,给予其更多发挥余热的机会,而对于身体情况较差、行动能力较弱的老人,应召集专业的机构或组织,更多地关注他们的实际困难,给予其精神帮助,使其慢慢走出消极的情绪,提高其对外界的信任以及对生活的信心,让他们从"不想、不能"参与到"我想、我能"参与的转变。②

通过以上分析可以看出,在促进积极老龄化的建设进程中,仍然存在许多问题和不足,包括政府顶层设计的不完善、社会环境的不成熟、养老服务和医疗服务供需的不匹配等,需要政府和社会多元主体加强协调和合作,齐心协力突破瓶颈,为健康老龄化治理水平的提升不断努力。

人口老龄化既是挑战,也是机遇,实施积极应对人口老龄化的战略不仅是解决老年群体的实际困境、保障老年群体权益的必要举措,也是维护社会稳定、促进社会和谐,推动经济社会转型升级,提高国家治理体系和治理能力现代化的必然要求,应不断深入对人口老龄化问题的认知,用积极的态度应对人口老龄化带来的挑战,促进政策体系的改善与优化、社会保障制度的完善、智慧养老模式的发展,将积极老龄化战略与国家大中型发展战略紧密结合,探索中国特色的健康老龄化发展道路,努力实现"老有所养""老有所为""老有所乐",切实提升全体人民的幸福感、获得感、安全感、归属感。

---

① 谢立黎、王飞、胡康:《中国老年人社会参与模式及其对社会适应的影响》,《人口研究》2021 年第 5 期。

② Angela Kamidi:《老年人社会参与影响因素分析 ——从〈热浪〉说起》,《江西社会科学》2020 年第 8 期。

B.2
中国大中城市基本养老服务发展报告：
概念、框架与实践

杨一帆　林洪平　米源源*

摘　要： 本报告从基本养老服务的概念着手，梳理了中国基本养老服务政策的理论研究和实践历程，并以中国 38 个代表性城市基本养老服务政策为研究对象，通过构建政策工具与养老需求满足程度的二维分析框架，对基本养老服务政策进行组合分析，明确了当前我国基本服务政策存在的主要问题，并提出未来基本养老服务政策应该从优化顶层设计、平衡政策工具使用、关注老年人需求层次三个方面进行完善。

关键词： 基本养老服务　政策工具　养老需求满足程度

一　研究背景与问题提出

（一）研究背景

人口老龄化现象是指人口中老年人口比例的增加和绝对数量的增长。随着社会经济的发展和医疗水平的提高以及预期寿命的延长，人口老龄化成为全球面临的共同挑战。人口老龄化是我国经济社会发展的重要趋势，也是我国今后较长时期的基本国情。根据 2023 年全国人口变动情况抽样调查数据，

---

* 杨一帆，经济学博士，西南交通大学公共管理学院教授，研究领域为老龄社会治理；林洪平，西南交通大学公共管理学院硕士研究生；米源源，西南交通大学公共管理学院硕士研究生。

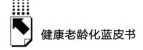

2023 年末，全国 60 岁及以上人口为 29697 万人，占总人口的 21.1%，其中 65 岁及以上人口为 21676 万人，占总人口的 15.4%。① 与 2022 年相比，60 岁及以上人口增加 1693 万人，比重上升 1.3 个百分点；65 岁及以上人口增加 698 万人，比重上升 0.5 个百分点。根据国家卫生健康委老龄健康司的预测，2035 年前后，我国 60 岁及以上老年人口将突破 4 亿人，在总人口中的占比将超过 30%，进入重度老龄化阶段。②

习近平总书记指出，"人口老龄化是世界性问题，对人类社会产生的影响是深刻持久的。我国是世界上人口老龄化程度比较高的国家之一，老年人口数量最多，老龄化速度最快，应对人口老龄化任务最重"③。应对人口老龄化，是我国在新时代协调推进"四个全面"战略布局，实现"两个一百年"奋斗目标和中华民族伟大复兴的中国梦无法回避的现实课题。党的十九届五中全会首次提出"实施积极应对人口老龄化国家战略"。实施积极应对人口老龄化国家战略，事关国家发展全局，事关百姓福祉，对"十四五"和更长时期我国经济社会持续健康发展具有重大和深远的意义。新发展阶段面临新的发展形势，需要站位于新的战略高度，以党积极应对人口老龄化的战略思想为引领，持续开拓积极应对人口老龄化的新行动、新格局。

伴随着老年人口日益增长和老龄化程度不断加深，我国老年群体对养老服务的多样化需求也在迅速上升，需求结构正从传统的生存型向发展型转变。当前老年群体的养老需求不仅包括物质消费和服务消费，也涉及精神文化和智慧产品与服务等领域。然而，我国养老服务的发展尚不均衡，无法充分满足多样化和高质量的需求，这无疑对提升老年人口的生活质量构成了挑战。

① 国家统计局：《王萍萍：人口总量有所下降 人口高质量发展取得成效》，https：//www. stats. gov. cn/sj/sjjd/202401/t20240118_ 1946701. html。
② 人民网：《我国预计 2035 年左右进入重度老龄化阶段 60 岁及以上老年人口将突破 4 亿》，http：//health. people. com. cn/n1/2022/0920/c1473932530182. html
③ 人民网：《我国预计 2035 年左右进入重度老龄化阶段 60 岁及以上老年人口将突破 4 亿》，http：//health. people. com. cn/n1/2022/0920/c14739-32530182. html。

（二）问题提出

提高老年群体对养老服务的满意度和促进养老服务的平衡发展，是国家在新时代治理能力的重要体现。党的二十大报告指出，我们要实现的中国式现代化，是涉及人口规模巨大的现代化。坚决执行党的二十大的战略部署，优化人口发展策略，实施积极应对人口老龄化的国家战略，促进人口长期平衡发展，这必将有力支持建设社会主义现代化强国。让所有老年人都能享受到基本养老服务，是中国式现代化在养老服务领域的具体体现，也是实施积极应对人口老龄化的国家战略的重要任务，是实现共同富裕的基础性制度安排。

基本养老服务在实现老有所养中扮演了重要基础性角色，推动基本养老服务建设是实施积极应对人口老龄化的国家战略，实现基本公共服务均等化的重要任务。推动基本养老服务制度的建立，是我国养老领域的重要制度创新，是在养老服务领域实现"保基本、兜底线、补短板、调结构"的重要制度内容，也是实现人人享有基本养老服务发展目标的重要举措。党的十九大及十九届二中、三中、四中、五中全会都提出了对基本养老服务制度的要求，《"十四五"民政事业发展规划》进一步提出了全面建立和加强基本养老服务制度，加快构建基本养老服务制度框架，建立基本养老服务清单制度。

二 基本养老服务概念

（一）基本养老服务理念论争

自 2009 年提出"基本养老服务"概念，我国学界对其进行了广泛的讨论，但对于基本养老服务"服务对象、服务内容以及服务提供者"等核心问题的理解上，仍存在不同观点和理解分歧。

具体而言，关于服务对象的概念阐析，一种观点认为基本养老服务应面

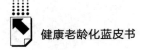

向全体老年人，以确保他们公平享有和获取服务①②；而另一种观点则主张应选择性地服务，尤其是针对经济困难、失去自理能力、高龄、孤独或无依无靠的特殊老年群体，要优先给予服务③④。在此基础上，还有部分观点尝试将二者结合起来，认为基本养老服务的对象包括两个层面，应在重点保障低收入、失能和高龄等群体的同时，保证所有老年人都有机会和能力获得最为基本的养老服务，以实现养老服务的均等化。⑤

就基本养老服务的服务范围而言，对"基本"的理解和界定决定了基本养老服务的内容。"基本"意味着十分重要甚至不可或缺⑥。通常而言，基于需求调查的排序结果是确定基本养老服务内容和次序的重要途径，更多需求、排序更前的养老服务应是基本的养老服务⑦，但是，基于需求调查的群体统计逻辑也面临个体需要异质性的伦理挑战。同时，学者对基本养老服务概念阐析的表述差别也是学界对基本养老服务范围出现理解分歧的重要原因：有观点从种类出发，认为基本养老服务应包含生活照料、卫生健康等类别⑧；有观点从服务满足状况的层次性方面进行阐析，认为基本养老服务应当着眼于满足老年人的生存、生理的较低层次需要⑨；还有部分观点认为应基于要素视角分析，所有生产基本养老服务的要素都应被视为基本养老服务体系的重要内容⑩⑪。

① 白晨、顾昕：《中国基本养老服务能力建设的横向不平等——多维福祉测量的视角》，《社会科学研究》2018年第2期。

② 岳振：《实现老有所养必须构建基本养老服务》，《中国经济时报》2010年8月13日。

③ 李兵、张恺悌、王海涛等：《关于基本养老服务体系建设的几点思考》，《新视野》2011年第1期。

④ 魏加科、牛飚：《城乡基本养老服务体系建设对策研究》，《中国名城》2014年第3期。

⑤ 龙玉其：《基本养老服务均等化的核心概念及深层意蕴》，《老龄科学研究》2020年第8期。

⑥ 唐钧：《"最基本的养老服务"就是长期照护》，《中国社会工作》2019年第11期。

⑦ 刘晓静、张楠：《城乡统筹视角下中国养老服务体系构建》，《河北大学学报》（哲学社会科学版）2013年第8期。

⑧ 栾秀群、陈英：《我国基本养老服务体系研究》，《合作经济与科技》2013年第24期。

⑨ 王阳亮：《政府购买养老服务：属性、问题与对策》，《哈尔滨工业大学学报》（社会科学版）2017年第4期。

⑩ 孙文灿：《基本养老服务内涵初探》，《中国民政》2016年第18期。

⑪ 龙玉其：《基本养老服务均等化的核心概念及深层意蕴》，《老龄科学研究》2020年第8期。

在"服务提供者"的问题上，当前政府在基本养老服务中的主导作用已得到确认，然而，学界在政府职责界限以及家庭、社会、市场等不同角色的权责划分上，仍存在分歧，主要可归纳为政府单一主体、家庭主体、多元主体三大观点。第一种观点，即政府单一主体论，主张政府应当是基本养老服务的唯一责任主体，并认为政府应对基本养老服务负责，主要体现在政府负责提供的或者由政府财政负担的基本服务内容①。第二种观点，即家庭主体论，依据需求溢出理论，将个人和家庭视为基本养老服务的首要责任方，认为只有家庭和个人才能提供真正"基本"和"日常"的服务。这一观点从我国国情出发，并借鉴西方福利国家的经验教训，认为在当前阶段，应当强化个人和家庭在基本养老服务中的责任②。第三种观点，即多元主体论，认为基本养老服务应由家庭、政府、市场和社会共同提供。虽然各方的责任界限和参与顺序可能有所不同，但鉴于任何单一主体都难以独立提供全部所需服务，必须依赖多元主体合作，才能确保基本养老服务的稳定供给，这反映了福利多元主义理论的观点③④⑤。总体而言，这三种观点的核心分歧在于对基本养老服务的界定：究竟哪些服务属于家庭无法完全承担的、需要政府介入的"溢出"部分，哪些服务是应当由多方共同承担的。

但不论如何界定基本养老服务，学术界普遍认为，基本养老服务具有非排他性和有限的非竞争性，属于准公共产品的范畴。在顶层设计上，根据党的十九届五中全会和"十四五"规划纲要的指导，养老服务被明确分为三个级别：基本养老服务、普惠型和互助性养老服务，以及高品质多样化养老服务。在这些级别中，基本养老服务属于最低层次，政府应承担起保障责

① 李兵、张航空、陈谊：《基本养老服务制度建设的理论阐释和政策框架》，《人口研究》2015 年第 2 期。
② 桂世勋：《应对老龄化的养老服务政策需要理性思考》，《华东师范大学学报》（哲学社会科学版）2017 年第 4 期。
③ 孙文灿：《基本养老服务制度框架初探》，《中国民政》2016 年第 20 期。
④ 王阳亮：《政府购买养老服务：属性、问题与对策》，《哈尔滨工业大学学报》（社会科学版）2017 年第 4 期。
⑤ 李树丛：《理顺政府主导、多元参与的基本养老服务体系》，《中国社会工作》2019 年第 11 期。

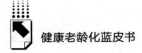

任，确保满足特殊困难老年群体的基本服务需求。同时，政府也应运用多种供给方式，为所有有需要的老年人提供便捷的公共服务。

（二）基本养老服务制度内涵

建立基本养老服务制度的核心问题是区分"基本养老服务"与"非基本养老服务"的内容和边界，应坚持立足国情、保障基本、循序渐进的思路，充分考虑经济社会发展水平、公共财政承受能力，更加注重合理引导社会保障预期。在建设基本养老服务制度时，应坚持服务内容上的"低限度"、服务（保障）对象上的"全覆盖"、保障范围上的"动态调整"的原则（见图1）。

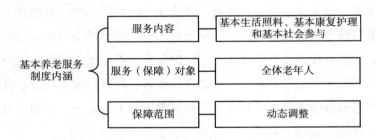

图1　基本养老服务制度内涵

就服务内容而言，基本养老服务从面向所有老年人需求出发，强调机会均等和公平可及，因此服务项目和内容更多地与老年人身体状况和服务需求有关。根据2018年发布的《中国城乡老年人口状况跟踪调查》数据，基本养老服务主要由基本生活照料、基本康复护理和基本社会参与三大类服务构成。基本生活照料是指为老年人提供日常生活所需的照料服务，如饮食、清洁、穿衣等；基本康复护理是指为老年人提供专业的康复和护理服务，以帮助他们恢复或维持健康状态；基本社会参与是指为老年人提供参与社会活动的机会，如参加社区活动、志愿服务等。

就服务对象而言，基本养老服务的服务对象是全体老年人，其目的是保障老年人的基本生活需求。这一服务对象的设定，是基于对老年人权益的尊重和保障，以及对老年人生活需求的关注和回应。然而，在实际操作中，基本养老服务需要对老年人群体中的特殊群体，如高龄、失能、失智、困难老年人，给予更多的关注和特殊关怀。这些老年人在生活中面临更多的困难和挑战，他们的基本生活需求和基本养老服务需求更为迫切，因此，基本养老服务的特殊关怀应该是对他们的生活需求的切实回应。同时，基本养老服务的特殊关怀不应该超过"基本"这一限度。所谓"基本"，是指保障老年人的基本生活需求，而不是无限度地满足老年人的所有需求。这是因为在有限的资源和条件下，必须在保障全体老年人的基本生活需求的前提下，合理分配资源，确保每一分钱都用在刀刃上。

就保障范围而言，基本养老服务的保障范围应适应社会经济发展和地方财政状况，动态调整其服务对象、政策重点和支持方式。在服务对象选择上，需根据不同地区的发展状况和财政能力，设定不同的优先级。目前，特困老年人和低保老年人应被视为"第一梯队"，并享有优先保障权。低收入重度失能老年人也应被纳入"第一梯队"保障范围。在全国范围内，高龄老年人、失独老年人、低收入中度失能老年人、中等收入重度失能老年人可被划分为"第二梯队"，在条件允许的情况下，可将其视为"第一梯队"。而农村留守老年人、城市空巢老年人和独居老年人等，则可作为"第三梯队"。在政策重点方面，基本养老服务应与老龄事业和产业发展的不同阶段特点相结合，及时调整服务支持方式和对象。当前，国家基本养老服务的支持方式已从直接补贴老年人转向补贴供给方，支持对象也从机构养老转向了居家社区养老。在支持方式方面，应以供给侧结构性改革为主导，制定和实施有利于养老服务质量提升和数量增加的政策。老年人能力综合评估是确定基本养老服务对象的关键步骤，政府应对评估服务提供支持，并将之作为基本养老服务中最基础的项目予以保障。根据评估结果，应优先对提供健康管理、失能照护、康复训练、适老化改造等服务的机构给予补贴、补助和奖励。对于优先级较高的服务对象，奖补标准和比例应相应提高。对于有条件的地区，可以对老年人探访、关爱和优待等服务提供政策支持。

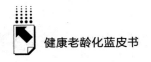
三　基本养老服务政策探索

（一）国家政策导向

按时间顺序划分，基本养老服务的国家导向可以划分为 3 个阶段：从 2009 年至 2012 年，基本养老服务经历了部门间的探索和试点阶段，逐步建立起基础性的养老服务体系；2013~2020 年，国家开始重视基本养老服务，并将其确立为养老服务业的发展目标，纳入国家的顶层规划中；2021 年至今，基本养老服务成为全国民政部门的重要工作，持续研究和推动其进展。

1. 部门探索

启动国家级基本养老服务项目，将该服务纳入国家基本公共服务体系的规划之中。2009 年，民政部、国家发展改革委和全国老龄办联合发布《基本养老服务体系建设试点方案》，标志着中国基本养老服务体系建设试点工作的启动，首批试点城市包括重庆、江苏、湖北、甘肃和黑龙江[1]。到 2010 年，试点范围扩大至北京、上海、浙江、安徽、江西、内蒙古和云南等地区。同年，民政部和国家发展改革委联合召开了基本养老服务体系建设专家论证会，提出基本养老服务应反映老年人的基本、普遍需求，属于基本公共服务范畴，需要政府主导，是一项长期战略任务[2]。通过试点实践调动社会各方力量参与、不断丰富了基本养老服务的内容，切实落实政府公共服务的职能。2011 年，国务院发布了《社会养老服务体系建设规划（2011—2015 年）》，进一步明确了社会养老服务体系的目标是适应经济社会发展水平，满足老年人的养老服务需求，提升老年人的生活质量，面向所有老年人提供相关服务、设施、技术等，并配套相应的保障制度。

---

① 《全国基本养老服务体系建设规划试点工作会议在宜昌召开》，http：//mzj. yichang. gov. cn/content-14690-232979-1. html，最后检索时间：2023 年 11 月 25 日。

② 孙玉琴：《民政部、发改委组织召开基本养老服务体系专家论证会》，《中国民政》2010 年第 6 期。

2012 年，国务院印发《国家基本公共服务体系"十二五"规划》，提出为 65 岁及以上家庭经济困难且生活难以自理的失能、半失能居民提供基本养老服务补贴，但该规划中基本养老服务内容只包含基本养老服务补贴，实质上缩小了保障的范围。

2. 顶层设计

这一阶段的特点是以提供基本养老服务作为养老服务业发展的重要目标，并将其纳入国家的顶层规划。2013 年，国务院发布了《关于加快发展养老服务业的若干意见》，其中提到了"确保人人享有基础养老服务"以及"促进基础养老服务的均衡发展"[1]。"十三五"规划中提出健全"居家为基础、社区为依托、机构为补充、医养康养相结合"的养老服务体系。2018 年，全国政协委员李守镇建议加快健全基本养老服务制度建设，以适应不断发展的人口老龄化带来不利影响[2]。民政部就此建议作出了答复，其中提到"我国目前已有的相关政策对政府在养老服务中的职责边界，即有关基本养老服务制度的界定尚不清晰，对基本养老服务的对象及相应的保障机制仍缺少统一明确的政策规范"的判断具有建设性，并提出明确指导思想，坚持分类施养、各尽其责；推动建立老年人需求评估制度；加强扶持引导，提高养老服务质量；积极构建长期照护保障制度 4 项工作计划[3]。2020 年《中共中央关于制定国民经济和社会发展第十四个五年规划和二〇三五年远景目标的建议》提出要健全基本养老服务体系，发展普惠型养老服务和互助型养老[4]。由此可见，基本养老服务已纳入国家顶层规划作为持续而长远的工作。

3. 重点推进

自 2020 年起，基本养老服务在全国范围内被重点推进和研究。2020 年

---

① 孙文灿：《基本养老服务内涵初探》，《中国民政》2016 年第 18 期。

② 《全国政协委员建议加快健全基本养老服务制度》，中工网，http：//acftu. workercn. cn/28/201803/09/180309152851380. shtml，最后检索时间：2023 年 12 月 4 日。

③ 《民政部关于进一步完善基本养老服务的提案答复的函》，http：//www. mca. gov. cn/article/gk/jytabljggk/zxwyta/201810/20181000011875. shtml，最后检索时间：2023 年 12 月 4 日。

④ 《中共中央关于制定国民经济和社会发展第十四个五年规划和二〇三五年远景目标的建议》，https：//www. ndrc. gov. cn/fggz/fgdj/，最后检索时间：2023 年 12 月 4 日。

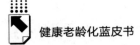

10 月，党的十九届五中全会提出，要健全基本养老服务体系。2020 年全国民政工作视频会议提出"加强基本养老服务制度建设"。2021 年 9 月，民政部召开全国基本养老服务体系建设推进电视电话会议，深入贯彻党的五中全会精神，积极学习习近平总书记"七一"重要讲话精神和关于基本养老服务的指示精神，研究推进基本养老服务体系建设。同年 11 月，《中共中央国务院关于加强新时代老龄工作的意见》首次在中央层面提出建立基本养老服务清单制度。2022 年 2 月，国务院发布的《"十四五"国家老龄事业发展和养老服务体系规划》提出，推进养老服务体系建设，强化政府保基本兜底线职能，促进资源均衡配置，确保基本养老服务保障到位，并提出建立基本养老服务清单制度。在"十四五"规划期间，各级民政工作会议均强调要加强基本养老服务建设，包括完善规章制度、制订清单目录等。2023 年 5 月，中共中央办公厅、国务院办公厅印发了《关于推进基本养老服务体系建设的意见》（以下简称《意见》）。我国目前正致力于对基本养老服务体系进行深入研究，并将其视为民政领域的核心任务。

（二）地方政策制定

随着对基本养老服务重要性认识的加深，各民政部门正积极构建和完善基本养老服务体系，将其纳入国家发展大局的规划中。与理论界对基本养老服务"服务谁、服务什么、谁来服务"的探讨基本对应，实践中的基本养老服务也主要分为两种模式：一种是主要面向弱势群体的兜底服务，另一种是结合适度普惠的综合性服务。

就"服务谁"而言，实践中，地方政府在基本养老服务对象的选择上出现了两种不同的趋势。一种是以北京、天津为代表的兜底走向，北京将城乡特困老年人等三类群体纳入基本养老服务范围，天津则以收入、健康状况和日常生活需求为标准，专注于为经济困难的老年人提供服务。另一种则是以广东为代表的普惠与兜底结合走向，广东省明确提出了"兜住底线、确保基本、普惠均等"的服务原则，在设置两类资助对象的同时，也面向全体老年人提供服务。

就基本养老服务"服务什么"而言，各地呈现两种主要的服务层次。基本的保障层次，主要表现为确保老年人基本生活需求得到满足。例如，天津市将重点放在生活保障上，重点强化了餐饮和医疗服务的提供，为老人提供餐饮服务、方便取药、家庭病床等居家养老服务；贵州省通过制定养老服务清单来明确基本养老服务的内容，主要包含生活照料和医疗保障，同时，服务内容也扩展到普惠层次，如免费体检和健康管理服务等。

就"谁来服务"而言，不同地区的实施策略有所差异。在某些地方，例如北京市和天津市，政府承担提供基本养老服务的全部责任，通过财政预算向有需要的老年人发放津贴，同时提供免费或低成本的养老服务。而在其他地区，如贵州省，政府强调了其在养老服务中的主导作用，同时要求家庭成员履行对老年人的赡养责任，并积极引导社会资本通过多样化的方式参与养老服务。杭州市则通过促进小型养老机构的发展，以此促进市场、社会和家庭等多方共同参与养老服务。

在养老服务领域的政策实践中，尽管不同地区实施的政策措施在本质上有诸多共通之处，但是由于初期对基本养老服务概念的理解存在差异，加之国家对于基本养老服务清单的发布较晚，导致各地区在基本养老服务的提供主体、保障程度、内容形式等方面出现了显著的差异。这种差异导致养老服务和福利分散在不同类型的政策体系中，一些省份将它们归类为基本养老服务制度，而其他省份可能将它们划归为其他类型的养老服务制度，这无疑加剧了制度的复杂性和管理上的难度，不利于基本养老服务制度的健康发展和整体推进。鉴于此，无论是从理论还是实践的角度，《意见》的出台对于完善我国养老服务体系而言都是至关重要的。这是我国推动实现老有所养，以及细致落实养老政策的关键步骤。

四　基本养老服务政策框架分析

随着人口老龄化程度的不断加深，庞大的老年人群体日益成为我国在构建中国式现代化过程中不可忽视的力量。为积极应对人口老龄化，多个地方政府开始制定基本养老服务清单、养老服务条例等法规，不断满足多层次、多样化的养老服务需求。在厘清基本养老服务概念内涵和不同地区政策实践的基础上，本文共收集了 38 个代表性城市的 229 份基本养老服务相关政策文件，尝试构建包括政策工具类型和养老需求满足程度在内的二维分析框架，并利用 Nvivo12plus 软件对政策文本进行了深入的内容分析。具体步骤如下。首先，选择并确定与基本养老服务相关的政策文本；其次，通过文本阅读和文献检索，确定基本养老服务政策的二维分析框架；再次，确定分析单元，对政策文本中的政策工具进行内容编码；最后，在政策编码归类的基础上进行频次统计，通过量化分析进一步剖析各城市基本养老服务政策在政策工具构成、老年人需求满足方面的特点与不足，并提出完善中国基本养老服务政策的政策建议。

（一）理论基础：ERG 需求理论

1969 年，心理学家克莱顿·奥尔德弗在《人类需求新理论的经验测试》一书中提出了一种新的需求理论，即 ERG 需求理论。该理论将人类需求分为三类：生存需求、相互关系需求以及成长发展需求。生存需求与维持生计的基本物质需求有关，是最低和最基本的需求层次。相互关系需求与维持重要人际关系的愿望有关，其满足取决于与其他需求的互动。最高层次的需求是成长发展需求，体现了个人自我完善的内在愿望。随着经济的进步和生活水平的提高，成长发展需求变得越来越强烈。ERG 需求理论强调这三种需求可以同时存在，但在不同阶段中有一种需求占据主导地位。基于此理论，可以将老年人的基本养老服务需求划分为不同的层次，并根据不同的养老需求设计相应的保障计划。这不仅能满足老年人的生存需要，还能满足他们的相互关系和成长发展的需要，从而不断完善基本养老保障体系，确保养老工作的有效执行。

近年来，ERG 需求理论被应用到养老政策评估上。有学者基于 ERG 需求理论视角剖析老年人的心理需求特征[①]；有学者以 ERG 需求理论为基础，运用扎根理论与聚类降维分析方法，探讨了"社区+居家"一体化养老服务需求[②]；有学者运用 ERG 需求理论对农村老人的养老需求进行分析，构建多层次的农村养老保障体系[③]。

（二）基本养老服务政策研究概述

学术界对养老服务政策的研究集中在几个关键领域：一是对我国养老服务的政策工具进行多维度的评价计量分析，以揭示其演进逻辑[④]；二是探索如何利用人工智能和大数据技术提升养老服务各环节的智能化、精准化和个性化[⑤]；三是通过实证分析，对我国社区养老、机构养老和家庭养老现状进行调研，并提出相应建议[⑥]；四是借鉴国际经验，从运作系统、目标系统、资源系统等方面对美国、日本等的长期照护体系进行分析，为我国养老照护体系的构建提供帮助[⑦]。

当前，关于养老服务政策的研究已经取得一些进展，但仍存在一些不足之处。一是现有研究主要集中在发展阶段划分、特点总结、政策现存问题分析及对策建议、政策体系构建等方面，对于养老服务政策，尤其是基本养老服务政策的系统分析还不够深入，并且研究方法上多采用定性分析方法，缺乏定量研究的支撑；二是养老服务政策的设计应当以满足老年人的养老需求

---

① 曹娟、安芹、陈浩：《ERG 理论视角下老年人心理需求的质性研究》，《中国临床心理学杂志》2015 年第 2 期。

② 李亚军、周明、赵祎乾等：《基于 ERG 需求的社区+居家一体化养老服务模型构建》，《装饰》2019 年第 10 期。

③ 王全美：《我国农村养老保障体系的 ERG 需要理论分析》，《农业经济》2011 年第 6 期。

④ 汪波、李坤：《国家养老政策计量分析：主题、态势与发展》，《中国行政管理》2018 年第 4 期。

⑤ 向运华、王晓慧：《新中国 70 年养老服务体系建设、评估与展望》，《广西财经学院学报》2019 年第 6 期。

⑥ 蒋叶璟：《关于我国现阶段家庭养老的政策研究——与西方发达国家相关政策之比较》，《东南大学学报》（哲学社会科学版）2012 年第 S1 期。

⑦ 谢立黎、安瑞霞、汪斌：《发达国家老年照护体系的比较分析——以美国、日本、德国为例》，《社会建设》2019 年第 4 期。

为首要目标，但现有研究大多采用自上而下的政策分析方法，较少关注老年人的实际需求。尽管"基本养老服务"这一概念已经存在一段时间，但由于缺乏明确的定义，在实际政策制定中并未得到广泛应用，学术界对基本养老服务政策的研究也相对较少。基本养老服务政策是养老服务政策的一个组成部分，与养老服务政策的其他组成部分有着密切的联系，因此对基本养老服务政策的探讨，可以采用养老服务政策分析的一般方法。

（三）政策分析框架构建

基本养老服务政策是一种涉及多方面的社会政策，它不仅包含养老服务体系的各个组成部分，还包括政策工具的设计、组织、组合以及应用。此外，它还涉及政策在满足老年人需求方面的有效性。在城市中，基本养老服务政策作为实现老年人福祉的重要工具，对满足老年人群体的基本养老需求起着关键性作用。因此，本文旨在构建一个综合的分析框架，从政策工具和养老需求满足程度两个维度对基本养老服务政策进行深入分析。如图 2 所示。

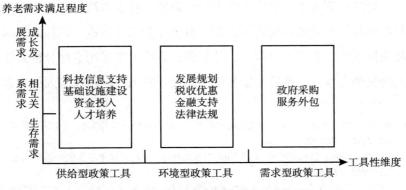

图 2　基本养老服务政策的二维分析框架

1. X 维度——基本养老服务政策的工具性维度

养老服务政策工具是指为了推动养老服务政策更好地提升老年生活质量而采用的具体手段或方式。政策工具分析对于政策目标实现具有重要作用，不同学者对政策工具的分类有不同的看法。Rothwell 和 Zegveld 提出的供给型、需求型和环境型政策工具，被广泛应用于养老服务政策的研究[1]。因此，本文将供给、环境和需求三个政策工具作为基本养老服务政策二维分析框架的工具性维度。其中，供给型政策工具主要是指政府为促进养老服务现代化和可持续发展而提供的人才、财力、基础设施等。环境型政策工具主要是指政府在融资、税收、法律法规框架、发展规划等方面的政策，为养老服务的发展创造整体环境。需求型政策工具主要是指政府通过政府采购、外包等方式，刺激养老服务市场的繁荣或重建新的市场，减少养老服务市场的不确定性，降低外部因素的干扰和影响，进而促进养老服务的快速发展。

2. Y 维度——养老需求满足程度

全国老龄工作委员会下发的《关于全面推进居家养老服务工作的意见》指出，养老服务内容包括为老年人提供生活照料、饮食出行、康复护理、文化娱乐、精神慰藉五个方面[2]。任何单一的政策工具都不可能充分反映养老服务政策的所有特征，因此还需从老年人需求的角度对其进行多维度的分析。基于 ERG 需求理论，结合我国的养老服务政策，本文将养老需求分为刚性需求和辅助需求两个方面。刚性需求主要是指满足老年人居家养老生活的基础性需求，属于 ERG 需求理论中的生存需求，包括饮食、洗浴、出行等生理需求，以及医疗、康复等安全需求。辅助需求则是指满足基础性需求之外的补充性需求，属于 ERG 需求理论中的相互关系需求和成长发展需求，主要包括老年人的社交娱乐需求和精神慰藉，以及求知和个人价值实现等尊重需求。

（四）数据来源与编码

养老服务政策的制定应视地区的具体情况而定，同时也受到文化、地理、经济、政治、科技等因素的综合性影响。然而，在人口老龄化不断加深的背景下，我国各城市在资金投入、产业发展、政策监督等方面所面临的问

---

[1] 黄剑锋、章晓懿：《中国智慧养老产业政策研究——基于政策工具与技术路线图模型》，《中国科技论坛》2020 年第 1 期。

[2] 全国老龄工作委员会：《关于全面推进居家养老服务工作的意见》，http://www.gov.cn/zwgk/2008-02/25/content_899738.htm，最后检索时间：2023 年 12 月 7 日。

题却有着共通之处。因此，本文选取了我国具有代表性的 38 个城市，主要为各省会城市和计划单列市等经济发展程度较高的城市，分析其基本养老服务相关政策。为保障样本的公开性和权威性，本文选取的政策文件均为 38 个城市政府发布的公开文件资料，在各省（市、区）人社厅、民政局和北大法宝上以"养老服务"为检索词，剔除其他相关度不高的政策文件，最终得到 229 份政策文本，并按照政策文本与基本养老服务的相关性来进行排序，排列的顺序依次为基本养老服务清单—养老服务条例—养老服务扶持政策—"十四五"养老服务规划—养老服务体系相关文件—其他文件，以城市首字母缩写为编码顺序。编码方式如表 1 所示。

表 1　政策编码

城市	编码	名称	年份	机构
北京	BJ1	《北京市基本养老服务清单（2022 年版）》	2022	北京市民政局
	BJ2	《北京市"十四五"时期老龄事业发展规划》	2021	北京市老龄工作委员会
	BJ3	《北京市养老服务专项规划（2021 年—2035 年）》	2021	北京市民政局
	BJ4	《关于完善北京市养老服务体系的实施意见》	2023	北京市人民政府办公厅
成都	CD1	《成都市基本养老服务清单》	2023	成都市民政局
	CD2	《成都市养老服务促进条例》	2015	成都市民政局
……	……	……	……	……
……	……	……	……	……
郑州	ZZ1	《郑州市基本养老服务清单（2023 版）》	2023	郑州市民政局
	ZZ2	《郑州市"十四五"老龄事业发展规划》	2023	郑州市人民政府
	……		……	……
珠海	ZH1	《珠海市"十四五"养老服务体系建设》	2023	珠海市老龄工作委员会
	ZH2	《关于促进居家社区养老服务发展的若干措施》	2020	珠海市民政局

确定了文本编码之后，为了便于后续分析，我们以 BJ1-1 表示《北京市基本养老服务清单（2022 年版）》中的第一条规定，作为一个分析单位，以此类推，最终得到 9856 个分析单位。汇总各城市基本养老服务政策工具使用情况，得到表 2、表 3。

表2 38个代表性城市基本养老服务政策工具使用情况

城市	使用情况	供给型					环境型			需求型		总和
		科技信息支持	基础设施建设	资金投入	人才培养	发展规划	金融支持	税收优惠	法律法规	政府采购	服务外包	
北京	使用次数（次）	24	33	22	19	37	15	15	21	11	0	197
	占比（%）	12.2	16.8	11.2	9.6	18.8	7.6	7.6	10.7	5.6	0	100
	合计占比（%）	49.8					44.7			5.6		100
成都	使用次数（次）	29	41	25	26	46	15	17	26	7	4	236
	占比（%）	12.3	17.4	10.6	11.0	19.5	6.4	7.2	11.0	3.0	1.7	100
	合计占比（%）	51.3					44.1			4.7		100
重庆	使用次数（次）	22	37	25	19	44	17	20	24	14	3	225
	占比（%）	9.8	16.4	11.1	8.4	19.6	7.6	8.9	10.7	6.2	1.3	100
	合计占比（%）	45.8					46.7			7.6		100
长沙	使用次数（次）	21	39	26	21	41	18	11	15	7	1	200
	占比（%）	10.5	19.5	13.0	10.5	20.5	9.0	5.5	7.5	3.5	0.5	100
	合计占比（%）	53.5					42.5			4.0		100
长春	使用次数（次）	20	37	17	18	30	21	14	18	6	2	183
	占比（%）	10.9	20.2	9.3	9.8	16.4	11.5	7.7	9.8	3.3	1.1	100
	合计占比（%）	50.2					45.4			4.4		100
大连	使用次数（次）	19	36	16	19	36	24	13	15	8	4	190
	占比（%）	10.0	18.9	8.4	10.0	18.9	12.6	6.8	7.9	4.2	2.1	100
	合计占比（%）	47.3					46.2			6.3		100

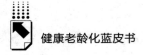
续表

城市	使用情况	供给型				环境型				需求型		总和
		科技信息支持	基础设施建设	资金投入	人才培养	发展规划	金融支持	税收优惠	法律法规	政府采购	服务外包	
福州	使用次数（次）	22	40	19	14	36	22	16	21	13	2	205
	占比（%）	10.7	19.5	9.3	6.8	17.6	10.7	7.8	10.2	6.3	1.0	100
	合计占比（%）	46.3				46.3				7.3		100
广州	使用次数（次）	18	26	16	17	43	34	26	21	24	12	237
	占比（%）	7.6	11.0	6.8	7.2	18.1	14.3	11.0	8.9	10.1	5.1	100
	合计占比（%）	32.6				52.3				15.2		100
贵阳	使用次数（次）	22	36	17	16	34	17	18	13	8	0	181
	占比（%）	12.2	19.9	9.4	8.8	18.8	9.4	9.9	7.3	4.4	0	100
	合计占比（%）	50.3				45.4				4.4		100
哈尔滨	使用次数（次）	20	36	21	16	36	17	13	26	9	0	194
	占比（%）	10.3	18.6	10.8	8.2	18.6	8.8	6.7	13.4	4.6	0	100
	合计占比（%）	47.9				47.5				4.6		100
海口	使用次数（次）	15	36	16	13	35	16	18	13	10	2	174
	占比（%）	8.6	20.7	9.2	7.5	20.1	9.2	10.3	7.5	5.7	1.1	100
	合计占比（%）	46.0				47.1				6.9		100
杭州	使用次数（次）	21	35	20	16	38	18	17	18	27	8	218
	占比（%）	9.6	16.1	9.2	7.3	17.4	8.3	7.8	8.3	12.4	3.7	100
	合计占比（%）	42.2				41.8				16.1		100

续表

城市	使用情况	供给型				环境型				需求型		总和
		科技信息支持	基础设施建设	资金投入	人才培养	发展规划	金融支持	税收优惠	法律法规	政府采购	服务外包	
合肥	使用次数（次）	22	32	13	18	34	18	19	13	15	4	188
	占比（%）	11.7	17	6.9	9.6	18.1	9.6	10.1	6.9	8	2.1	100
	合计占比（%）	45.2				44.7				10.1		100
呼和浩特	使用次数（次）	22	36	13	18	29	18	15	20	6	0	177
	占比（%）	12.4	20.3	7.3	10.2	16.4	10.2	8.5	11.3	3.4	0	100
	合计占比（%）	50.2				46.4				3.4		100
济南	使用次数（次）	18	34	15	20	29	19	14	23	13	0	185
	占比（%）	9.7	18.4	8.1	10.8	15.7	10.3	7.6	12.4	7.0	0	100
	合计占比（%）	47.0				46.0				7.0		100
昆明	使用次数（次）	26	43	15	18	29	21	18	20	9	2	201
	占比（%）	12.9	21.4	7.5	9.0	14.4	10.4	9.0	10.0	4.5	1.0	100
	合计占比（%）	50.8				43.8				5.5		100
兰州	使用次数（次）	14	31	19	20	27	15	16	20	5	0	167
	占比（%）	8.4	18.6	11.4	12.0	16.2	9.0	9.6	12.0	3.0	0	100
	合计占比（%）	50.3				46.7				3.0		100
南昌	使用次数（次）	17	36	14	19	32	15	18	20	10	6	187
	占比（%）	9.1	19.3	7.5	10.2	17.1	8.0	9.6	10.7	5.3	3.2	100
	合计占比（%）	46.1				45.4				8.5		100

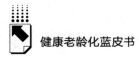

续表

城市	使用情况	供给型					环境型			需求型		总和
		科技信息支持	基础设施建设	资金投入	人才培养	发展规划	金融支持	税收优惠	法律法规	政府采购	服务外包	
南京	使用次数（次）	16	26	14	17	36	28	22	21	20	11	211
	占比（%）	7.6	12.3	6.6	8.1	17.1	13.3	10.4	10.0	9.5	5.2	100
	合计占比（%）	34.6					50.8			14.7		100
南宁	使用次数（次）	18	34	16	26	27	13	21	22	10	0	187
	占比（%）	9.6	18.2	8.6	13.9	14.4	7.0	11.2	11.8	5.3	0	100
	合计占比（%）	50.3					44.4			5.3		100
宁波	使用次数（次）	16	31	19	18	27	16	23	23	17	9	199
	占比（%）	8.0	15.6	9.5	9.0	13.6	8.0	11.6	11.6	8.5	4.5	100
	合计占比（%）	42.1					44.8			13.0		100
青岛	使用次数（次）	13	29	19	24	26	15	19	24	9	0	178
	占比（%）	7.3	16.3	10.7	13.5	14.6	8.4	10.7	13.5	5.1	0	100
	合计占比（%）	47.8					47.2			5.1		100
厦门	使用次数（次）	15	28	18	15	22	18	21	26	14	6	183
	占比（%）	8.2	15.3	9.8	8.2	12.0	9.8	11.5	14.2	7.7	3.3	100
	合计占比（%）	41.5					47.5			11.0		100
上海	使用次数（次）	14	26	16	14	24	20	23	22	18	13	190
	占比（%）	7.4	13.7	8.4	7.4	12.6	10.5	12.1	11.6	9.5	6.8	100
	合计占比（%）	36.9					46.8			16.3		100

续表

城市	使用情况	供给型				环境型				需求型		总和
		科技信息支持	基础设施建设	资金投入	人才培养	发展规划	金融支持	税收优惠	法律法规	政府采购	服务外包	
深圳	使用次数(次)	10	20	15	14	24	20	22	18	14	5	162
	占比(%)	6.2	12.3	9.3	8.6	14.8	12.3	13.6	11.1	8.6	3.1	100
	合计占比(%)	36.4				51.8				11.7		100
沈阳	使用次数(次)	12	29	14	16	20	16	15	19	10	0	151
	占比(%)	7.9	19.2	9.3	10.6	13.2	10.6	9.9	12.6	6.6	0	100
	合计占比(%)	47.0				46.3				6.6		100
石家庄	使用次数(次)	11	32	17	13	15	17	16	20	7	0	148
	占比(%)	7.4	21.6	11.5	8.8	10.1	11.5	10.8	13.5	4.7	0	100
	合计占比(%)	49.3				45.9				4.7		100
苏州	使用次数(次)	15	36	16	14	18	19	22	25	14	7	186
	占比(%)	8.1	19.4	8.6	7.5	9.7	10.2	11.8	13.4	7.5	3.8	100
	合计占比(%)	43.6				45.1				11.3		100
太原	使用次数(次)	16	32	14	16	17	22	14	21	8	0	160
	占比(%)	10.0	20.0	8.8	10.0	10.6	13.8	8.8	13.1	5.0	0	100
	合计占比(%)	48.8				46.3				5.0		100
天津	使用次数(次)	13	25	9	12	15	14	16	17	8	13	142
	占比(%)	9.2	17.6	6.3	8.5	10.6	9.9	11.3	12.0	5.6	9.2	100
	合计占比(%)	41.6				43.8				14.8		100

续表

城市	使用情况	供给型				环境型				需求型		总和
		科技信息支持	基础设施建设	资金投入	人才培养	发展规划	金融支持	税收优惠	法律法规	政府采购	服务外包	
乌鲁木齐	使用次数(次)	15	28	12	13	14	17	16	20	6	0	141
	占比(%)	10.6	19.9	8.5	9.2	9.9	12.1	11.3	14.2	4.3	0	100
	合计占比(%)	48.2				47.5				4.3		100
无锡	使用次数(次)	14	28	11	12	16	18	19	18	11	6	153
	占比(%)	9.2	18.3	7.2	7.8	10.5	11.8	12.4	11.8	7.2	3.9	100
	合计占比(%)	42.5				46.5				11.1		100
武汉	使用次数(次)	19	36	17	14	14	18	22	25	7	5	177
	占比(%)	10.7	20.3	9.6	7.9	7.9	10.2	12.4	14.1	4.0	2.8	100
	合计占比(%)	48.5				44.6				6.8		100
西安	使用次数(次)	22	38	17	13	12	17	19	23	6	0	167
	占比(%)	13.2	22.8	10.2	7.8	7.2	10.2	11.4	13.8	3.6	0	100
	合计占比(%)	54.0				42.6				3.6		100
西宁	使用次数(次)	20	31	14	12	13	16	21	19	6	0	152
	占比(%)	13.2	20.4	9.2	7.9	8.6	10.5	13.8	12.5	3.9	0	100
	合计占比(%)	50.7				45.4				3.9		100
银川	使用次数(次)	18	31	11	12	9	15	18	17	6	0	137
	占比(%)	13.1	22.6	8.0	8.8	6.6	10.9	13.1	12.4	4.4	0	100
	合计占比(%)	52.5				43.0				4.4		100

续表

城市	使用情况	供给型				环境型				需求型		总和
		科技信息支持	基础设施建设	资金投入	人才培养	发展规划	金融支持	税收优惠	法律法规	政府采购	服务外包	
郑州	使用次数（次）	13	21	17	12	10	21	19	33	3	0	149
	占比（%）	8.7	14.1	11.4	8.1	6.7	14.1	12.8	22.1	2.0	0	100
	合计占比（%）	42.3				55.7				2.0		100
珠海	使用次数（次）	11	12	15	9	9	12	7	15	2	2	94
	占比（%）	11.7	12.8	16.0	9.6	9.6	12.8	7.4	16.0	2.1	2.1	100
	合计占比（%）	50.1				45.8				4.2		100

表3 38个代表性城市政策工具占比汇总

单位：%

城市	北京	成都	重庆	长沙	长春	大连	福州	广州	贵阳	哈尔滨	海口	杭州	合肥	呼和浩特	济南	昆明	兰州	南昌	南京
供给型	49.8	51.3	45.8	53.5	50.2	47.3	46.3	32.6	50.3	47.9	46.0	42.2	45.2	50.2	47.0	50.8	50.3	46.1	34.6
需求型	44.7	44.1	46.7	42.5	45.4	46.2	46.3	52.3	45.4	47.5	47.1	41.8	44.7	46.4	46.0	43.8	46.7	45.4	50.8

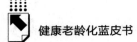

续表

城市	北京	成都	重庆	长沙	长春	大连	福州	广州	贵阳	哈尔滨	海口	杭州	合肥	呼和浩特	济南	昆明	兰州	南昌	南京
环境型	5.6	4.7	7.6	4.0	4.4	6.3	7.3	15.2	4.4	4.6	6.9	16.1	10.1	3.4	7.0	5.5	3.0	8.5	14.7

城市	南宁	宁波	青岛	厦门	上海	深圳	沈阳	石家庄	苏州	太原	天津	乌鲁木齐	无锡	武汉	西安	西宁	银川	郑州	珠海
供给型	50.3	42.1	47.8	41.5	36.9	36.4	47.0	49.3	43.6	48.8	41.6	48.2	42.5	48.5	54.0	50.7	52.5	42.3	50.1
需求型	44.4	44.8	47.2	47.5	46.8	51.8	46.3	45.9	45.1	46.3	43.8	47.5	46.5	44.6	42.6	45.4	43.0	55.7	45.8
环境型	5.3	13.0	5.1	11	16.3	11.7	6.6	4.7	11.3	5.0	14.8	4.3	11.1	6.8	3.6	3.9	4.4	2.0	4.2

（五）结果分析

1. X 维度——工具性维度

整体来看，各城市在基本养老服务方面使用的政策工具较为丰富，供给型政策工具和需求型政策工具使用最多，环境型政策工具在深圳、广州、杭州、南京、上海等发达城市使用较多，中西部城市更多使用供给型、需求型政策工具，对于环境型政策工具少有使用。

（1）供给型政策工具使用适度

供给型政策工具包括四个子工具，即科技信息支持、基础设施建设、资金投入和人才培养，其目的是促进稀缺资源的合理配置，引导资源高效率流动。在不同城市的供给型政策工具二级指标中，基础设施建设占据主导地位，其次是科技信息支持，而资金投入和人才培养则不太突出。这反映了城市在发展供给驱动型养老产业时所采取的政府主导政策的特殊性。具体来看，中西部城市更加重视科技信息支持和基础设施建设工具，而发达城市如上海和杭州等更加重视资金投入和人才培养工具。这表明，各城市都在根据自身的区域特点和经济发展水平进行适当调整，以应对人口老龄化问题。在老年基础设施建设较为完善、助老科技领先的发达城市，如上海，政府强调人工智能、大数据、精准医疗在养老方面的贡献和潜力。而在西部大型城市，如成都和贵阳，则应重视应对人口老龄化的资源储备，并建立和完善包括健康教育、预防保健、疾病诊治、康复护理、长期照护在内的老年健康服务体系。

（2）环境型政策工具外溢

当前环境型政策工具在养老服务领域的运用日益受到重视。政府通过与不同社会主体的互动，广泛利用社会资源，以推动该领域的发展。相较于供给型政策工具，环境型政策工具的运用往往能带来更显著的激励效应[1]。在

---

[1] 范丽莉、唐珂：《基于政策工具的我国政府数据开放政策内容分析》，《情报杂志》2019 年第 1 期。

环境型政策工具的子工具中，发展规划的比重最高。这显示政府试图通过策略性措施、目标规划和标准设计等间接手段，引导和规范养老产业的发展。通过这种方式，政府可以有效地引导社会资源向养老服务领域倾斜，推动该领域的发展[1]；其次是法律法规的制定，政府通过立法的形式确定老年人社会保障以及老年人社会福祉，以保障老年人的基本权益。这种做法有助于提高社会对养老服务的认可度，吸引更多的社会资源投入养老服务领域；但财政支持和税收优惠所占比重较低，这可能反映出政府对吸引社会投资合作还不够重视，在鼓励养老机构投融资、降低机构投资风险等政策手段的运用上还存在不足。

（3）需求型政策工具缺失

在中国，需求型政策工具主要包括政府采购和服务外包两大类，与供给型和环境型政策工具相比较，需求型政策工具具有更直接和显著的推动效果[2]。然而，需求型政策工具在整体政策工具中的比重相对较小，显示出在当前阶段，我国政府更侧重于通过增加供给和优化政策环境来促进资本投入，而在需求侧对养老服务发展的推动上则显得不足。在需求型政策工具中，政府采购占据较大的比重，反映了政府购买服务对养老服务发展的重要作用；而服务外包的比重较小，有的城市甚至还未开展服务外包，这反映出我国政府在服务外包方面的保守态度。

从我国各城市的基本养老服务政策来看，供给型政策工具应用相对合理、环境型政策工具积极影响的扩大以及需求型政策工具的缺失，共同构成了当前基本养老服务政策的总体框架。这种政策框架不仅反映了政策制定者对基本养老服务发展的共同方向，也体现了不同城市根据自身实际情况所形成的特色。在当前人口增速放缓和老龄化程度不断加深的背景下，养老服务体系面临的挑战日益严峻，其可持续性受到的考验也越来越大。特别是在中

---

① 黄剑锋、章晓懿：《中国智慧养老产业政策研究——基于政策工具与技术路线图模型》，《中国科技论坛》2020年第1期。

② 黄新平、黄萃、苏竣：《基于政策工具的我国科技金融发展政策文本量化研究》，《情报杂志》2020年第1期。

西部等地区，由于资源和发展水平的不均衡，基本养老服务政策的可持续性更加成为一个亟待解决的问题。因此，中西部地区可行的发展策略是在借鉴发达城市经验的基础上，结合地区实际情况，在积极支持老年辅助技术发展的同时，推动金融养老、居家养老、机构养老、社区养老等不同类型的养老方式。在加强宏观调控的同时引入市场力量，不仅可以促进高层次老年人才和新型养老机构的发展，也为逐步形成各具特色的养老服务政策议程提供了坚实的基础。

2. Y 维度——养老需求满足程度

根据 ERG 需求理论分类，本文对 38 个代表性城市基本养老服务政策条款进行界定和统计，统计结果如表 4 所示。

从统计数据来看，各地区在制定基本养老服务政策时，普遍考虑到了老年人群的不同层次需求，这包括生活保障、社会交往以及个人成长等方面。这反映出地方政府在推进基本养老服务体系建设方面，已经形成了一套较为完整的政策体系。具体到不同需求的满足程度，数据显示，老年人在基本生存方面的需求得到了较为充分的保障，这主要体现在健康、居住以及财产安全等方面。然而，在满足老年人的社会交往以及个人发展需求方面，政策支持还有待加强。这可能意味着，当前的养老政策在物质层面的保障做得较好，但在精神层面的关怀和支持上还有所欠缺。这一现象可能带来一些问题，比如老年人的社会参与感和满意度可能降低，精神文化生活的丰富度不足，这些问题如果得不到妥善解决，可能会影响到老年人群体的整体福祉。因此，未来政策制定时，应当更多地关注老年人的精神文化需求，提升养老服务的人文关怀水平，以实现养老服务的全面性、系统性发展。

（1）生存需求占比较大

作为一个发展中国家，中国面临的挑战包括人口老龄化以及养老保障体系的逐步完善。随着人口结构的变化，老年人口的增长对基本养老服务的需求日益增加。为了适应这种变化，地方政策开始更多地关注老年人的基本生存需求，这包括日常护理、生活照料、饮食出行、住房安全以及财产保障等。根据政策制定的优先级，可以看到在现有的政策框架下，生存需求是最

表4 基于ERG需求理论的各城市基本养老服务政策分析结果

单位：%

城市	北京	成都	重庆	长沙	长春	大连	福州	广州	贵阳	哈尔滨	海口	杭州	合肥	呼和浩特	济南	昆明	兰州	南昌	南京
成长发展需求	21	18	18	17	13	15	18	24	17	14	13	27	13	11	15	12	8	15	20
相互关系需求	33	32	34	32	33	32	34	35	34	34	35	33	38	32	35	33	30	32	40
生存需求	46	50	48	51	54	53	48	41	49	52	52	40	49	57	50	55	62	53	40

城市	南宁	宁波	青岛	厦门	上海	深圳	沈阳	石家庄	苏州	太原	天津	乌鲁木齐	无锡	武汉	西安	西宁	银川	郑州	珠海
成长发展需求	12	14	21	22	28	25	13	15	26	13	17	9	19	15	13	11	10	11	16
相互关系需求	35	33	33	38	30	33	34	37	27	36	33	33	35	31	40	36	38	40	43
生存需求	53	53	46	40	42	42	53	48	47	51	50	58	46	54	47	53	52	49	41

为重视的。这表明地方政府在解决老年人基本生活问题上的投入与重视程度，远超其他方面。这种重视可以从几个方面来理解。首先，作为世界上人口最多的国家，中国面临的养老压力巨大，特别是在农村地区，由于社会经济条件相对落后，老年人的基本生活需求往往得不到充分的满足。其次，中国的养老产业目前还处于初级阶段，养老服务的提供与老年人的需求之间存在明显的差距。最后，提高老年人的生活质量与健康水平是当前政策制定者最为关注的议题，这不仅关系到老年人的福祉，也是社会稳定和经济发展的基础。为了应对这些挑战，地方政府采取了一系列措施，包括加强农村地区的养老服务设施建设，推动养老机构的改革与发展，以及实施家庭和社区的适老化改造项目。通过这些措施，旨在为老年人创造一个更加安全和舒适的居住环境，提高他们的生活品质，同时减轻家庭和社会的养老负担。

（2）相互关系需求基本满足

在城市基本养老服务政策中，满足老年人相互关系需求的文化向心力日益显著。在探讨老年人相互关系需求时，主要聚焦于两个方面：一是老年人的社交和娱乐活动，二是老年人的学习需求。老年人的社交和娱乐需求，通常被称为"老有所乐"，涵盖了人际交往、文娱活动、亲情需求、交往需求、游戏需求以及旅行需求等。另外，"老有所学"则是指老年人对知识的追求和获取途径[1]。目前我国在满足老年人相互关系需求方面还存在不足。可能的原因在于，深受东方群居文化影响的老年人多数选择可以满足较多社交及娱乐需求的居家养老；政府在发展养老服务模式时也存在偏好，更注重推进社区和居家养老建设。例如，2019年中共中央、国务院印发了《国家积极应对人口老龄化中长期规划》，提出了开展积极应对人口老龄化综合创新先行先试的明确要求。2021年，国家发展改革委办公厅、民政部办公厅、国家卫生健康委办公厅联合发布了《关于建立积极应对人口老龄化重点联系城市机制的通知》，鼓励有能力的区域探索多领域、多维度的系统创新。

---

① 唐艺：《人口老龄化视域下的老人身心需求研究与建议——基于 ERG 理论模型分析》，《南京艺术学院学报（美术与设计）》2020 年第 3 期。

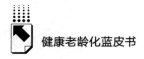
尽管目前各地方都在发展老年大学，但老年大学课程中对于老年人力资源开发、技能培训、社会再参与等方面的培养存在缺失。因此，政府需要通过多元化政策营造老年文化氛围，加强适老智能设备应用以满足老年人的社交娱乐需求，同时还需要优化老年教育课程体系建设，促进老年人的社会参与和社会融入。

（3）成长发展需求占比少

成长发展需求指的是老年人通过扮演一定的社会角色，继续参与社会发展，以实现自我价值和人格尊严的需求。随着社会老龄化的加剧，老年人的发展需求日益凸显。然而，在发展需求的满足程度上，各城市政府都没有做到充分满足。在中国传统文化中，一直强调弘扬敬老养老助老的社会风尚。然而，社会缺乏对老年人价值认同的培养以及参与社会活动的鼓励，敬老爱老用老的社会环境尚未形成。这种现象背后，既有观念上的问题，也有制度上的缺失。首先，从观念上看，社会普遍存在着一种偏见，认为老年人是社会的负担，老年人的价值主要体现在对年青一代的抚养和照顾上。这种观念忽视了老年人自身的发展需求，也限制了他们参与社会的机会。其次，从制度上看，我国目前的养老保障体系还不够完善，老年人在退休后面临的经济压力较大。此外，老年人在退休后，社会角色发生了转变，失去了原有的职业身份，这使老年人在社会中的地位和作用受到限制。为了满足老年人的发展需求，我国政府和社会各界需要共同努力。政府需要进一步完善养老保障体系，减轻老年人在经济上的压力。同时，还需要通过政策引导和宣传，改变社会对老年人的偏见，营造敬老爱老用老的社会环境。社会各界也需要给予老年人更多的关爱和支持，鼓励老年人参与社会活动，发挥余热。

综上所述，当前中国基本养老服务政策在养老需求满足程度上存在几个显著特点：生存需求在整体需求中占据了主导地位；成长发展需求相对较少；相互关系需求显示出文化向心力，反映了社会对老年人的态度和期待。此外，各地政府在对老年人日常生活的照顾方面投入较大关注，但在促进老年人精神文化生活方面还有待加强。作为社会的重要成员，老年人不仅为经济发展提供了人力支持，还在满足社会需求中发挥着关键作用，推动了老年旅游、养老服务、医疗卫生等第三产业的发展，并且成为新一代的"打工人"和"创业者"，这将在老龄化加剧的未来成为一个明显的趋势。因此，老年人不仅是社会福利的接受者，也是社会效益的创造者。鉴于此，中国需要更加重视老年群体的潜力，并加快对老年人权益的保护。同时，加强老年教育、科技氛围的营造，以及适老科技和助老医疗产品的研发与应用，是推动中国老龄化产业和"银发经济"发展的关键途径。

五 总结与建议

本文从基本养老服务的概念着手，以中国 38 个代表性城市基本养老服务政策为研究对象，通过构建政策工具与养老需求满足程度的二维分析框架，对基本养老服务政策进行组合分析，明确了我国当前促进基本养老服务发展战略中存在的主要问题，针对这些问题，本文认为我国未来基本养老服务政策的设计应从以下几个方面进行调整完善。

（一）优化顶层设计

《意见》的发布为更好地推动基本养老服务提供了关键性的制度与政策支撑。根据该文件，地方政府需基于"国家基本养老服务清单"制定和发布本地化的实施方案及服务清单，进一步明确服务类别，并详细规定服务对象、服务内容和服务标准。此外，政府应随时根据时代发展、老年人口变动以及地方经济、财政和人力资源状况，对养老服务对象和服务项目进行及时的动态调整，以维护供给和需求之间的平衡，确保基本养老服务体系的全面覆盖，满足全体老年人的养老需求。

（二）平衡政策工具使用

注意供给型手段、环境型工具投入及需求型工具引导。就供给型政策工具而言，加强智慧建设，推动养老服务供给多样。一方面要通过引入大数据、云计算、人工智能等先进技术，实现养老服务的精细化、智能化管理，提高养老服务质量；另一方面，促进助老服务多元化与精准化，加强为老服务队伍建设，实现养老需求与供给的精准匹配。在环境型政策工具方面，注重基本养老服务政策顶层设计，充分发挥政府的引导作用，提高政策设计的针对性。加强老年立法，推动基本养老服务规范化、法治化、制度化；转变政府角色，从养老服务的直接提供者转向养老服务的出资者、购买者、管理者和服务质量的监督者；建立健全政府购买养老服务的渠道，促进基本养老服务的均等化。在需求型政策工具方面，充分发挥市场作用，通过放宽市场准入、完善政策支持、加强人才培养、创新服务模式、加强宣传推广等措施，推动养老服务企业良性发展。

（三）关注老年人需求层次

在追求和谐社会建设的道路上，应致力于打造一个充满爱与尊重的老年友好型社会环境。首先，关注老年人的基本生活需求，借鉴"整合照料"和"长期照护"模式，有效整合医疗和养老资源，研发适老化辅助产品，并通过完善养老保险体系，提升老年人的消费能力，从而促进老年用品市场的繁荣。同时，加强对老年消费者的权益保护，避免科技养老产业的混乱。[1] 其次，培育新型的养老服务模式。重视家庭养老，弘扬尊老爱老的传统美德，维系居家养老文化；通过公私合营手段，鼓励社会资本投入，发展如"物联网+护理医疗"等新型养老模式，促进老年人的社交网络建设，缩小数字鸿沟。[2] 最后，推广积极老龄化的理念，鼓励老年人参与社会活动，提供工作机会，发挥老年人潜力，实现自我价值。政府可以通过提供工作激励，延长老年人的工作年限，以减轻人口老龄化带来的财政压力。提供参与社会活动的机会，让老年人找到有意义的社会角色，避免将老年人边缘化或孤立。同时，要为老年人提供良好的就业环境，鼓励企业"用老服务"，为老年人提供更多就业岗位。

---

[1] 田杰：《推行科技养老的可行性分析与政策建议》，《自然辩证法研究》2015 年第 2 期。
[2] 杨宜勇、韩鑫彤：《提高我国养老服务质量的国际经验及政策建议》，《经济与管理评论》2020 年第 1 期。

分 报 告

B.3
中国大中城市基本养老服务清单报告

王双双　魏小凡*

摘　要：　养老是家事，也是国事。党的十八大以来，我国养老服务制度体系加快完善，基本养老服务的公平性、可及性不断提高。2023 年 5 月，《国家基本养老服务清单》出炉，将基本养老服务作为公共产品，用清单化、标准化的方式向老年人提供，国家始终坚持基础、普惠、兜底的原则。国家清单是"必答题"，省级清单就是在此之外增加一些"自选题"。基本养老服务"自选题"做得越多，老年人的选择空间就越大，幸福指数就越高。首先，本报告对部分省份以及 38 个大中城市的基本养老服务清单进行梳理、对比，从全国范围来看，东、中、西部地区各自形成因地制宜推进基本养老服务体系建设的良好局面。其次，从服务类型、服务项目、服务对象、服务标准以及责任主体五个方面对各省市基本养老服务清单的特点进行了概括和总结。最后，从完善顶层设计、明确多主体职责、适度界定清单内容、提升老年群体知晓率等角度就如何完善基本养老服务

---

*　王双双，老年学博士，西南交通大学公共管理学院讲师，研究领域为老年学；魏小凡，西南交通大学公共管理学院硕士研究生。

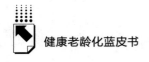

清单提出了相应的政策建议。

关键词： 基本养老服务清单　基础性　普惠性　因地制宜

一　基本养老服务清单发布背景与意义

（一）发布背景

截至 2022 年底，全国 60 周岁及以上老年人超过 2.8 亿人，占全国总人口 19.8%，其中 65 周岁及以上老年人达 2.1 亿人，占全国总人口 14.9%，人口老龄化形势严峻。① 面对庞大的老龄人口数量，如何为老年人群体提供普惠的基本养老服务，成了一个亟待解决的问题。2022 年 10 月，习近平总书记在党的二十大报告中指出，实施积极应对人口老龄化国家战略，发展养老事业和养老产业，优化孤寡老人服务，推动实现全体老年人享有基本养老服务。2023 年 5 月 21 日，中共中央办公厅、国务院办公厅印发《关于推进基本养老服务体系建设的意见》②（以下简称《意见》）。《意见》指出，基本养老服务是指由国家直接提供或者通过一定方式支持相关主体向老年人提供的，旨在实现老有所养、老有所依必需的基础性、普惠性、兜底性服务。基本养老服务的对象、内容、标准等根据经济社会发展动态调整，"十四五"时期重点聚焦老年人面临家庭和个人难以应对的失能、残疾、无人照顾等困难时的基本养老服务需求。

《意见》提出了 5 项重点任务，其中之一就是制定落实基本养老服务清单，要求各地各有关部门严格落实此次随《意见》一同出炉的《国家基本

---

① 中华人民共和国民政部：《2022 年民政事业发展统计公报》，发文日期：2023 年 10 月 16 日，https：//www.mca.gov.cn。

② 中华人民共和国中央人民政府：《关于推进基本养老服务体系建设的意见》，发文日期：2023 年 5 月 21 日，https：//www.gov.cn。

养老服务清单》①（以下简称《国家清单》），其中每个项目都有清晰的规范，明确服务对象、服务标准、资金来源、供给主体和质量保障体系，以便各地执行。省级政府在执行国家项目的基础上，可以根据本地人口结构、百姓生活方式、文化传统等实际情况，在充分考虑财政能力的情况下，适当增设具有本地特色的养老服务项目，明确服务标准和供给方式，同时也要贯彻公平、可持续和效率的原则，其清单应当包含《国家清单》中的服务项目，且覆盖范围和实现程度不得低于《国家清单》要求。

（二）现实意义

《国家清单》公布，其意义主要体现在三个方面。②

第一，有利于保障和改善基本民生。《国家清单》明确了现阶段各级政府必须予以保障的基本养老服务项目范围和底线标准，可以让地方政府对现阶段保障养老服务"重点要保什么""保到什么程度"做到心中有数。同时，也有利于广大老年人对于能够从国家、社会得到什么样的服务保障，做到心中有底。

第二，有利于推动发展成果全民共享。《国家清单》有利于推动在全国范围内实现基本养老服务标准化、均等化供给，逐步实现全体老年人都能够公平、可及地获得大致均等的基本养老服务，共建共享改革发展成果。

第三，有利于推进国家治理体系和治理能力现代化。制定出台《国家清单》，明确基本养老服务的底线标准，是国家向人民群众作出的庄严承诺，是健全完善国家基本公共服务体系的基础性工作，有利于推动统筹城乡的民生保障制度更加成熟定型，有利于推进国家治理体系和治理能力现代化。推进基本养老服务体系建设，是党中央确定的一项重大政治任务和民生工程。

---

① 中华人民共和国中央人民政府：《关于推进基本养老服务体系建设的意见》，发文日期：2023 年 5 月 21 日。

② 《民政部养老服务司有关负责同志就〈关于推进基本养老服务体系建设的意见〉答记者问》，发文日期：2023 年 5 月 22 日。

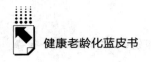

二 省级、副省级市基本养老服务清单的比较

（一）整体情况

2023 年以来，民政部推动各地加快基本养老服务制度设计。《国家清单》发布以来，多数省份已经出台了实施方案，其余省份也在陆续发布中。一些地方还结合当地实际，在创造性落实、个性化探索方面大有可为，因地制宜在基本养老服务清单项目内容和标准方面做"加法"，不断实现突破和创新。

截至 2024 年 5 月，多数省份已出台本地区基本养老服务体系建设实施方案和基本养老服务清单，8 个省、3 个自治区、2 个直辖市已经以法规形式明确发布地方性基本养老服务清单，全国 15 个副省级市①政府中，山东省的济南市、青岛市率先发布其本土的基本养老服务清单，目前仍有 5 个城市尚未发布本市的基本养老服务清单。

《国家清单》包含物质帮助、照护服务、关爱服务等三大类 16 个服务项目，并分别明确了每个项目的服务对象和内容。该清单以年龄、收入、健康状况等标准将老年人群体分为 12 类，分别是达到待遇享受年龄的老年人、65 周岁及以上老年人、80 周岁及以上老年人、经济困难的老年人、经认定生活不能自理的老年人、纳入最低生活保障范围的老年人、特困老年人、特殊困难老年人、对国家和社会做出特殊贡献的老年人、计划生育特殊家庭老年人、经认定符合条件的残疾老年人、社会救助。

从各地目前的实践来看，一些省份积极突破创新，如北京、内蒙古、江苏、山东、湖北、贵州、甘肃等地在《国家清单》的 16 个服务项目基础

---

① 目前全国共有 15 个副省级市。东北地区（4 个）：沈阳市、大连市、长春市、哈尔滨市；华东地区（6 个）：南京市、杭州市、济南市、青岛市、宁波市、厦门市；华中地区（1 个）：武汉市；华南地区（2 个）：广州市、深圳市；西南地区（1 个）：成都市；西北地区（1个）：西安市。检索地址：https://zh.wikipedia.org/，最新检索时间：2023 年 10 月 30 日。

上，将家庭照护服务、老年优待、意外伤害保险、法律服务、老年教育等内容纳入本地区养老服务清单；内蒙古、江苏、浙江、安徽、山东、湖北、海南、青海等地细化和明确了老年人补贴、服务队伍建设、养老服务设施规划、各级财政资金补助的具体标准，黑龙江、安徽、江西、贵州、宁夏在已有的养老服务部门联席会议基础上，在政府层面建立健全了养老服务工作推进机制，加强统筹协调力度。

2024 年 5 月，吉林、上海、安徽、青海、山西、西藏、湖北、福建等地针对特殊困难老年人发布了探访关爱服务的实施方案；山东、江苏、广东、四川四省开展了相关项目和行动。可以说，目前全国范围已形成了因地制宜、千方百计推进基本养老服务体系建设的良好局面，老年人享受基本养老服务的权利已得到初步保障。[①]

总体来看，目前全国范围已逐步形成因地制宜推进基本养老服务体系建设的良好局面。东部发达地区在服务项目设置上更加注重医疗健康服务和高品质养老机构的建设；西部落后地区则更加关注基层养老服务设施的完善和基本生活照料的保障；中部地区则着力推进养老服务的专业化和人性化（见图 1）。

（二）38 个城市基本养老服务清单对比

各市基本养老服务清单具体内容都是根据国家级、省级基本养老服务清单项目制定，并根据社会发展水平和财力状况等因素适时调整。通过收集、整理 38 个代表性城市的基本养老服务清单，本文将基本情况整理成表 2。从各市基本养老服务清单的服务项目数量来看，各城市列出的项目从 15 项至 43 项不等[②]（见图 1），但都包含了《国家清单》的 16 项基本服务项目，具体有城镇职工与城乡居民基本医疗保险、高龄津贴、养老服务补贴、护理补贴、家庭养老支持服务、最低生活保障、家庭适老化改造、老年人能力综合评估、

[①] 中国民政：《民政部养老服务司有关负责同志就〈关于推进基本养老服务体系建设的意见〉答记者问》，发文日期：2023 年 5 月 22 日。

[②] 虽然兰州市等基本养老服务项目数量低于国家清单的 16 项，主要是由于分类标准不同，实际覆盖的基本养老服务项目全部覆盖国家要求，且有增加的养老服务项目。

公共法律服务、计划生育家庭优先享受机构养老、就医便利服务、困难残疾人生活补贴和重度残疾人护理补贴、分散特困供养、集中供养（包括特困老年人和对国家和社会作出特殊贡献的老年人）、特殊困难老年人探访服务、社会救助等（见表2）。城市基本养老服务项目词频及出现频率见图2、图3。

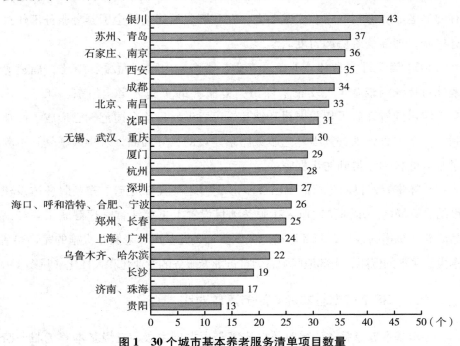

图1　30个城市基本养老服务清单项目数量

注：南宁市、西宁市、天津市、大连市、太原市、昆明市、兰州市等未找到公开的基本养老服务清单文件，可参考该市对应省份的基本养老服务清单文件。

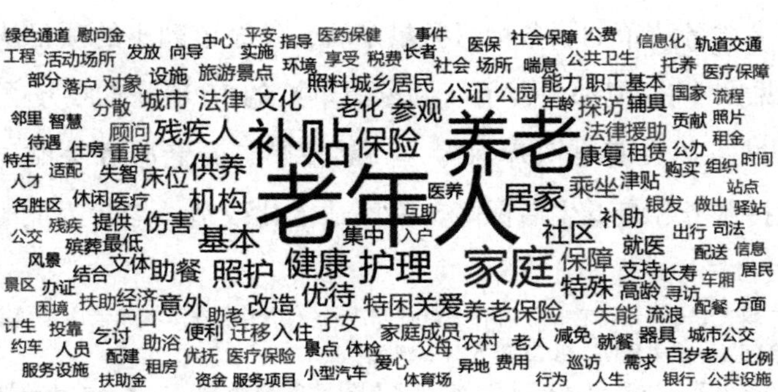

图2　城市基本养老服务项目词频分析

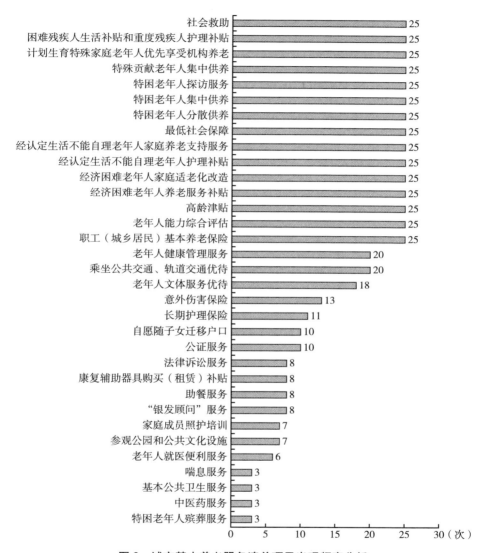

图3 城市基本养老服务清单项目出现频率分析

注：根据搜集到的25个城市基本养老服务清单，对各服务项目的出现频率进行统计，昆明市、太原市、西宁市、兰州市、福州市等未找到公开的基本养老服务清单。

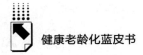

表1 省（自治区、直辖市）基本养老服务清单基本信息*

单位：个

省份	名称	发布日期	额外服务项目（与《国家清单》相比）	服务项目数量
北京市	《北京市基本养老服务清单（2022年版）》	2023年1月6日	基本公共卫生服务、老年优待服务、养老助餐服务、困境家庭服务对象入住养老机构和公办养老院、驿站基本养老服务、意外伤害保险、失能老年人护理补贴、家庭养老照护服务、居家环境无障得改造、康复辅助器具购买（租赁）补贴等	33
江苏省	《江苏省基本养老服务指导性目录清单（2022年版）》	2022年7月8日	提供社区活动场所、"银发顾问"服务、优先入住公办养老机构、优抚供养、老年教育和公共文化设施、免费乘坐城市公共交通工具、参观公园和公共文化设施、自愿随子女迁移户口、文体休闲优待、公证服务、法律诉讼服务、意外伤害保险、失能老年人家庭成员照护培训、养老服务护理补贴等14项	30
重庆市	《渝北区基本养老服务清单（2022年版）》	2022年9月13日	重度残疾人护理补贴、特殊老年人关爱服务、居家养老信息服务、家庭养老床位、长期护理保险、老年人意外伤害保险、基本公共卫生服务、养老顾问、老年人助餐、老年人助浴、慢病康复服务、文体教育、生活照护、农村互助养老服务等	30
广东省	《广东省基本养老服务清单》	2023年11月23日	提供社区活动场所、公共交通无障碍改造、信息无障碍改造、公园和公益性文化设施、参观公园和公益性文化设施、参观旅游景区点、遗嘱公证、老年人意外伤害保险、法律援助、优先入住公办养老机构、护理补贴、优抚供养13项	29
江西省	《江西省基本养老服务清单（2023年版）》	2023年7月20日	困难老年人基本医疗报销资助、计划生育家庭特别扶助金、意外伤害保险、司法救助、公证服务、基本医疗保险异地就医结算、健康管理、就医便利服务、老年教育、养老文化旅游设施优待、免费乘坐城市公共交通工具、自愿随子女迁移优待12项	28

续表

省份	名称	发布日期	额外服务项目（与《国家清单》相比）	服务项目数量
宁夏回族自治区	《宁夏回族自治区基本养老服务清单》	2023年6月16日	购买养老服务、老年人意外伤害保险、计划生育特殊家庭老年人养老服务护理补贴、老年人健康管理、长寿保健费、文化娱乐体育、老年人助餐、老年人就医、老年人出行、老年人法律援助等10项	26
湖北省	《湖北省基本养老服务清单》	2023年4月19日	提供社区服务场所、养老顾问服务、老年教育服务、老年人文体休闲优待、乘坐城市公共交通工具、法律援助服务、优先享受机构养老、养老护理补贴、参观公园、人文纪念馆和风景区等9项	25
上海市	《上海市基本养老服务清单（2023年版）》	2023年4月12日	长期护理保险、困难老年人康复辅具社区租赁服务、困难老年人助餐配送服务、紧急救援服务、日间照护服务、养老服务补贴、老年监护补贴、老年认知障碍床位照护服务、突发公共事件老年人应急保障、保基本养老机构照护服务等	24
吉林省	《吉林省为老年人办实事清单》	2023年2月22日	为老服务设施和环境建设、老年人健康服务、交通出行服务、法律援助服务、文化娱乐、教育服务、证件办理服务等7项	23
四川省	《四川省基本养老服务清单》	2023年10月23日	老年教育、社区养老综合服务、护理补贴、子女护理假、法律服务、生活优待、文体活动等7项	23
浙江省	《浙江省基本养老服务清单》	2022年12月15日	社区居家照料服务、法律服务、特殊贡献老年人优先享受居家服务以及供养保障、老年父母投靠成年子女落户等5项	21
湖南省	《湖南省基本养老服务清单》	2022年12月22日	健康管理服务、就医便利服务、探访服务、百岁老年人长寿保健补贴等4项	20

续表

省份	名称	发布日期	额外服务项目（与《国家清单》相比）	服务项目数量
安徽省	《安徽省基本养老服务清单》	2022年12月21日	老年人休闲优待服务、老年人健康管理、乘坐城市公共交通工具减免，经济困难老年人就餐补贴等4项	20
辽宁省	《辽宁省基本养老服务清单》	2023年10月24日	养老护理补贴、意外伤害保险、老年公共交通服务、困难家庭常年病残老年人托管等4项	20
山西省	《山西省基本养老服务清单》	2023年7月8日	司法救助、健康管理服务、旅游服务、养老保险服务等4项	20
河南省	《河南省基本养老服务清单》	2023年8月9日	老年人健康管理、长期护理保险制度、医疗救助等4项、康复辅具适配	20
贵州省	《贵州省基本养老服务清单（2023年版）》	2023年12月11日	老年人文体旅游活动优待、老年人交通出行优待等3项	19
内蒙古自治区	《内蒙古自治区基本养老服务清单》	2022年9月	经济困难老年人护理补贴、老年人意外伤害保险、临时救助等3项	19
新疆维吾尔自治区	《新疆维吾尔自治区基本养老服务清单》	2023年7月15日	老年人优待、老年人健康管理等2项	18
山东省	《关于发布山东省基本养老公共服务清单的通知》	2020年6月1日	百岁老人长寿补贴、老年人健康管理、老年人文体休闲优待、老年人生活服务优待、养老服务惠扶持项目等5项	15
甘肃省	《甘肃省基本养老服务清单》	2023年11月1日	老年人健康管理、老年人文体休闲优待、老年人生活服务优待、养老服务机构奖补及税费减免等4项	15

* 共找到15个省和3个自治区的基本养老服务单，依据基本养老服务清单具体的项目数量从多到少进行排序，未列出的省份是由于未在公开网页找到具体的基本养老服务清单项目。

表 2　38 个城市基本养老服务清单一览

单位：个

城市	发布时间	文件名称	服务类别	项目数量	服务项目
银川	2024 年 1 月 22 日	《银川市基本养老服务清单》	（未分类）	43	医养结合服务、居家上门服务、文化旅游服务等
苏州	2022 年 11 月 23 日	《苏州市基本养老服务指导性目录清单（2022 年版）》	（未分类）	37	提供社区活动场所、"银发顾问"服务、老年教育服务、自愿随子女迁移户口、乘坐城市公共交通工具、参观公园和公共文化设施、参观旅游景点、健康管理服务、意外伤害保险、长期护理保险服务、法律诉讼服务、就餐补助、助浴补助、喘息服务、失能（失智）老年人家庭成员照护培训等
青岛	2020 年 6 月 15 日	《青岛市基本养老公共服务清单》	（未分类）	37	意外伤害保险、就餐补贴、送餐补贴、农村消费引导补贴、智慧安全关怀服务、长期护理保险、失能失智老年人购买居家社区养老服务补贴等
石家庄	2019 年 10 月 22 日	《石家庄市困难老年人社区居家养老服务补贴 2019 年服务项目清单》	康复服务、生活照料服务、家政服务、关怀服务	36	清单具体内容未对外公布
南京	2022 年 11 月 14 日	《南京市基本养老服务指导性目录清单（2022 年版）》	（未分类）	36	提供社区活动场所、"银发顾问"服务、老年教育服务、自愿随子女迁移户口、乘坐城市公共交通工具、参观公园和公共文化设施、就餐补助、助浴补助、喘息服务、失能（失智）老年人家庭照护培训等观旅游景点、健康管理服务、意外伤害保险、法律诉讼服务、老年人成员照护培训等

续表

城市	发布时间	文件名称	服务类别	项目数量	服务项目
西安	2023 年 6 月 14 日	《西安市基本养老服务清单》	关爱、物质、照护服务	35	70 岁以上老人发放高龄津贴、公共文化服务、免费公交、80 岁以上老人等有出行困难的老人爱心车厢助力车、三环内免费约车、就医绿色通道、健康体检服务、法律诉讼服务、公证服务、自愿随迁户口、意外伤害保险、健身服务、教育服务等
成都	2023 年 5 月 10 日	《成都市基本养老服务清单》	兜底保障项目、特殊困难老年人项目、一般老年人项目	34	困难老年人住房保障服务、特困老年人殡葬服务、长期护理保险、家庭照护床位、寻访关爱服务、残疾人辅助器具服务、老年人助餐、公租房租金减免、老年健康管理、老年人中医药健康服务、简化文体休闲优待、老年人公共法律服务、老年人法律援助服务、老年人出入境办证照片采集流程、放宽小型汽车驾驶证申请年龄、老年人乘坐城市公交优待、老年人乘坐城市轨道交通优待、惠民殡葬服务等
南昌	2021 年 11 月 24 日	《南昌市基本养老服务清单》	特困老年人兜保障项目、困难老年人养老服务项目、普惠型老年人服务项目、养老和优待项目、养老服务扶持项目	33	意外伤害保险、健康指导、医疗服务、基本医疗保障异地就医结算、司法救助与法律援助、老年人办证、信息化老年服务、市内公共交通费用减免、学习服务、文体活动服务、休闲优待服务、无障碍服务、养老服务人才补助、依法打击散护行为、护理假及护理期假、养老服务站点（中心）建设、家庭养老照护床位建设及运营补助、居家养老服务机构税费优惠、支持医养结合等
北京	2023 年 1 月 6 日	《北京市基本养老服务清单（2022 年版）》	照护服务、物质帮助、关爱服务	33	基本公共卫生服务、老年优待服务、困境家庭服务对象入住养老机构补贴、养老助餐服务、驿站基本养老服务、意外伤害保险、失能老年人护理补贴、家庭照护老年人床贴、家庭环境无障碍改造、康复辅助器具购买（租赁）补贴等

续表

城市	发布时间	文件名称	服务类别	项目数量	服务项目
沈阳	2024年1月10日	《沈阳市基本养老服务清单(2024年)》	照护服务、物质帮助、关爱服务	31	失能老年人护理补贴、政府购买居家养老服务、意外伤害保险、临时救助、困难家庭常年病老年人托管、探访关爱服务、家庭养老服务支持、社区养老服务、老年助餐服务补贴、老年人健康管理及健康体检、就医便利服务、老年教育服务、公共文化和旅游服务、乘坐城市公共交通工具、公证服务、法律诉讼服务等
无锡	2022年10月8日	《无锡市基本养老服务指导性目录清单(2022年版)》	(未分类)	30	提供社区活动场所、"银发顾问"服务、就医便利服务、老年教育服务、自愿随子女迁移户口、乘坐城市公共交通工具、参观公共文化设施、参观旅游景点、健康管理服务、法律援助服务、法律诉讼服务、就餐补助、助浴补助、喘息服务、失能(失智)老年人家庭成员照护培训等
武汉	2023年10月10日	《武汉市基本养老服务清单》	设施保障、关爱服务、物质帮助、照护服务	30	提供养老服务场所、养老服务顾问、就医便利服务、参观公园、公共文化设施和旅游景点、健康管理服务、中医药保健服务、百岁老人关爱服务、保险服务、老年教育服务、公证服务、家庭养老床位、法律援助服务、特困对象殡葬服务等
重庆	2022年9月13日	《渝北区基本养老服务清单(2022年版)》	兜底保障、福利待遇、普惠服务、重点优待	30	重度残疾人护理补贴、居家养老助餐服务、家庭养老床位、特殊老年人关爱服务、老年人意外伤害保险、基本公共卫生服务、文体教育、养老顾问、长期护理保险、老年人助浴、慢病康复服务、康复辅具租赁服务、生活协助、托养服务、农村互助养老服务等
厦门	2023年10月28日	《厦门市基本养老服务清单》	照护服务、物质帮助、关爱服务	29	就医便利服务、居家社区养老服务、老年公共文化、教育、体育服务、意外伤害保险、应急处置保障、公共设施适老化改造、家庭养老床位、参观公园景点、乘坐城市公共交通工具、探访关爱服务、老年节慰问金、厦台外阜老年人保障等

续表

城市	发布时间	文件名称	服务类别	项目数量	服务项目
杭州	2023年10月20日	《杭州市基本养老服务清单》	照护服务、物质帮助、关爱服务	28	社区居家照料服务、城市公共交通优惠服务、文化体育场所惠服务、意外伤害保险、护理补贴、家庭养老支持服务、医疗救助、老年父母投靠成年子女落户、高龄普惠服务等
深圳	2022年12月29日	《深圳市基本养老服务清单（2022年版）》	兜底保障、社会保障、服务供给、健康支持	27	医疗救助、老年人住房保障服务、特困老年人殡葬服务、经济困难老年人生活扶助、意外伤害保险、入户探访服务、长者助餐服务、残疾人辅助器具服务、智慧养老颐养卡"一卡通办"服务、敬老优待服务等
海口	2023年7月19日	《海口市基本养老服务清单》	照护服务、物质帮助、关爱服务	26	公证服务、公园、风景名胜区等景点参观、乘坐城市公共交通工具、健康管理服务、探访服务、失能老年人家庭成员照护培训、对国家和社会做出特殊贡献的老年人和集中供养、自愿随子女迁移户口、照料护理补贴、助餐服务、家庭养老床位建设服务等方面
呼和浩特	2022年6月9日	《呼和浩特市基本养老服务清单（2022版）》	特困老年人兜底保障、困难老年人普惠型养老服务、老年人优待服务、养老服务扶持	26	清单具体内容未对外公布
合肥	2023年1月17日	《合肥市基本养老服务清单（2023版）》	照护服务、物质帮助、关爱服务	26	清单具体内容未对外公布
宁波	2022年12月6日	《宁波基本养老服务清单》	照护服务、物质帮助、关爱服务	26	城市公共交通费用减免、景区旅游优惠服务、法律服务等

续表

城市	发布时间	文件名称	服务类别	项目数量	服务项目
郑州	2024年1月8日	《郑州市基本养老服务清单（2023版）》	照护服务、物质帮助、关爱服务	25	"银发顾问"服务、参观公园和公共文化社区、乘坐城市公共交通工具、公证服务、法律诉讼服务、医疗救助、康复服务、照护服务、老年人健康管理、家庭养老支持服务等
长春	2022年7月1日	《长春市绿园区基本养老服务清单》	无分类	25	农村邻里互助居家养老服务项目、为符合条件老年人开展"两访三查、四助"服务、老年人落户、健康管理服务等
上海	2023年4月17日	《上海市基本养老服务清单（2023版）》	机构、社区、居家养老服务、照护服务、基本养老支付保障、老年社会救助、老年社会保障、福利、特定情形保障	24	长期护理保险、困难老年人康复辅具社区租赁服务、困难老年人助餐配送服务、紧急救援服务、日间照护服务、老年认知障碍床位照护服务、养老服务补贴、老年服务向导、国家监护、突发公共事件老年人应急保障、保基本养老机构照护服务等
广州	2021年9月1日	《广州市基本养老服务清单（2021版）》	供需对接、服务供给、服务保障、医康护、权益维护	24	文体教育、公证服务、家庭照护培训、老年生活照料、长期护理、老年健康与医养结合服务管理、基本生活照料、长期照料、家庭养老床位、老年人优待、老年人助餐、养老服务向导、平安"码"服务、日间托管、临时托养等
乌鲁木齐	2024年1月15日	《乌鲁木齐市基本养老服务清单》	照护服务、物质服务、关爱服务	22	公费收养人员入住养老福利院、免费体检、居民健康管理服务、家庭医生签约服务、老年人优待、游览参观、基本医疗保险费优待、提高退休人员医疗报销比例、长期护理保险、自治区"少生快富"工程等
哈尔滨	暂未发布	《哈尔滨市基本养老服务清单》	8大类	22	清单具体内容未对外公布

续表

城市	发布时间	文件名称	服务类别	项目数量	服务项目
长沙	2022年11月10日	《长沙市雨花区基本养老服务清单（2022年版）》	（未分类）	19	老年人意外伤害保险、老年人健康管理、长寿保健费、文化娱乐体育、老年人助餐、老年人就医、老年人出行、老年人法律援助、入住养老机构服务、日间照料服务、居家上门服务、家庭养老床位、失能（失智）老年人家庭成员照护培训等
济南	2022年6月15日	《济南市基本养老公共服务清单（2022年）》	特困老年人兜底保障项目、困难老年人服务项目、困难老年人养老服务项目、普惠型老年人服务和养老服务优待项目和养老服务优惠扶持项目	17	社区养老服务设施配建、百岁老人长寿补贴、老年人助餐服务、养老服务机构税费减免、养老服务"时间银行"、养老服务资金安排、养老服务场所消防设施配套等
珠海	2020年12月30日	《珠海市居家社区养老基本服务项目清单》	（未分类）	17	清单具体内容未对外公布
贵阳	2023年3月1日	《贵阳市南明区基本养老服务清单（2023）》	兜底保障、普惠公益、社区居家、机构养老	13	长寿保健补贴、老年人健康管理、老年人培训、社区居家基本养老服务、特殊困难老年人巡防关爱、照护护理、特殊贡献老人机构照护等
福州	未找到基本养老服务清单	《政府购买居家养老上门服务指导性目录》	紧急救援服务、寻访关怀服务、助餐、助洁、助行、助浴、助医、康复	—	清单具体内容未对外公布

注：南宁市、西宁市、天津市、大连市、太原市、昆明市、兰州市等未找到公开的基本养老服务清单文件，可参考该市对应省份的基本养老服务清单文件。

三 基本养老服务清单的特点

（一）服务类型：多样化与层次化

各地区基本养老服务清单的制定以《国家清单》为基础并结合本省经济发展状况作适当调整。基本养老服务清单包含了多种服务类型，包括日常生活照料、医疗健康服务、心理支持和娱乐活动、居家安全设施及紧急援助等多个方面的服务。这些服务类型旨在全面满足老年人的生活需求，提供全方位的支持和帮助。

不同地区的经济发展水平和人口规模会直接影响到基本养老服务的需求量和质量。经济发达地区可能会有更多的养老服务需求，而人口规模较大的地区则需要更多的服务供给。各级政府发布的清单中，安徽省、贵州省、浙江省、湖北省、辽宁省、内蒙古自治区以及北京市、上海市、西安市、海口市、沈阳市、郑州市等均采用与《国家清单》相同的类型划分，包含物质帮助、照护服务以及关爱服务三大类。

部分省市如广东省，基本养老服务清单涵盖了全体老年人物质帮助、照护服务、关爱服务、社会优待等四大类29项基本养老服务。而江苏省、甘肃省、山东省以及深圳市、成都市则主要以服务项目受益群体进行分类，将服务项目分为面向社会老年人的普惠服务项目和面向特殊老年人的保障服务项目等。广州市清单的服务类型划分主要依据服务项目内容，服务类型是对服务项目内容的概括。

在《国家清单》发布之前，江苏省、山东省、湖北省、贵州省、甘肃省以及上海市、深圳市、南京市等省市最早以立法形式规范基本养老服务清单的。2023年7月18日，青海省首次制定并明确《青海省基本养老服务清单》，清单具体包含物质帮助、照护服务、关爱服务三大类16个服务项目，并分别明确每个项目的服务对象和内容，让老年人享受到更专业、更优质的服务。

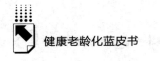

（二）服务项目：兼顾共性与个性

2022年12月15日，浙江省政府出台《关于加快建设基本养老服务体系的实施意见》，同时发布《浙江省基本养老服务清单》，这也是浙江省首次公布清单具体内容，清单共13类不同老年群体所享受的21项基本养老服务，其中有5项是浙江省新增项目，包括社区居家照护服务、法律服务、优先享受居家养老服务、供养保障以及老年父母投靠成年子女落户等。安徽省在《国家清单》基础上增加了老年人休闲优待服务、老年人健康管理、乘坐城市公共交通工具、就餐补贴这4项服务。《新疆维吾尔自治区养老服务清单》包含基本养老服务18项，其中自治区"少生快富"工程，一次性补助3000元属于地区特色项目。

2022年，江苏省在2020年出台的《江苏省基本养老服务指导性目录》基础上，按照"面向全体、人人享有、保障基本、突出重点"的原则对目录内容进行了细化和更新，发布了《江苏省基本养老服务指导性目录清单（2022年版）》，服务项目由原来的18项调整为30项，其中包含面向社会老年人普惠服务项目13项，特殊老年人保障服务17项。

2023年版《贵州省基本养老服务清单》，结合老年人实际需求，将基本养老服务项目从8项增加到19项，进一步扩大了基本养老覆盖面。2023年4月，《湖北省基本养老服务清单》出台，共包含14项物质帮助、7项照护服务、4项关爱服务等三大类25个服务项目，其中既有面向特定群体老年人的普惠服务项目，也有面向特殊困难老年人的保障服务项目，每个项目分别明确了服务对象、内容、标准及牵头责任部门。湖北省将《国家清单》中的"困难残疾人生活补贴和重度残疾人护理补贴"项目拆分为2个项目，并增加老年人优待、老年人基本公共服务等方面的内容，包括提供社区服务场所、养老顾问服务、老年教育服务、老年人文体休闲优待、乘坐城市公共交通工具、法律援助服务、优先享受机构养老、养老护理补贴、参观公园、人文纪念馆和风景区等9项内容。

2023年12月1日，四川省政府办公厅印发《四川省推进基本养老服务体系建设实施方案》，作为该《方案》重点内容之一的《四川省基本养老服务清单》共 23 项服务项目，相较于《国家清单》增加了 7 项，创新拓展了老年教育、社区服务、法律服务、生活优待、文体活动等基本公共服务中涉及养老服务的内容。

从具体服务项目来看，北京市新版基本养老服务清单增加了居家养老综合补贴、社区日间照料补贴、社区康复护理补贴等项目；江苏省南京市在其省级政府清单的基础上又增加细化了 6 项服务，对老年人的关照更加全面。济南市、青岛市追随省政府步伐，将老年人法律援助、养老服务机构奖补等内容加入养老服务清单，还在省政府清单的基础上各自增加了几项服务。广州市增加了有关老年人健康等的 8 项内容。深圳市、成都市公布的清单将老年人住房保障和殡葬服务等纳入服务内容。济南市试点推动养老服务"时间银行"、养老服务机构税费减免以及养老服务场所消防设施配置等项目。

成都市特色的服务项目包括对特殊老年群体提供公租房租金减免，简化老年人出入境办证招聘采集流程、惠民殡葬服务以及家庭照护床位。西安市提供老年教育服务、意外伤害保险、95128 助老服务热线、助老出行以及老年健身服务。此外，部分城市如苏州、西安、海口等城市还提供自愿随子女迁移户口等服务。北京、上海、广州、杭州、成都、郑州等城市还提供辅具租赁特色服务。（见表 2）

总体来讲，各地根据自身经济发展情况，并结合社会历史条件在《国家清单》基础上作出了个性化的调整。因此，各城市的基本养老服务清单项目总体能够满足本地区老年人多层次、多样化的养老服务需求。

（三）服务对象：弱势群体全面保障

各省级政府、市级政府基本养老服务清单中，服务对象的覆盖范围和实现程度不得低于《国家清单》要求，并根据本地区经济社会发展水平、财力状况等因素制定具体实施方案和标准。部分地区的清单中，除了《国家清单》中规定的 65 周岁及以上老年人、80 周岁及以上老年人、特困老年人、失能部分失能老年人等，还包括享受国家抚恤补助的优抚对象、外出务

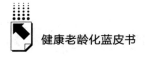

工或经商返乡的农村户籍老人以及参与投资理财老年人群体，并为他们提供特殊服务项目。

其中，广东省增加了"为港澳台老年人提供基本养老服务"项目，明确港澳台老年人在广东享受基本养老服务的条件和程序；厦门明确了对厦台外埠老年人保障措施，即在厦门，65周岁以上老年人（不分国籍、不分地域）、凭身份证、优待证、港澳通行证、护照等任一有效证件，可全时段、免费乘坐常规公交、快速公交（BRT）、厦门地铁。深圳市基本养老服务清单中"本市常住老年人"是指在深圳市内居住达半年及以上的老年人口，包括本市户籍和非本市户籍的老年人（实际居住情况以社区网格系统登记为准）。

石家庄市新版清单规定，石家庄市放开服务清单中服务项目对服务群体的限制，服务项目不再区分服务群体。具有市内六区户籍的"六类"老人均可享受《石家庄市困难老年人社区居家养老服务补贴2019年服务项目清单》中规定的所有服务。杭州市参加杭州市职工或城乡居民医保的老年人可享受清单规定的相应待遇。

从服务享受范围来看，各省市清单中的某些服务项目，比如敬老优待服务、意外伤害保险等，仅限于本地户籍老人或在本地居住满一年或半年的非本地户籍老年人，但随着人口流动的加剧，一些人口流动较多的城市如深圳、厦门等对符合条件的非户籍老年人也提供部分养老服务。

（四）服务标准：明确与细化

《国家清单》仅对服务对象、服务项目及服务内容以及服务类型提出要求，并未对每项服务的服务标准进行详细规定。上海、北京、安徽三个省市将各项服务的服务标准细化，并明确指出了各项标准所依据的法规和条例，有利于清单在基层的落实，值得其他省市学习。内蒙古自治区、江苏省、浙江省、安徽省、山东省、湖北省、北京市、上海市、重庆市等地在各自的清单中细化和明确了老年人补贴、服务队伍建设、养老服务设施规划、各级财政资金补助的具体标准。

其中，《河南省基本养老服务清单》提出经济困难老年人养老服务补贴、生活不能自理老年人护理补贴标准为每人每月不低于 60 元。同时，上海、重庆等经济发达地区纷纷上调老年人护理补贴标准，将经济困难失能老年人护理补贴标准从每人每月 300 元提高到每人每月 500 元。

总体来说，《国家清单》并未对服务项目的具体标准进行详细规定，但各地区间通过相互借鉴学习、交流分享等方式，并考虑财政预算以及老年人实际需求等因素，在具体的额度上进行了确认和细化，均有本市明确的补贴标准，这些标准旨在确保养老服务的可持续发展和提高服务质量。

（五）责任主体：政府为主多方参与

在基本养老服务清单中，责任主体主要包括政府部门、社会福利机构、医疗机构、志愿者组织等多个参与方。各方共同承担养老服务的责任，通过合作与协调，共同为老年人提供全面的养老服务。《意见》指出，要发挥党总揽全局、协调各方的领导核心作用，坚持党政主要负责人负总责。地方各级党委和政府要将基本养老服务体系建设纳入当地经济社会发展规划和重要议事日程。中央各有关部门和单位要按照职责分工，明确落实措施和进度安排。养老服务部际联席会议要发挥牵头协调作用，研究并推动解决基本养老服务体系建设工作中的重大问题。

从省级责任分工情况来看，主要负责的部门有各省人力资源社会保障厅、卫生健康委、民政厅、医保局、退役军人事务厅、残联、交通运输厅、教育厅、财政厅、体育局、文化和旅游厅等。

目前，四川省、广东省、辽宁省、甘肃省等大多数省份及相关城市已在各自《基本养老服务清单》里将责任主体细化为支出责任部门、牵头责任部门等，将责任主体覆盖至各级政府的所有部门，不仅能够方便有关部门和单位按照职责分工，明确落实措施和进度安排，而且能够强化督促指导和监管，方便省级政府履行责任，落实支持政策，加强绩效评价和监督检查。2022 年 12 月《安徽省人民政府办公厅关于印发安徽省推进基本养老服务体系建设实施方案的通知》中将完善落实基本养老服务清单责任单位划为各

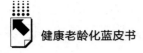

市、县人民政府，省养老服务工作领导小组相关成员单位为配合单位。2023年11月1日，甘肃省民政厅发布《关于发布甘肃省基本养老公共服务清单的通知》，提出全面建立省、市、县三级基本养老公共服务清单发布制度。

总体来讲，在中国，基本养老服务相关的责任主体以政府部门、服务机构为主，其中政府部门又以民政部、卫生健康委员会以及医保局为责任主体，服务机构主要是一些第三方养老服务机构，这些责任主体共同合作，共同承担养老服务的责任，既追求公平也需要考虑效率，旨在为老年人提供全面的养老服务和关怀。

四 政策建议

积极发展高质量的新型养老服务，促进所有老年人享受基本养老服务。中国老年学和老年医学学会副会长杜鹏说："最近发布的中国基本养老服务清单，让中国的养老服务市场有了更明确的目标。"中国养老服务发展取得了一定的进展。不同省份根据地方实际情况，纷纷制定了各具特色的养老服务清单。然而，养老服务清单的制定和实施依然存在一些问题和挑战。一些地区由于经济发展水平相对较低，资金短缺和服务不均衡的问题依然存在；而一些地区由于养老服务标准不明确、申请流程复杂以及监管不力等问题，影响了老年人享受基本养老服务的便利性和质量。发展基本养老服务，需要考虑以下几个问题。[①]

（一）完善顶层设计，明确政府支付责任

完善老年民生保障制度顶层设计，谋划推动基本养老服务制度建设。根据每个地区的人口规模和实际需求，建议对基本养老服务预算进行动态调整。可以通过中央财政调节、税收政策等方式来实现。人口规模较大、老年人较多的地区可以适当增加基本养老服务的预算拨付，以满足更大的服务需

---

① 李志宏：《亟待厘清基本养老服务的几个关键问题》，《中国社会工作》2023 年第 11 期。

求。建立健全各级养老公共服务清单动态调整机制。各市（州）、县（市、区）根据经济社会发展水平和老年人实际需求，适时调整目录事项。

在划分支付责任上，应按照《中华人民共和国国民经济和社会发展第十四个五年规划和 2035 年远景目标纲要》① 提出的"明确中央和地方在公共服务领域事权和支出责任"的要求，建立中央与地方共同承担的基本养老服务经费保障机制，中央财政适当增加对中西部地区基本养老服务的支出责任。适度提高农村社会养老保险缴费补贴和待遇水平，增加农村老年人的养老收入。提高农村特困老年人和失能半失能老年人的护理补贴和照料服务标准，改善农村老年人的护理状况。

（二）正确看待保基本兜底线，多元主体合力共建

依照国家基本养老服务清单，首先要做到服务对象清晰。科学界定基本养老服务对象和内容，不能把"基本养老服务"与"政府提供的养老服务"画等号。政府提供的基本养老服务是"家庭友好型"的，是对家庭的支持而非替代。在制定基本养老公共服务清单时，要突出基本养老服务的公益属性，明确界定政府与个人、家庭间的责任，清单之内事项以政府支出为主，在落实政府基本养老服务供给责任的同时，督促家庭和子女履行赡养义务，逐步形成多元主体责任共担、老龄化风险梯次应对、养老服务事业人人参与的基本养老服务体系。

正确看待基本养老服务的"基本"与"兜底"。"基本"应是侧重于养老服务内容和老年人需要层次的基础性，旨在为老年人提供各类基础性、迫切性、必要性的养老服务需要。"兜底"则应基于福利多元主义视角，政府不是唯一责任主体。政府履行的应是当个人无法通过家庭赡养抚养、市场化购买、社会互助等方式获取基本养老服务情况下的兜底保障责任。此外，在对基本养老服务清单的界定上，应是与基本公共文

---

① 中华人民共和国国家发展和改革委员会：《中华人民共和国国民经济和社会发展第十四个五年规划和 2035 年远景目标纲要》，2021 年 3 月 23 日。

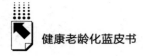

化、体育、教育、法律服务清单并行的清单，而非这些领域服务清单的集成加总。

（三）明晰养老服务项目，适度界定清单内容

在国家基本养老服务清单的基础上，明晰各地区基本养老服务项目。在现有服务项目基础上，可以根据老年人的身心特点，可适度扩展到失能失智预防服务项目、紧急援助服务项目以及心理关爱项目。

在养老服务资源相对短缺的地区，逐步建立跨区域养老服务合作，通过资源整合和共享机制，提高基本养老服务的覆盖范围和服务质量，满足老年人基本生活需求。强化农村地区服务网络的建设，加大农村地区服务机构的支持力度，完善养老服务设施建设和人员培训及管理，提高农村地区养老服务水平和覆盖面，最终提高农村老年人的服务满意度。

（四）加大清单宣传力度，提高老年群体知晓率

用清单化、标准化的方式将基本养老服务作为公共产品向全体老年人提供，这是根据我国国情作出的一项创新性政策举措。目前，仍有较多省区市尚未发布当地的基本养老服务清单。下一步，各省政府应当加快建立健全基本养老服务清单制度提供指导和支持，促进基本养老服务的规范化和提升，确保老年人能够获得普惠、优质的养老服务。媒体、宣传手册、社区、社会组织等都是宣传的较好途径。同时，社区、街道工作人员积极履行一线宣传工作，让更多的百姓，尤其是需求较高的老年群体能够知晓并使用各项基本养老服务。

中国养老服务行业仍面临长期而复杂的挑战，但随着政策的不断完善，相信养老服务能够更好地满足老年人的需求，为他们晚年生活提供更多的保障和支持。在未来，我们期待各级政府、社会各界共同努力，进一步完善基本养老服务清单，提高服务质量和老年人的生活质量，为老年人创造更加健康、幸福的晚年生活，实现老龄化社会的可持续发展。

B.4
中国大中城市基本养老精准服务
主动响应机制报告

颜学勇　丁丹丹　刘候余*

摘　要：　提升养老服务供给的主动性与精准性是提高养老服务效果的基本途径。本报告从精准服务主动响应机制的概念与核心要素出发，以全国 38 个典型大中城市作为研究对象，对各城市老年人能力评估与统计调查、老年人精准识别与动态管理、探访关爱服务以及便民养老服务平台四个方面的建设情况进行梳理。分析可知，当前我国基本养老精准服务主动响应机制存在地区发展不平衡、服务资源共享困难、信息化水平较低等问题，应当切实做好基本养老服务的精准供应与主动响应，推进养老服务高质量发展。

关键词：　精准服务　主动响应　基本养老服务

一　基本养老精准服务主动响应机制内涵

新时代背景下，老年人需求的个性化、多元化和差异化对基本养老服务提出了更高的要求。党中央、国务院高度重视基本养老服务工作。2023 年 5 月，中共中央办公厅、国务院办公厅印发《关于推进基本养老服务体系建设的意见》，明确提出建立精准服务主动响应机制是基本养老服务体系建设的重点任务，也是实施积极应对人口老龄化国家战略的题中应有之义。

---

* 颜学勇，管理学博士，西南交通大学公共管理学院副教授，研究领域为社会政策、家庭政策等；丁丹丹，西南交通大学公共管理学院硕士研究生；刘候余，西南交通大学公共管理学院本科生。

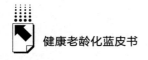
（一）基本养老精准服务与主动响应的内涵

基本养老服务体系建设是一项长期工作。完善养老服务制度体系，有利于保障基本民生、促进社会公平、维护社会稳定。推动基本养老服务高质量发展，离不开精准服务与主动响应两个方面的努力。唯有将"精准"与"主动"融入基本养老服务供给过程中，才能更好地理解并回应老年人的需求。

从公共服务领域出发，学者们将精准化的公共服务概括为面向公众的真实需求，通过精准定位有效捕捉，实现对公众真实需求的精准识别与公共服务资源的最优配置[1][2]。公共服务的精准化是以人民需求为中心和落脚点，通过鼓励和支持公众参与，识别和整合公众需求，制定并实施公共服务供给方案，有效满足公众需求，体现了服务需求与供给精准匹配的目标追求。[3]由于老年人群体在信息社会存在需求被忽视、表达意识薄弱以及表达渠道有限等困难，养老服务的精准化逐渐成为养老服务领域的一个新研究理念。精准化是衡量养老服务水平的重要标准，其内涵至少包括差异化、精细化和多元化的意旨。[4]贾妍等认为精准养老包含数据采集精准化、需求分析精准化、服务供给精准化和协同管理精准化四个维度[5]。与传统养老服务提供相比，精准化的养老服务是以精准化识别、精准化供给、精准化管理和精准化支持为内容的养老服务模式，具有精细化和可操作性的特点。[6][7]综合学者观点与中国养老实际，精准化的养老服务可被定义为：精准识别老年人这一

① 何继新、李原乐：《"互联网+"背景下城市社区公共服务精准化供给探析》，《广州大学学报》（社会科学版）2016年第8期。

② 王玉龙、王佃利：《需求识别、数据治理与精准供给——基本公共服务供给侧改革之道》，《学术论坛》2018年第2期。

③ 徐增阳、张磊：《公共服务精准化：城市社区治理机制创新》，《华中师范大学学报》（人文社会科学版）2019年第4期。

④ 类延村、冉术桃：《农村"精准养老"模式的建构：从同一性向差异化的转型》，《理论导刊》2018年第9期。

⑤ 贾妍、蓝志勇、刘润泽：《精准养老：大数据驱动的新型养老模式》，《公共管理学报》2020年第2期。

⑥ 饶丹、黄健元：《养老服务精准化的现实困境与实现路径》，《理论导刊》2018年第12期。

⑦ 宋娟：《养老服务如何才能"精准化"》，《人民论坛》2018年第33期。

弱势群体，聚焦于老年人群体的特殊需求，向其提供具有针对性与动态性的养老服务。通过精准养老服务供给模式的政策设计，不仅可以有效解决目前中国社会的养老难题，还有助于指导各地区的养老产业规划。

"主动响应"作为市场服务、风险管控领域高频出现的概念，在公共服务领域很少被提及。随着时间推移，公共部门越来越重视主动服务的重要性，在某种程度上，主动性可以通过多种不同的方式纳入公共服务，公民不需要付出任何努力就能获得服务。[1] 公共部门的主动性是指政府基于政府数据库中的可用数据，主动向公众提供服务。主动响应是依据主动性原则，考虑公民的预期意愿并利用政府数据库中的现有信息自发地提供响应式服务。[2] 养老领域的主动性则多体现在医疗护理服务上。[3][4] 由于老年人表达诉求的能力较低，甚至无法争取自己的权益，其对主动响应式服务的需求绝不仅限于医疗服务。主动响应包含两个方面：一是主动找到有需求的老年人，动态性地了解其需求。二是主动贴近老年人的需求，根据其不同需求提供服务。养老服务的主动响应旨在通过全面且动态的信息采集，主动分析和回应老年人的真实需求，实现精准数据与动态更新的有机结合，为老年人提供更具个性化和主动性的养老服务。

---

① Bharosa, N., Oude Luttighuis, B., Spoelstra, F., Van Der Voort, H., & Janssen, M. (2021). Inclusion throughproactive public services: Findings from the Netherlands: Classifying and designing proactivity throughunderstanding service eligibility and delivery processes. In J. Lee, G. V, Pereira, & S. Hwang (Eds.) *Proceedings of the 22nd Annual International Conference on Digital Government Research: Digital Innovations for Public Values: Inclusive Collaboration and Community*, DGO 2021 (pp. 242–251).

② Erlenheim R, Draheim D, Taveter K, "Identifying design principles for proactive services through systematically understanding the reactivity-proactivity spectrum," *ICEGOV 2020: 13th International Conference on Theory and Practice of Electronic Governance*: pp. 452–458.

③ Harari D., Hopper A., Dhesi J., et al., "Proactive care of older people undergoing surgery ('POPS'): designing, embedding, evaluating and funding a comprehensive geriatric assessment service for older elective surgical patients," *Age and Ageing* 36 (2007): pp. 190–196.

④ Blom J., den Elzen W., van Houwelingen A. H., et al., "Effectiveness and cost-effectiveness of a proactive, goal-oriented, integrated care model in general practice for older people. A cluster randomised controlled trial: Integrated Systematic Care for older People—the ISCOPE study," *Age and Ageing* 45 (2016): pp. 30–41.

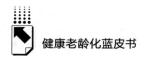

综上所述，基本养老精准服务主动响应机制可理解为一项以高度个性化和预防导向为核心的服务理念。"精准"是从基本养老服务的供需出发，旨在实现基本养老服务在供给端和需求端的匹配，"主动"是从基本养老服务供给主体的态度出发，涉及政府的角色定位问题。[①] 该机制主要通过先进的信息技术、数据分析和资源整合，主动识别、理解并应对老年人的需求，从而提供更为细致入微、贴合实际需求的养老服务，实现"人找服务"到"服务找人"的转变。

（二）基本养老精准服务与主动响应的关系

基本养老精准服务与主动响应的目的是更好地满足老年人的养老需求，提高服务的针对性和质量。精准服务强调个性化、精细化的服务内容，主动响应则强调对老年人需求的快速感知和及时响应。两者相辅相成，共同构建了更为完善的养老服务体系。

首先，精准服务是主动响应的前提。通过运用大数据等手段，分析老年人的健康趋势、风险因素和个体差异等，为制订个性化的养老服务计划提供科学依据。而后，对前期所收集到的信息进行深度挖掘，深入了解老年人的需求和偏好。这样才能更加准确地预见老年人的需求变化，从而能够提前做出响应。例如，对于行动不便的老年人，可以提供上门服务或者辅助设施，以满足其日常生活需求。根据老年人的实际需求和特点，设计服务方案，确保服务的精准度和针对性。

其次，主动响应可以进一步提升精准服务的水平。通过前期的信息收集工作，政府和服务机构可以更加及时地了解老年人的服务需求和对现有服务的满意度。这可以帮助服务提供者更准确地把握目标群体的需求，及时调整服务方向和内容，实现基本养老服务需求与供给的有效对接，从而提高服务的针对性和满意度。

精准服务与主动响应二者之间相互联系、互为补充，共同构成养老服务

---

① 何阳、娄成武：《适老化转型、基本养老服务供给与服务型政府建设——基于建立精准服务主动响应机制的思考》，《贵州师范大学学报》（社会科学版）2024年第2期。

高质量发展的重要组成部分。只有将这两方面有机结合，才能为老年人提供更为精准、个性化的养老服务，促进养老服务体系的不断进步和提升。

二 中国大中城市基本养老精准服务主动响应机制的建设现状

《关于推进基本养老服务体系建设的意见》明确了基本养老精准服务主动响应机制的重要内容，也为评估中国大中城市基本养老精准服务主动响应机制建设情况提供了重要的依据。现从四个方面对全国 38 个典型城市的建设情况进行评估与梳理。

（一）精准服务主动响应机制的评估方式

《关于推进基本养老服务体系建设的意见》指出，建立精准服务主动响应机制首先要综合评估老年人能力状况，科学划分老年人能力等级。同时加强老年人基本信息的数据共享，建立困难老年人精准识别和动态管理机制。对于残疾老年人和特殊困难老年人等特殊群体而言，要完善养老服务保障，提供探访关爱服务。最后，依托基层综合服务平台，提供便民养老服务。[①]

本报告以全国 38 个典型城市作为研究对象，依据精准服务主动响应机制的主要内容，从四个角度对 38 个城市进行评估，即是否开展了老年人能力评估与统计调查工作、是否建立了老年人精准识别与动态管理机制、是否对老年人提供探访关爱服务以及是否建立便民养老服务平台。

老年人能力评估是专业人员依据相关标准，对老年人个体的自理能力、基础运动能力、精神状态、感知觉与社会参与等进行的分析评价工作。在老年人能力评估与统计调查方面，主要考察各城市是否出台有关老年人能力评估的实施办法或地方标准，因地制宜推进评估工作；是否建立养老服务评估

---

① 《关于推进基本养老服务体系建设的意见》，https://www.gov.cn/zhengce/202305/content_6875435.htm，最后检索时间：2024 年 1 月 29 日。

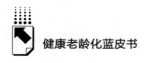
机制，为科学确定老年人能力状况与服务需求提供参考。

在对老年人的精准识别方面，考察各村（居）民委员会等基层组织是否通过摸底调查、走访等方式，了解老年人的经济状况、健康状况、家庭状况等基本信息，而后将老年人基本信息收集、整理，建立信息共享的数据库。而动态管理机制则是在精准识别的基础上，根据老年人的生活状况、健康状况等实时信息进行动态管理和调整，以保证服务的及时性和有效性。

对特殊困难老年人开展探访关爱服务是基本养老服务的重要内容。由于老年人不同程度上都存在生活缺乏照料、精神缺乏慰藉、失能缺乏护理以及安全缺乏保护等问题，这部分评估工作主要考察各城市是否向目标群体提供生活照料、精神慰藉等方面的关爱服务。

养老综合服务平台也是建立基本养老精准服务主动响应机制的重要内容。在这方面，主要考察的是各城市是否建立基层管理服务平台，完善综合服务系统，为老年人提供日常所需的便民养老服务。

（二）城市基本养老精准服务主动响应机制的建设情况

通过对各城市政策文本的搜集与整理，我们将其基本养老精准服务主动响应机制的建设情况整理如表1。

表1　38个城市基本养老精准服务主动响应机制的建设情况

城市名称	老年人能力评估与统计调查	老年人精准识别与动态管理	探访关爱服务	便民养老服务平台
北京	评估老年人自理和活动能力、认知能力与精神状态、感知觉与沟通能力	建立全市困难群众精准救助帮扶信息系统,搭建台账统一管理平台	开展生活照料、康复护理、精神慰藉、居家适老化改造等巡视探访服务	打造北京养老服务网移动端,建设北京养老服务管理信息系统平台
上海	评估老人自理能力、日常生活能力、工具性日常生活能力、认知能力	建立特殊困难老年人基础数据库,及时更新老年人情况和需求	提供居家安全服务、精神慰藉服务、政策资源链接服务及其他个性化服务	建设多功能为一体的信息化平台,即"社区云"系统

续表

城市名称	老年人能力评估与统计调查	老年人精准识别与动态管理	探访关爱服务	便民养老服务平台
杭州	对老年人日常生活活动能力、认知能力、精神状态与社会交流能力进行评估	建立信息共享和动态管理的留守老年人信息台账，动态跟踪留守老年人信息	提供生活照料、精神慰藉、安全监护、权益维护等服务	成立"互联网+养老"服务平台项目
武汉	对老年人身体状况、经济状况、居住状况、养老服务需求意愿进行调查评估	依托市级养老服务综合平台，及时录入、更新特殊困难老年人基本信息并建立辖区特殊困难老年人名录库	服务内容包括健康状况、生活保障、安全隐患、养老需求、亲情关怀、心理慰藉及其他特殊情况	开展"互联网+居家养老"服务项目，建立"互联网+居家养老"服务平台
广州	对本市居住的60周岁及以上老年人的能力情况、医疗照护情况、疾病情况等进行评估，确定能力等级和老年人照顾需求等级	依托市政府"政务云平台"完成涉老数据"全覆盖"；开展摸底排查建档工作	开展特殊困难老年人探访关爱服务	开展广州市居家养老综合信息服务平台及App业务应用调研工作，完善居家养老综合信息服务平台系统
深圳	对老年人自理及运动能力、精神状态、疾病状况开展评估工作	开展特殊困难老年人摸底排查工作，掌握特殊困难老年人基本信息，建立一人一档电子档案并定期动态更新	建立社区高龄老年人巡访制度，定期对高龄老年人的生活状况进行上门巡访或者电话巡访(见2020年《深圳经济特区养老服务条例》第二十一条)	建立深圳智慧健康养老云平台
天津	对60岁及以上申请老年人能力评估的社区老年人进行日常生活自理能力、视听与沟通能力、认知能力评估	将特殊困难老年人摸底排查工作纳入基层网格化管理，做到精准到社区(村)、到户、到人	提供困难帮扶、心理疏导、精神安慰、家庭关系调适等服务	依托"津牌养老"智慧平台，对接"金民工程"全国养老服务信息服务平台、市级关心关爱智能平台、"津治通"平台等
成都	对老年人的日常生活、精神状态、社会参与等进行评估	开展特殊困难老年人摸底排查工作，建立并动态更新基础台账	提供生活照料、康复护理、精神慰藉、居家适老化改造等服务	建设"智慧民政"平台

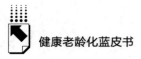

续表

城市名称	老年人能力评估与统计调查	老年人精准识别与动态管理	探访关爱服务	便民养老服务平台
重庆	举办全市老年人能力评估师培训班	开展特殊困难老年人摸底排查工作	提供文化娱乐、生活照料、精神关怀、心理疏导、情绪疏解、精神慰藉、代际沟通、家庭关系调适、社会参与等关爱服务	建立重庆市智慧社区养老服务网
昆明	对老年人生理状况、精神状况、家庭基本状况、社交网络和社会支持等展开评估	开展特殊困难老年人摸底排查工作，建好工作台账，及时更新基层网格化管理数据	提供生活照料、康复护理、精神慰藉、紧急救援、居家适老化改造服务	—
西安	评估内容包括自理能力、基础运动能力、精神状态、感知与社会参与	开展特殊困难老年人摸底排查工作，依托养老服务综合信息平台，建立基础数据库	提供探访关爱服务，全面了解探访对象的健康、家庭、经济、安全等情况	建立西安市养老服务综合信息平台
南京	进行老年人日常生活活动、认知能力、情绪行为及视听觉评估	通过小程序进行信息采集，完善对象数据库	提供日间照料、文娱活动、康复护理、文化娱乐、助餐助浴等服务	建立南京市养老服务综合信息平台
哈尔滨	举办养老从业人员老年人能力评估培训班	开展特殊困难老年人摸底排查工作，建好工作台账	提供生活服务以及康复保健、心理疏导、短托照料等专项服务	—
济南	依申请对老年人能力、疾病状况、医疗照护、家庭支持与照护支付能力等情况进行评估	开展定期摸排工作，准确掌握特殊困难老年人基本信息，实施动态管理	分类提供探访关爱和委托服务，丰富了社区居家、亲情关怀、应急救援等服务内容	济南市政务服务"一网通办"老年人服务专区提供养老保障、退休管理、福利补助等服务
青岛	对老年人的日常生活、精神状态、社会参与、感知觉与沟通进行评估	依托政务服务平台，推进跨部门数据共享，建立困难老年人精准识别和动态管理机制	提供健康管理、居家安全、政策链接、养老顾问、精神慰藉、社区活动、应急救援等服务	青岛智慧养老平台是青岛市民政局主导建设的全市综合养老信息服务平台

续表

城市名称	老年人能力评估与统计调查	老年人精准识别与动态管理	探访关爱服务	便民养老服务平台
郑州	举办国家级老年综合评估技术培训班；市内多次开展评估师培训班	建立定期排查摸底制度，准确掌握农村留守老年人的基本信息，建立留守老年人信息台账，实行分类动态管理	给予生活照料、精神慰藉等关爱服务，强化生活照料、精神慰藉、安全监护、权益维护等基本服务	建立郑州市智慧养老服务平台
长沙	评估生活自理能力、认知能力、视听和沟通能力、相关疾病	建立困难老年人精准识别和动态管理机制	分类提供探访关爱服务	建立长沙市智慧养老服务管理平台
苏州	从日常活动、精神状态、感知觉与沟通、社会参与四个方面进行评估	建立精准识别和养老服务需求主动发现机制，定期动态管理	为农村留守老人提供生活照料、精神慰藉、法律援助、安全服务、文化娱乐等关爱服务	"苏州养老服务查询"服务在"苏服办"平台上线
大连	对老年人的自理能力、基础运动能力、精神状态、感知觉与社会参与进行评估	开展入户摸底调查，及时录入老年人实际需求，推进跨部门数据共享	提供健康状况、生活保障、安全环境、养老需求、亲情关怀、生产帮助及其他服务	建立大连养老网作为大连养老信息服务平台
沈阳	从老年人日常生活活动、精神状态、感知觉与沟通、社会参与四个维度进行评估	展开摸排工作，及时录入沈阳市养老事业服务管理平台，逐一建立电子台账	从健康、经济、安全、需求及其他情况提供探访关爱服务	开发并应用"沈阳市养老事业服务管理平台"
南宁	评估内容包括日常生活活动评估、精神状态评估、感知觉与沟通评估和社会参与评估等	开展摸底排查工作，建立信息共享和动态管理的农村留守老年人信息台账	提供助餐、助浴、助医、助急、助洁、助购等服务	建成并投入使用南宁市级互联网＋智慧养老服务平台
石家庄	从老年人的综合自理能力、基础运动能力、精神状态、感知觉与社会参与四个维度展开评估	进行全面排查，建立和完善农村留守老年人信息台账，实行分类动态管理和信息共享	为农村留守老年人定期提供生活照料、精神慰藉、安全监护、权益维护等服务	建立石家庄人社公共服务平台

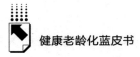
续表

城市名称	老年人能力评估与统计调查	老年人精准识别与动态管理	探访关爱服务	便民养老服务平台
厦门	按照国家统一部署开展老年人能力综合评估	根据摸排情况，逐人建立电子台账，上传厦门市养老服务与监管信息平台，每半年动态更新一次	提供生活照料、康复护理、精神慰藉、紧急救援、居家适老化改造等服务	"i厦门"一站式综合服务平台中推出"智慧养老"应用
南昌	对老年人的身体状况、经济状况、居住状况、养老服务需求等进行调查评估	开展摸排工作、核实特殊困难老年人基础数据库，建立并动态更新信息台账	提供居家安全、精神慰藉、政策资源链接及其他服务	—
无锡	评估内容包括身份特征、经济状况、居住状况、能力状况及养老服务意愿	依托全市大数据资源人口库，通过自动筛查，系统主动将相关信息推送至老年人数据库	服务包括心理抚慰、情绪疏导、家庭关系调适、助餐助浴、生活照料、康复护理、居家适老化改造	建设无锡民政综合业务信息管理系统、无锡市社区行政事务信息平台
长春	按照新版《老年人能力评估规范》进行评估，包括自理能力、基础运动能力、精神状态、感知觉与社会参与	对辖区常住居家老年人基本情况进行摸排，逐一建立电子台账	分类开展走访探视、精神慰藉、生活照料等服务	建立长春市养老服务信息平台
福州	评估内容包括日常生活活动、认知、感知觉与沟通等方面	摸清困难老年人底数，及时录入、更新和归集特殊困难老年人信息	提供老年人生活照料、康复护理、精神慰藉、居家适老化改造等方面服务	建立福州市养老服务网
乌鲁木齐	评估内容包括日常生活活动能力、认知能力、感知觉与沟通能力等	建立特殊困难老年人探访关爱服务工作基本信息台账，并及时录入、更新全国养老服务信息系统	坚持普遍探访和重点探访相结合，合理采取多种形式进行探访	建立居家养老综合信息平台
宁波	对宁波市户籍60周岁及以上老年人身体、认知、活动等状况进行综合评价	及时更新农村留守老年人基础数据，并准确录入全国农村"三留守"人员信息管理系统	为农村留守老年人提供心理疏导、情绪疏解、代际沟通、家庭关系调试、社会融入服务	推出"浙里办"宁波频道"长辈版"和浙江政务服务网宁波平台"老年模式"

续表

城市名称	老年人能力评估与统计调查	老年人精准识别与动态管理	探访关爱服务	便民养老服务平台
合肥	依据全省统一的老年人能力综合评估标准,对符合条件的老年人实施综合评估	完成老年人信息普查和抽查工作,建立老年人基本信息数据库	对特殊困难老年人进行定期探访,开展精神慰藉等探访关爱服务	建立合肥市综合养老服务平台和基层管理服务平台
贵阳	评估内容包括日常生活能力、精神状态、感知觉与沟通、社会参与以及健康状态等	动态更新探访关爱服务台账,精准掌握老年人能力状况和服务需求	常态化开展生活照料、康复护理、居家适老化改造等服务	推出微信小程序"贵阳市智慧养老"
太原	对开展医养结合服务的养老机构中老年人躯体功能、认知、心理、老年综合征和常见问题进行评估	及时建立完善特殊困难老年人基础数据库	分类提供探访关爱服务	太原市养老产业促进会推出"太原养老"微信公众号
呼和浩特	按照自理能力、基础运动能力、精神状态、感知觉与社会参与四个一级指标进行老年人能力评估	建立健全困难老年人精准识别和动态管理机制	对农村留守老年人提供心理疏导、情绪疏解、精神慰藉、代际沟通、家庭关系调适、社会融入等服务	建成"一级部署、多级使用"的全市智慧养老服务信息平台,创建"宜养青城"养老服务品牌,开通"宜养青城"公众号、"智慧养老"网站
海口	按照新版《老年人能力评估规范》进行评估,包括自理能力、基础运动能力、精神状态、感知觉与社会参与	做好特殊困难老年人摸底排查和信息采集工作,并动态更新信息	从居家安全、精神慰藉、政策宣讲、需求对接和必要救援提供上门探访关爱服务	—
兰州	评估内容包括老年人日常生活活动能力、精神状态与社区参与、感知觉与社会参与等	建立特殊困难老年人基本信息台账,及时录入和更新相关基本信息	服务内容包括健康状况、生活保障、居住环境、消防安全、养老需求、亲情关怀及特殊风险	—
银川	通过调查摸底、能力评估,切实掌握全市经济困难家庭重度失能老年人的基本情况及底数,合理归类,做到情况明、底数清	整合多部门涉老数据,形成全区老年人数据资源库	提供定期探访、政策咨询、生活照料、业务代办等服务	—

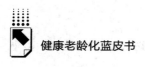

城市名称	老年人能力评估与统计调查	老年人精准识别与动态管理	探访关爱服务	便民养老服务平台
珠海	为老年人身体能力、医疗照护需求、患病情况进行评估	全面摸清农村留守老年人基本情况,建立信息共享和动态管理的农村留守老年人信息台账	建立农村留守老年人定期探访制度,并为留守老年人提供相应的援助服务	建立全市统筹的智慧养老信息化服务平台
西宁	青海省民政厅举办了全省老年人能力评估培训班;推动培育一批综合评估机构,开展老年人能力综合评估	调查摸清老年人基本状况和养老服务需求,建立老龄人群和养老服务供给商信息库	完善老年人定期探访制度,重点关注空巢、独居、留守、失能、重残、计划生育特殊家庭等特殊困难老年人,特殊困难老年人月探访率达到100%	建立"12349"西宁市养老服务信息平台

资料来源:以上内容参考各省区市民政官网信息整理所得。

三　城市基本养老精准服务主动响应机制建设情况分析

基本养老精准服务主动响应机制是提高养老服务水平的重要途径,也是基本养老服务体系的重要组成部分。通过对 38 个城市基本养老精准服务主动响应机制建设情况的梳理(见表1),现对城市基本养老精准服务主动响应机制进行剖析,主要讨论各城市的建设现状并分析其发展困境。

(一)老年人能力评估与统计调查

由表1可知,各城市对老年人能力状况的评估内容总体上存在共性,即围绕老年人身体状况和精神状况展开。但是,各城市在评估的侧重点上仍存在差别。一部分地区从老年人综合能力入手,评估其日常活动能力、身体状况等;另一部分地区则以老年人需求为出发点,评估其服务意愿或照顾需求。

评估老年人综合能力具有较高的科学性,也更符合老年群体的发展趋势。

以评估结果作为参考依据，有益于加快推进养老服务评估工作进程，建立更为科学的养老服务评估体系。通过规范化、系统化的评估，制订合理化、个性化的服务计划，把高质量、高效率的服务提供给老年人。一方面，有助于制定更完善的老年人能力评估系统，使老年人今后的养老生活获得更具针对性的体验；另一方面，有益于社会和相关机构确定服务要求，帮助老年人提高生活质量。[①] 而从老年人需求角度进行评估也有一定的合理性。现阶段的分级护理可能与老年人需求和能力不匹配，老年人的护理需求未得到及时有效的满足。同时，老年人照护需求综合评估缺乏客观的评估工具，对老年人的评估缺乏连续性和动态性。[②] 因此，全面了解不同能力等级老年人的健康状况及照护需求，能更好地为老年人制定有针对性的照护内容提供科学依据。[③]

2022 年 12 月 30 日《老年人能力评估规范》国家标准（GB/T 42195—2022）公布后，各地积极组织开展国家标准培训和宣贯实施工作。呼和浩特、海口等部分城市参照国家规范为标准制定本地区的老年人能力评估实施方案，从自理能力、基础运动能力、精神状态、感知觉与社会参与四个方面展开评估工作。

同时，也有部分城市结合当地实际，对部分评估内容进行了修改。例如，武汉市、南昌市健全该市老年人能力评估的地方性标准，从老年人身体状况、经济状况、居住状况、养老服务需求意愿四个方面进行调查评估；北京、上海、杭州等城市增加了认知能力的评估指标；天津、长沙等城市增加了沟通能力的评估，除此之外，还添加了老年人疾病情况与照护情况等评估内容。

评估内容的丰富具有一定的合理性与科学性。老年综合征的症状或临床表现包括记忆力减退、老年帕金森综合征、抑郁症、痴呆等，老年人生理认

---

① 赵雅宜、丁亚萍、崔焱等：《养老机构老年人综合能力状况评定及其对养老服务需求的影响》，《中国实用护理杂志》2015 年第 19 期。

② 李玮彤、徐桂华：《老年人照护需求综合评估研究现状及进展》，《中国全科医学》2018 年第 27 期。

③ 桂前、王燕君、张沁等：《基于国际居民长期照护评估工具的养老机构不同能力等级老年人照护需求研究》，《中国全科医学》2019 年第 4 期。

知功能的下降反映了评估认知能力的重要性。同时，认知问题影响了老年人对心理沟通与疏导服务的需求[1]。此外，中度与重度失能老年人都对医疗健康服务需求比较高[2]，随着年龄增大，老年人的身体更容易出现不适，照护需求也因此变得更为急切。然而，在大多数城市出台相关实施方案、完善地区评估标准，与国家相关标准相衔接时，西宁、郑州等少部分城市对老年人能力评估与调查的标准并不明晰，地区之间发展不平衡。个别城市的老年人能力评估工作尚停留在开展老年人能力评估培训班阶段，由于缺乏政策支持，评估工作整体进度相对落后。此外，由于地区评估机构缺少专业的技术人员和信息收集人员，评估工作人员的能力限制导致老年人信息收集工作也存在一定的困难。

（二）困难老年人精准识别与动态管理

北京、上海等少部分城市明确提出建立困难老年人精准识别和动态管理机制。主要涉及两个方面：一是建立困难老年人养老服务需求主动发现机制，二是健全并动态更新基础信息台账。同时，大多数城市也都陆续开展了特殊困难老年人摸底排查工作，通过对特殊困难老年人进行摸底调查，全面掌握其基本信息并建立特殊困难老年人基础数据库，及时更新老年人现状和需求，实现养老服务供给与需求的有效对接，做到精准到户、精确到人。

台账是中国政府文件治理场景下出现的现象。以文本汇编、资料留存与工作记录等为主要内容的工作方式有助于保障政府治理成效，加强政府规范化管理。2012年，中共中央办公厅和国务院办公厅印发了《党政机关公文格式》国家标准（GB/T 9704-2012），标志着台账使用进一步规范化和格式化[3]。建立并动态更新老年人基础信息台账，搭建台账统一管理平

① 刘丽、张帅、胡秀英：《四川省老年人护理需求及服务的调查研究》，《中华护理杂志》2023年第19期。
② 刘玉玉、林金蕾、张倩等：《养老机构老年人能力评估与分级服务需求探究》，《护理研究》2018年第7期。
③ 张园园：《"洞穴之治"：中国治理场景下台账的逻辑》，《探索与争鸣》2022年第2期。

台，建立困难老年人主动发现、精准识别和动态管理机制，能够有效实现"政策找人""服务找人"，提高养老服务供给的精准度。然而，开展老年人摸底排查工作并建立特殊困难老年人的数据库需要耗费大量的人力、物力、财力，资源的有限性使台账的建立与更新存在一定的困难。同时，各部门所掌握的数据缺乏及时的对接，零散的信息导致信息资源的共享效率大大降低。

（三）探访关爱服务

党中央、国务院高度重视养老服务工作，面向独居、空巢、留守、失能、重残、计划生育特殊家庭等老年人（简称特殊困难老年人）开展探访关爱服务是养老服务的重要内容。《关于开展特殊困难老年人探访关爱服务的指导意见》指出，应从老年人健康情况、经济情况、赡养情况、安全情况与生活照料、康复护理、精神慰藉、居家适老化改造等服务需求情况多方面丰富探访关爱服务内容。[1]

各城市关爱服务的具体内容有所不同，但大多离不开物质与精神两个层面。部分城市也根据该地区的实际情况对服务内容进行了完善，比如，杭州、石家庄增加了权益维护；宁波、呼和浩特额外增加了社会融入；济南、青岛提供紧急援助服务；成都、昆明等增加康复护理服务等。

服务内容的适当增添有其存在的合理性。面对老年人的维权意识普遍较低、老年权益保障服务不力的问题，为老年人提供权益维护服务能更好地为其权益保驾护航[2]。社会融入属于老年人精神关爱服务，通过动员比较孤独的老年人参加各种活动，给予他们一定的照顾和开解，可以使其在不断与人交往的过程中扩大交往圈，融入社会[3]。随着年龄的增长，老年人身体的健

---

[1] 《关于开展特殊困难老年人探访关爱服务的指导意见》，https://www.gov.cn/zhengce/zhengceku/2022-10/13/content_5718017.htm，最后检索时间：2024年3月15日。

[2] 游岸：《农村老年人更需要精神关爱》，《人民论坛》2017年第32期。

[3] 韩振燕、李东林：《农村老年人精神关爱服务体系研究——以江苏省为例》，《江苏农业科学》2016年第3期。

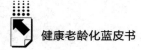
康水平会逐步下降，为老年人提供病后照料服务，促进老年人病后康复，关注老人身体健康的关爱服务变得十分重要①。因此，服务内容的多样化是有益且符合老年人真实需要的。

各地为响应《关于开展特殊困难老年人探访关爱服务的指导意见》，提出并践行了许多相关做法。例如，为帮助解决老年人居家养老困难，提高老年人居家养老安全性，上海市开展特殊困难老年人探访关爱服务，包含建立工作机制、组建服务力量、排摸服务对象、了解服务需求、提供探访关爱、实行常态监督等工作。但与此同时，广州、太原等少部分城市对老年人关爱服务的具体服务内容尚无明确界定。老年人探访关爱服务的结果及成效如何，目前也没有明确的评估标准。

（四）便民养老服务平台

养老服务平台旨在提供差异化便利程度的服务组合来进行服务。② 当前，各城市养老服务平台大多围绕"居家养老"与"智慧养老"展开，以微信公众号与小程序为补充，构建满足不同阶段老年人不同健康养老服务需求的养老服务平台。通过平台整合服务资源、科学评估服务需求、有序对接服务主体、精准匹配服务供需、安全管理服务信息、及时有效进行服务监督与反馈等，不断增强我国健康养老的服务合力与服务效能。③

北京市建立综合为老服务平台的相关工作为其他城市提供了参考。一是通过建设集供需对接、政策宣传、养老地图、养老助餐、人才招聘、京津冀协同共享等功能于一体的数字化养老公共服务平台，对接"京通"，实现养老服务事项"一网通办"；对接"京办"，实现养老行业"一网统管"。二是为提升养老服务智慧化水平，打造与北京养老服务网配套的移动端小程

① 王武林、杜志婕：《新时代乡村振兴视角下农村留守老人关爱服务体系构建》，《中共福建省委党校学报》2019 年第 5 期。

② 杨扬、姚建明：《基于服务模式便利深度刻画的养老服务平台资源整合优化》，《管理学报》2020 年第 5 期。

③ 王俊华、董晨雪：《国家治理视域下我国健康养老服务体系的建构》，《苏州大学学报》（哲学社会科学版）2023 年第 1 期。

序，在移动门户中集成诸多政务服务，链接多样服务资源，拓展线上服务渠道。同时优化升级北京养老服务门户网站，建设全市统一的北京养老服务管理信息系统，提升线上线下综合服务能力。[①]

另外，杭州市、西安市等城市也积极提升基本养老服务信息化水平。通过"线上+线下"多样化形式开展政策咨询、信息查询、业务办理等便民养老服务，并提高高龄津贴、养老服务补贴、护理补贴等事项网上办理的效率，实现业务流程标准化、规范化和信息化。

虽然部分城市便民养老服务平台的建设初见成效，但银川、兰州、海口等城市的信息化建设进度仍比较滞后，目前尚未建立便捷、高效的线上便民服务网站，难以满足老年人的系统性服务需求以及个性化的服务便利程度需求。

总之，近年来各地在推进基本养老精准服务主动响应机制建设中取得了一些成效，比如针对"探访关爱"项目和"老年人能力综合评估"项目，各地贯彻落实中央政策文件与国家标准，并因地制宜开展相关项目和行动。然而，目前我国老龄化程度差距明显，基本养老精准服务主动响应机制在我国的发展虽已起步，但发展进程较为缓慢。就总体进度而言，该机制在各地区间的发展仍面临瓶颈，如评估工作不到位、台账建设困难、平台建设水平低等，在一定程度上限制了政策的完善和实践的推进。

四 完善中国大中城市基本养老精准服务主动响应机制建议

关于养老服务精准化与主动化的实现路径，学者们提出的对策建议虽有些许差异，但大多热衷于协同治理理论[②]、利益相关者理论[③]等视角，主张

---

① 《关于完善北京市养老服务体系的实施意见》，https：//mzj.beijing.gov.cn/art/2023/11/1/art_ 9364_ 30276.html，最后检索时间：2024 年 3 月 17 日。

② 陈倩、吴玉韶：《县域多元主体协同治理养老服务体系构建研究》，《中国特色社会主义研究》2024 年第 1 期。

③ 唐健、彭钢：《农村社会化养老善治的路径重构——基于利益相关者理论的分析》，《农村经济》2019 年第 8 期。

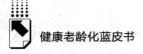

构建多元协同供给模式，这也为今后的理论研究和实践运行提供了一定的参考。考虑到基本养老精准服务主动响应机制在各地区的发展困境，现从以下三个方面提出该机制的优化措施，以更好地帮助老年人需求得到及时、准确且全面地满足。

（一）共享养老资源

养老资源共享涉及多元主体之间的信息共享。通过搭建资源与信息共享平台，完善省、市、县级养老服务信息化平台，能实现大数据理念、云计算技术和居家养老服务供给的有机结合。[①] 城市信息化水平影响着"互联网+养老服务"信息服务平台的建设进度。对于银川、兰州等信息化水平较低的城市来说，首先应当提高其信息技术能力，建立标准统一、流程规范的综合养老服务平台，其他相关部门分别对接该平台，整合养老信息资源，实现信息共享。对于贵阳、太原等已初步建立线上服务平台的城市而言，应当进一步扩展其功能板块，提供老年人日常所需的便民养老服务，如在线医疗、网上购物与社交服务等，切实提高服务质量和效率，避免资源浪费。线上服务平台的建立不仅可以提供信息查询服务，还可以发挥线上办理业务的便捷性，为老年人提供更加快捷、高效的养老服务。

（二）数字赋能养老服务

在数字化转型背景下，强化智慧养老是实现精准化养老的关键。随着数字技术的持续赋能，各种非结构性的数据、知识、图像、信息等要素实现了有效流动，以数据为中心，多部门参与的养老服务协同共治模式正在形成。[②] 一方面，可以运用技术手段积极构建智慧养老服务协同供给网络。培育新的服务供给主体，如养老服务机构、社会组织、社区志愿者等，充分调动非政府组织加入智慧养老产业建设与发展的积极性，统筹养老服务数据，

① 郑吉友：《农村居家养老服务协同供给体系构建研究》，《广西社会科学》2019年第6期。
② 王生发：《数字化转型背景下的养老服务体系创新》，《人民论坛·学术前沿》2022年第21期。

全方位建设智慧养老服务供给网络，为后续开展养老服务提供更加全面、精准的资源。另一方面，可以加强养老数字产品的多样化。以社区为切入点，利用"互联网+技术"，在供给端为老年人的家庭养老、机构养老和社区养老提供信息技术与智慧产品。构建线上线下双重服务平台，优化资源配置，实现养老供需的精准对接，为老年群体数字养老提供多种选择。

（三）建设人才队伍

随着老龄化程度的加深与养老服务技能需求的更新，我国养老服务产业显现出巨大的发展潜力。养老服务人才队伍建设是促进我国养老服务事业发展的重要保障。对此，一要加强专业人才培养。对于尚未开展老年人能力评估与调查工作的城市，应加强相关评估人员与信息收集人员队伍建设，可以借鉴重庆、哈尔滨等城市开展评估培训班的经验，以互联网信息技术为依托，积极开展服务人员线上培训，提高从业人员的业务素养与服务水平。二要扩充志愿者队伍。发挥健康老年人的作用，充分利用其优势。同样是老年人，他们能敏锐地察觉到老年人的内在需求，更好地探知老年人的身体状况，精准采集老年人基本信息，提高服务质量。三要，完善人员经费保障机制。评估工作与探访服务工作的顺利开展需要耗费大量的人力资源，因此，应加大养老服务专业人才发展资金投入力度，稳步提高养老服务人员薪酬水平，给予其足够的资金补助，增强养老服务行业和工作岗位吸引力。

B.5
中国大中城市基本养老服务
保障机制建设报告

李宏伟　黎玉婷*

摘　要：　推进基本养老服务体系建设是实施积极应对人口老龄化国家战略、实现基本公共服务均等化的重要任务。大中城市的养老保障机制建设也日益成为社会关注的焦点。基于此，选取全国 38 个典型大中城市作为研究对象，对长期照护保障制度、经济困难失能老人护理补贴制度、社会力量参与基本养老服务的政策扶持、养老机构的扶持与发展，以及基本养老服务的统计检查与调查五个方面进行了研究。此外，选取了北京、上海等六个城市，进行基本养老服务保障机制建设情况案例分析。进而，提出如下建议：完善基本养老服务政策，加大资金保障筹集力度，提升养老服务质量，提高多元主体参与的积极性，建立基本养老服务监测机制，促进基本养老服务体系建设。

关键词：　基本养老服务　保障机制　多元主体

一　中国基本养老服务保障机制概述

（一）基本养老服务保障机制概念

党的二十大报告提出，实施积极应对人口老龄化国家战略，发展养老事

---

* 李宏伟，管理学博士，西南交通大学公共管理学院副教授，研究领域为福利治理；黎玉婷，西南交通大学公共管理学院硕士研究生。

业和养老产业，优化孤寡老人服务，推动实现全体老年人享有基本养老服务。如前所诉，自 2009 年提出"基本养老服务"概念，我国学界进行了广泛的讨论，但围绕基本养老服务"服务谁、服务什么、谁来服务"等关键问题，仍存在一定的阐释差异和理解分歧。根据基本养老服务政策来看，基本养老服务具有非排他性和不充分的非竞争性，具有准公共产品性质。李兵等认为基本养老服务是指政府针对那些依靠自身无法获得养老服务、必须求助政府的老年人及其家庭，通过公共的财政投入、设施建设、服务供给和监督管理等一系列政策和实践活动，向他们提供基本的养老咨询、照料、康复和精神健康等服务①。基本养老服务是一项社会保护工程，目的是尽可能使他们独立生活，促进社会融合，并在国家的框架内按照中央政府确定的责任和标准实现服务的多样化和创新。党的十九届五中全会和"十四五"规划纲要实际上把养老服务划分为三个层次：一是基本养老服务，二是普惠型和互助性养老服务，三是高品质多样化养老服务。其中，基本养老服务是最基本的层次，应由政府履行兜底保障的责任，重点满足特殊困难群体老年人的基本服务需求，又要立足采取多种供给模式，为有需要的老年人提供方便可及的公共服务项目。

保障机制是为管理活动提供物质和精神条件的机制，基本养老服务保障机制是指由国家为老年人提供基本养老服务的一套制度和政策安排。养老保障机制包括保障服务主体，即保障有相应的组织机构为老年人提供养老服务；保障服务内容，即保障老年人能够享受到符合其生活所需要的服务；保障服务渠道，即保障老年人能够方便、有效地享受到优质的服务②。该机制的目标是保障老年人享有基本的生活需求和社会服务，提高他们的生活质量和幸福感。中共中央办公厅、国务院办公厅于 2023 年 5 月联合印发的《关于推进基本养老服务体系建设的意见》为完善基本养老服务保障机制提供了坚实的制度依据，有利于建立一个全面、平衡、可持续的基本养老服务保障机制，为老年人提供更好的养老生活。

---

① 李兵、张航空、陈谊：《基本养老服务制度建设的理论阐释和政策框架》，《人口研究》2015 年第 2 期。
② 张仲兵、徐宪：《养老服务体系保障机制建设研究》，《湖南社会科学》2014 年第 2 期。

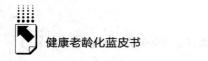

（二）基本养老保障机制的核心要素

1. 基本养老保障机制中多元主体的角色与关系

传统家庭养老模式下养老服务的提供主要由家庭成员完成，民政等部门只是针对缺乏家庭养老保障的弱势老年群体提供必要保障。社会养老服务模式下养老服务的参与主体包括政府、社区、家庭、养老机构等多种类型，是一种政府、社会、市场共同参与的服务模式。在社会养老服务体系中，政府应该主要承担养老服务的提供者角色，社区和市场承担养老服务的生产者角色，个人和家庭承担养老服务的消费者角色。实际过程中这三类角色并不是严格划分的，彼此之间可能会有交叉，甚至角色之间发生缺位和越位。这就要求政府不但要承担起社会养老服务的提供者角色，更要发挥在三类角色之间的协调功能①。

基本养老服务应当由政府负责兜底，并采取多种措施鼓励和支持社会力量通过多种方式提供基本养老服务。市场、社会、家庭等多元主体参与基本养老服务，这种多元主体协同的方式将有力促进我国养老保障体系建设②，如《"十四五"国家老龄事业发展和养老服务体系规划》就确立了"坚持政府、社会、家庭、个人共同参与、各尽其责"的发展目标③。

明确家庭、政府、社会和市场的关系是至关重要的，必须规范并明晰各方的权责边界和责任范畴。关注点主要在于澄清政府的权责边界和定位，明确政府与其他主体的关系，为政策创新和资源投入奠定必要基础。在这一体系中，家庭作为最基本、首要的养老服务供给主体，政府的养老责任应当是"溢出"家庭责任的一部分，针对因贫困、能力不足等原因而无法提供的基本养老服务。政府的定位应当是家庭的支持和补充，而非替代家庭。社会和

---

① 孙宏伟、孙睿：《我国社会养老服务体系建设的政策选择》，《东北大学学报》（社会科学版）2013 年第 4 期。

② 胡宏伟、蒋浩琛：《我国基本养老服务的概念阐析与政策意涵》，《社会政策研究》2021 年第 4 期。

③ 张演锋：《基本养老服务保障中的政社责任分配》，《人权》2023 年第 2 期。

市场也能够提供那些家庭难以提供的服务，这时政府并不需要直接介入承担兜底的服务供给责任。政府应当鼓励社会力量通过公建/办民营、政府购买服务、资本合作等方式参与基本养老服务供给。同时，对于互助养老等社会力量的作用，政府应提供支持和规范，充分整合和有效利用互助养老、志愿养老等服务力量。这样的协同合作可以确保养老服务体系更加全面、有序地发展。

2. 基本养老保障机制的主要内容

优化基本养老服务保障机制的完善应当从以下几个方面入手：第一，建立基本养老服务经费保障机制，确保充足的财政支持；第二，完善基本养老保险和基本医疗保险体系，为老年人提供全面的健康保障；第三，健全完善长期护理保险制度，满足不同老年人的护理需求；第四，必须健全完善社会救助和社会福利制度，为有特殊需求的老年人提供更为全面的支持；第五，积极推动社会力量参与提供基本养老服务，以多元化方式满足老年人的需求；第六，不断增加普惠性养老服务供给，确保老年人能够享受到更为广泛的服务；第七，积极发展慈善公益事业，为老年群体提供更多帮助，构建更加和谐、关爱的社会环境。[①]

二 中国大中城市基本养老服务保障机制建设的现状

随着中国经济的迅速发展和人口老龄化的加剧，大中城市基本养老服务保障机制建设已经成为国家关注的重点。政府的长期护理保险、经济困难失能老人护理补贴制度等政策扶持为老年人提供了更加完善的福利保障，同时社会力量的积极参与也带来了新的活力。此外，养老机构的扶持与发展以及基本养老服务的统计检查与调查也为大中城市基本养老服务保障机制建设提供了有力的支持。基于此，文章从长期照护保障制度、经济困难失能老年人护理补贴制度、社会力量参与基本养老服务的政策扶持、养老机构的扶持与

---

① 张志毅：《完善人人可享的基本养老服务保障机制》，《中国社会工作》2023 年第 17 期。

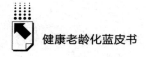
发展，以及基本养老服务的统计检查与调查五个方面，对全国 38 个典型大中城市的建设现状进行分析比较。

（一）长期照护保障制度

1. 总体情况分析

截至 2022 年末，我国 60 岁及以上老年人达到 2.8 亿人，其中失能、半失能老人大约 4400 万人。[①] 失能和半失能的老年人的增多，对社会和家庭都构成了巨大的压力和负担。同时，对我们的社会保障体系、医疗卫生系统等方面都提出了重大挑战，需要我们做好应对和准备工作。探索建立长期护理保险制度是应对人口老龄化、促进社会经济发展的战略举措，是实现共享发展改革成果的重大民生工程，是健全社会保障体系的重要制度安排。

长期护理保险试点的目标是探索建立以社会互助共济方式筹集资金，为长期失能人员的基本生活照料和与基本生活密切相关的医疗护理提供资金或服务保障的社会保险制度。2016 年 6 月，人社部印发《关于开展长期护理保险制度试点的指导意见》，决定将河北省承德市等 15 个城市作为长期护理保险制度试点城市，并将吉林和山东两省作为国家试点的重点联系省份，探索建立以长期处于失能状态的参保人群为保障对象，重点解决重度失能老人基本护理需求的社会长期护理保险制度，也被视为"社保第六险"。2020年 9 月，经国务院同意，国家医保局、财政部印发《关于扩大长期护理保险制度试点的指导意见》，长期护理保险试点城市增至 49 个，试点范围进一步扩大。2021 年 7 月，国家医保局办公室、民政部办公厅印发的《长期护理失能等级评估标准（试行）的通知》提出首个全国统一的长期护理失能等级评估标准，标志着我国长期护理保险制度建设迈出了关键一步。截至2022 年底，长期护理保险参保人数达到 1.69 亿，累计有 195 万人享受待

---

① 《减轻失能老人家庭负担 我国加快健全老年护理和长期照护服务体系》，https：//baijia hao. baidu. com/s？ id＝1775636264722427130&wfr＝spider&for＝pc，最后检索时间：2023 年 11 月 25 日。

遇，累计支出基金 624 亿元。①

总的来看，我国长期护理保险还处于探索阶段，不同试点城市对长期护理保险的覆盖人群、筹资渠道、护理形式和支付水平等方面均有不同。从覆盖人群来看，分为两种覆盖范围：一种是仅覆盖城镇职工，另一种是不仅覆盖城镇职工，也覆盖城乡居民，但同医疗保险一样，保障水平是有区别的。从筹资渠道来看，资金来自医保统筹基金、个人缴费、财政补助三部分，部分试点地区的筹资也有福彩公益基金，大致分为三种类型：一是统筹金与个人缴费结合；二是统筹金、个人缴费、财政补助三者相结合；三是完全来自统筹金。从服务方式来看，长期护理保险的服务方式主要是机构照护和居家照护。此外，在给付水平方面也有不同，不同的试点地区给付比例不同，如上海、广州的居家护理基金给付比例高达 90%，而有的地区给付比例偏低。同时，不同服务形式的给付比例也不同，大多城市居家护理的给付比例低于机构护理的给付比例，也有少量城市两种给付比例持平，部分试点城市居家服务给付比例高于机构护理比例，如上海、成都、苏州等地。总而言之，在试点阶段，每个试点城市都有自己独特的标准。

2. 不同城市建设比较分析

在 49 个试点城市中，北京市、天津市等 16 个城市均在具有代表性的大中城市内，其中长春、上海等 7 个具有代表性的大中城市在第一批试点的城市里。此外，没有列入试点城市的无锡、石家庄等城市也进行了长期护理保险制度的探索。本小节将对既在试点城市中又在 38 个具有代表性的大中城市中的城市进行长期护理保险建设情况比较分析。

（1）参保对象。根据《关于加快发展养老服务业的若干意见》，长期护理保险的参保对象应遵循两个基本原则：一是处于长期失能状态的群体，二是主要涵盖职工基本医疗保险的参保人员。从参保对象来看，16 个城市长期护理保险的试点覆盖人群均有参与职工基本医疗保险的人群，部分城市也

① 《我国长期护理保险参保人数达到 1.69 亿 累计有 195 万人享受待遇》，https：//baijiahao. baidu. com/s？id=1773260550043591358&wfr=spider&for=pc，最后检索时间：2023 年 11 月 20 日。

将参与城乡居民基本医疗保险人群纳入参保范围。北京、呼和浩特等城市将参保人群拓展到了参与城乡居民基本医疗保险人群，上海将60周岁以上居民医保的参保人纳入了长期护理保险人群的参保对象。从覆盖的地区来看，绝大部分城市将参保范围定在了本市，只有个别城市将试点范围定在了部分区，并没有进行全市范围的覆盖，比如宁波（见表1）。

表1　长期护理保险参保对象情况

长期护理保险参保对象	本市职工基本医疗保险参保人群	本市职工基本医疗保险参保人群和城乡居民医疗保险参保人群
代表城市	天津、宁波、福州、南宁、重庆、昆明	北京(石景山区)、呼和浩特、长春、上海、济南、青岛、广州、成都、乌鲁木齐、苏州

资料来源：根据以上城市长期护理保险实施政策整理所得。

（2）筹资渠道。筹资渠道是指筹集资金的来源方向与通道。总的来看，长期护理保险的资金来源渠道为医保统筹金、个人缴费、财政补贴、单位缴费、大额医疗救助费，以及资助资金，这些筹资渠道组合成为不同的筹资模式。职工基本医疗保险参保缴费的筹资渠道为单位缴费、个人缴费和财政补贴。采用"医保基金划转+医保个人账户划转"的城市非常多，如北京、长春、福州、昆明等城市；呼和浩特、青岛、成都采用了"医保统筹金+医保个人账户划转+财政补贴"的筹资模式。上海、宁波采用了"医保统筹金"的筹资渠道。与其他城市不同的是，天津的筹资渠道为"医保统筹金+大额医疗救助费"。广州和南宁与其他城市不同，单位缴费并不是从医保基金中划出，而是由单位按比例进行缴费。此外，呼和浩特、长春、福州、青岛等城市在长期护理保险中提到了接受社会资助。同时，青岛设有调剂资金，并对调剂金的来源以及用途做了说明。居民参保缴费的筹资渠道包括"个人缴费+财政补贴""医疗保险费划出+个人缴费+财政补贴""医保基金划转+财政补贴""医保基金数划转"等。

从筹资方式来看，职工参保人群的大多数城市按照比例进行缴费，较少城市按照定额缴费；城乡居民缴纳长期护理保险大多是按照定额进行缴纳，这与城乡居民医疗保险费的缴纳相一致。此外，不同城市的缴费金额和比例都是不同的。

（3）服务形式。各试点地区的服务内容均为失能、失智人员提供基本生活照料和与基本生活密切相关的医疗护理等基础服务。在服务内容方面，长期护理保险服务项目主要包括基本生活护理服务、专业护理服务。在基本生活护理服务方面包括了居家上门照护、社区日间照护、养老机构照护服务模式；在专业护理服务上则包括了医疗专护、机构医疗护理和居家医疗护理服务模式，其中也包括设备的使用服务。在服务形式上，试点城市根据当地实际情况提供了多种组合形式的服务，以满足失能、失智人员的生活和护理需求。

（4）给付水平。给付水平的差异具体表现在给付比例、给付额度等方面。各试点城市在机构护理服务和居家护理服务两个方面的给付比例有所不同，成都、广州、呼和浩特等城市按照失能等级和对应护理标准、服务项目采取限额支付。在给付方式上，试点城市主要采用按比例支付和定额支付两种方式。呼和浩特、宁波、重庆、成都、乌鲁木齐、苏州等城市采用的定额支付；同时，对于职工和城乡居民的给付标准也是有一定的区别的。从给付标准来看，绝大部分城市给付标准达到了70%以上，上海、广州的居家护理给付标准达到了90%（见表2）。

表2　长期护理保险给付水平

试点地区	给付水平:机构护理服务	给付水平:居家护理服务
北京	机构护理、社区护理和居家护理:3000元/月,基金支付标准控制在70%左右	
天津	最高限额每人每天70元,基金支付70%	定点专护,最高支付限额每月每人2100元,基金负担75%;亲情照护人员护理费由基金支付每月750元;同时,申请专护的最高支付限额每月1100元,由长期护理保险基金支付75%;
呼和浩特	职工:900/1200/1500/1800元/人·月;居民:600/750/1050/1350元/人·月	职工:750/1050/1350/1650元/人·月;居民:600/750/1050/1350元/人·月
长春	最高支付限额以下政策范围内费用基准支付比例为70%	最高支付限额以下政策范围内费用基准支付比例为60%
上海	社区日间照护支付水平85%;养老机构照护支付水平85%	长期护理保险基金的支付水平为90%

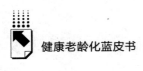

续表

试点地区	给付水平:机构护理服务	给付水平:居家护理服务
宁波	按定额享受专护、院护待遇,定额标准暂定为每天 40 元	
福州	对于符合规定的护理服务费用,基金支付水平不低于 70%	
济南	院护每人每月限额标准为:失能等级 3 级 1800 元;失能等级 4 级 2100 元;失能等级 5 级 2400 元;家护采取按项目付费和按时长付费相结合的结算办法,每人每月限额标准为:职工参保人员失能等级 3 级 1500 元,失能等级 4 级 1800 元,失能等级 5 级 2100 元,居民参保人员失能等级 3 级 750 元,失能等级 4 级 900 元,失能等级 5 级 1050 元	
青岛	一档缴费的成年居民、大学生、少年儿童报销比例为 80%,二档缴费的成年居民报销比例为 75%	
广州	职工:75%;居民:70% 设备使用费:长护 3 级的失能人员,按 90% 的比例支付; 2 级按 85% 的比例支付; 1 级按 80% 的比例支付	职工:90%;居民:85%
南宁	每月定额标准每月平均工资(4926 元)的 50% 确定,待遇标准为 70%	75%
重庆	每人每日 50 元	每人每日 40 元
成都	城镇按照失能等级不低于 1000 元/人·月;城乡居民按失能等级不低于 5 元/人·月	按照不同的类别进行补贴:分为基础、专业、辅具护理 成都机构护理服务给付水平:根据失能等级进行定额支付,具体待遇标准为中度失能二级 660 元/月/人,中度失能三级 1118 元/月/人,重度失能一级 1577 元/月/人,重度失能二级 2237 元/月/人,重度失能三级 2796 元/月/人; 成都居家护理服务给付水平:基础护理服务待遇以失能等级对应的月护理基准费用为基数,按照 75% 的比例,由长期护理保险基金实行定额支付,具体待遇标准为:中度失能二级 288 元/月/人,中度失能三级 574 元/月/人,重度失能一级 862 元/月/人,重度失能二级 1150 元/月/人,重度失能三级 1437 元/月/人
昆明	平均工资的 70% 作为待遇计发基数,月基金支付限额不超过待遇计发基数的 70%	
乌鲁木齐	职工:2008 元/人/月;城乡居民:1721 元/人/月	职工:2152 元/人/月;上门护理按每人每小时限额 72 元的标准执行,重度失能人员的上门护理费用,由长护险基金按限额的 100%(2160 元/月)给予补偿;城乡居民:1721 元/人/月,上门护理费用按每人每小时限额 72 元的标准执行,重度失能人员的上门护理费用由长护险基金按限额的 80%(1728 元/月)给予补偿

试点地区	给付水平:机构护理服务	给付水平:居家护理服务
苏州	重度失能人员定额标准提高为 30元/天,中度失能人员定额标准提高为 23 元/天	机构普通护理员服务费用按每人每小时 40 元的定额标准结算,其中长期护理保险支付 37.5 元,参保人员个人承担 2.5 元; 居家医疗护理员服务费用按每人每小时 50 元的定额标准结算,其中长期护理保险支付 47.5 元,参保人员个人承担 2.5 元

资料来源:根据以上城市长期护理保险实施政策整理所得。

(二)经济困难失能老年人护理补贴制度

1. 总体情况分析

2014 年,财政部同民政部、全国老龄办联合下发《关于建立健全经济困难的高龄、失能等老年人补贴制度的通知》(以下简称《通知》),要求加大公共财政支持力度,解决经济困难的高龄、失能等老年人的后顾之忧,推动实现基本养老服务均等化。在《通知》的指导下,我国多数城市相继出台和实施了失能老年人护理补贴政策。当前,失能老年人护理补贴政策坚持"因地制宜和分散决策"的原则,因此,各城市的失能老年人护理补贴政策不尽相同。根据民政部发布的《2022 年民政事业发展统计公报》,截至2022 年底,全国共有 4143 万老年人享受老年人补贴,其中享受高龄补贴的老年人 3406.4 万人,享受护理补贴的老年人 94.4 万人。

2. 不同城市比较分析

在试点城市的实践中,对于经济困难失能老年人护理补贴对象的认定标准在三方面有所差异:一是失能老人的年龄范围界定,二是失能标准的评定,三是经济困难的界定。

失能老人的年龄范围方面,大部分城市将补贴对象的年龄认定为 60 周岁及以上,合肥、呼和浩特等城市将补贴对象的年龄认定为 70 周岁以上。在老人失能标准的评定上,试点城市的评定标准并不是统一的,有的城市根据民政部颁布的《老年人能力评估规范》国家标准来判断老年人失能程度，也有城市根据医疗机构出具失能诊断证明，还有城市根据 ADL 指数（吃饭、穿衣、上下床、上厕所、室内走动、洗澡等）来确定失能标准的。在补贴对象的经济困难认定上，所有试点城市都将低保作为接受补贴的条件，但是不同的城市根据自身的情况，对经济困难的认定有所差别。沈阳、哈尔滨等城市将低保边缘家庭老人纳入补贴对象。苏州、珠海、西宁、兰州、昆明、重庆、南宁、广州、南京、上海等城市将特困救助对象也纳入了认定范围。天津、西安、西宁、长春、武汉等城市将重点抚恤家庭生活困难纳入认定范围。石家庄将 90 岁以上的高龄老人纳入补贴对象。长春、福州、广州、兰州、武汉、西宁等城市将计划生育特殊困难家庭的老人纳入补贴对象范围。此外，武汉还将市级及以上劳模、见义勇为称号获得者中失能老人纳入补贴对象。西宁则将带病回乡退伍军人、残疾军人及在乡复员军人老人纳入补贴对象范围。

在补贴方式上，各城市发放失能老人护理补贴的具体形式可以分为三类：第一类以货币的形式进行补贴，如太原、呼和浩特、沈阳、海口等城市；第二类是采用非货币的补贴形式，政府将补贴金额转化为服务代金券向补贴对象发放或者直接向第三方购买养老服务，由第三方为补贴对象提供服务，如北京、天津、石家庄、大连、长春等城市；第三类是混合型，即前两种形式的综合，如兰州通过安排养老服务、发放货币等方式提供（见表3）。

表3 38 个城市关于经济困难失能老人补贴方式

补贴方式	城市
货币	太原、呼和浩特、沈阳、厦门、南昌、济南、青岛、海口、重庆、昆明、银川
非货币	北京、天津、石家庄、大连、长春、哈尔滨、上海、南京、杭州、宁波、合肥、福州、郑州、武汉、长沙、广州、深圳、南宁、成都、贵阳、西安、西宁、乌鲁木齐、无锡、苏州、珠海
混合型	兰州

资料来源：根据 38 个城市关于经济困难失能老人补贴政策整理得出。

在补贴水平上，各城市的补贴水平大部分城市在 100～500 元。老年护理补贴水平最高的是济南，对于集中托养服务补贴标准最高可达到每人每月

1500 元，之后是上海，护理补贴标准可达每人每月 960 元；补贴水平最低的是呼和浩特和昆明，仅为每人每月 50 元，其次是海口，补贴为每人每月 60 元。除了补贴水平高低存在差异外，各地的具体补贴方法也不一样。大部分城市是按照老人的失能程度进行补贴，如北京、天津、大连、宁波、厦门等城市。上海、广州等城市综合"失能状态"和"经济状况"两个维度，制定多样化的补贴层次。武汉对于城镇户籍和农村户籍的经济困难失能老人的补贴标准是有差异的。西宁和乌鲁木齐对经济困难失能老人的年龄进行划分，并实施分段补贴。

在经费保障上，对经济困难的失能老人提供护理补贴是由政府财政负担，但是出资责任如何在各级政府之间分配，不同城市有不同的规定。总的来看，大部分城市是由区财政负担，如北京、天津、杭州、武汉等城市，也有部分城市是由区和市两级进行承担，省级财政进行补贴，如昆明。青岛保障资金由省、市、县三级财政共同承担。此外，呼和浩特明确了自治区与盟市的分担比例；沈阳、上海、合肥等城市明确了由市、区两级财政按照1∶1比例承担。

（三）社会力量参与基本养老服务的政策扶持

1.总体情况分析

社会力量参与基本养老服务是我国推动养老服务多元化和社会化发展的重要举措。2022 年 2 月 21 日，国务院印发《"十四五"国家老龄事业发展和养老服务体系规划》提出，大力发展普惠型养老服务，充分调动社会力量积极性，为人民群众提供方便可及、价格可负担、质量有保障的养老服务。在政策支持方面，政府发布相关政策文件，明确鼓励社会力量参与养老服务，并提供政策保障和支持；在政策激励方面，政府给予社会力量参与养老服务相关税收优惠政策，如免征企业所得税、降低增值税税率等。政府还鼓励金融机构提供贷款支持和信贷政策，降低社会力量参与养老服务的经济成本。同时，政府简化社会力量参与养老服务的市场准入手续，降低准入门槛和审批程序。在资金扶持方面，政府通过财政资金、社会保险基金、专项

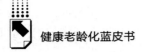

资金等途径，向社会力量提供资金支持和补助。通过鼓励社会力量参与，政府可以调动更多资源，提供更广泛、更优质、更个性化的养老服务，满足日益增长的老年人群体需求。同时，社会力量的参与也可以促进市场竞争，降低养老服务成本，提高服务质量。

2. 城市建设情况分析

在提供养老服务模式方面，一方面注重对机构养老、居家养老、社区养老等养老模式的支持，使其提供多元化的养老服务，满足老人多元化的养老需求；另一方面，注重发挥公益、慈善力量在建设基本养老服务保障机制中的作用。如天津完善助老爱老志愿服务机制，深入开展"寸草心""手足情"志愿助老行动。同时，发展慈善事业，引导慈善资源加大对困难老年群体的帮扶力度。北京在《北京市"十四五"时期老龄事业发展规划》的通知中提出，建立健全慈善参与养老服务的制度机制和方式，创新拓展老年慈善捐赠网络，打造一批有影响力的老年慈善活动品牌，弘扬孝亲敬老慈善文化。此外，天津、太原、南京、宁波等城市建立"时间银行"等志愿服务时间储蓄激励机制，广泛开展志愿助老服务。

在养老服务资金筹集方面，鼓励企业、社会单位、慈善机构等社会团体和个人的捐助和投入，引导社会资金、慈善捐助投入老龄事业。如南京引导各类社会资金投入老龄事业和产业发展，形成财政资金、民间资本、慈善基金等相结合的多元投入机制。苏州设立"社区慈善基金"，以"五线"促"善治"，推动社会问题以慈善、自治、互助的形式解决，不断优化慈善参与扶弱济困、社区治理、人居环境改善、安宁疗护等基层社会治理领域的"苏州方案"。全市97个乡镇（街道）、881个村（社区）设立"社区慈善基金"，共计引导慈善资金6098万元。

在提高养老服务质量方面，一方面，组织和推动各类专业养老服务人才培训和技能提升，提高社会力量从业人员的专业水平和服务能力。另一方面，不断拓宽养老服务从业人员的职业发展空间，健全人才培养激励机制，使更多人加入养老服务中去。

（四）养老机构的扶持与发展

1. 总体情况分析

为推进基本养老服务体系的建设，政府实施了一系列扶持和发展养老机构的政策。《"十四五"国家老龄事业发展和养老服务体系规划》（国发〔2021〕35号）（以下简称《规划》）从社区养老服务机构、专业化养老机构与公办养老机构三大类别出发，提出通过扶持养老机构发展，扩大普惠性养老服务覆盖面的要求。

在土地政策方面，各地政府通过优化养老服务设施的用地政策来支持养老机构的发展，对兴办养老机构的企事业单位、个人改造现有空闲设施给予土地年租金或土地收益差价的优惠政策；在税费政策方面，政府通过实施针对养老机构的税收优惠政策，有效减轻了养老机构的经济负担。例如，非营利性养老机构可享受房产税、城镇土地使用税的减免，同时符合条件的养老机构还可按规定免征企业所得税。在补贴政策方面，包括建设补贴和运营补贴，也是支持养老机构发展的重要手段，旨在促进养老机构的建设和高效运营。人才政策的实施进一步完善了对养老机构的扶持内容，政府通过提高养老服务人员的薪酬待遇、社会保险和职业技能鉴定补贴等措施，来吸引和留住养老服务行业的专业人才，为养老服务业的发展提供长效内生动力。与此同时，政府还鼓励金融机构为养老服务机构提供差异化的信贷支持，以降低养老服务业的资金门槛，进一步扩大养老服务业的市场。而医养结合同样也是政府推动的一个重点，通过将医疗服务与养老服务有效整合，政府旨在提供更为全面和高质量的养老服务。

2. 城市建设情况分析

针对养老机构的补贴，无锡市将社会办养老机构划分为营利性与非营利性，根据养老床位数、建筑面积等条件细致划分新建与改建项目的补贴政策，从一次性建设补贴和运营补贴两部分施行差异性补贴。从具体补贴金额来看，政府对非营利性养老机构采取了更大的扶持力度，鼓励其扩大服务规模，完善服务设施。除一次性建设补贴、运营补贴外，部分城市根据地方实际状况也提出了一些更具针对性的补贴政策，例如乌鲁木齐市设有取暖补贴；长沙市民政局和长沙市财政局共同印发的《长沙市养老机构补贴资金实施细则》中针对民办养老机构还设有消费补贴；昆明市在《昆明市养老服务领域基层政务公开——养老服务扶持补贴》中提出诚信状况补助和医疗服务能力补助。

在人才政策方面，大部分城市将养老机构从业人员的补贴划分为入职补贴和岗位补贴。入职补贴主要将岗位划分为专业技术岗位和养老护理技能岗位两大类别，根据入职人员的学历进行一次性补贴。深圳市针对岗位差别又进行了进一步的政策优化，同等学历背景下，养老护理技能岗位可以获得更大的补贴力度，例如本科学历背景下，技术岗位补贴 10000 元，技能岗位补贴 15000 元。岗位补贴则是根据养老机构从业人员、养老护理员等级或同等职业证书进行严格划分，补贴金按月发放。除按等级进行岗位补贴外，武汉还在 2018 年发布的《关于做好养老护理员补贴发放工作的通知》中提出将对养老服务行业从业人员根据等级证书进行持证一次性奖励，吸引人才涌入，调动从业人员积极性，实现养老服务人才队伍扩容、提质。

（五）基本养老服务的统计检查与调查

1. 总体情况分析

中国政府在推进基本养老服务体系建设的过程中，特别强调了统计监测工作的重要性。中共中央办公厅和国务院办公厅印发的《关于推进基本养老服务体系建设的意见》明确提出了建立基本养老服务项目统计调查制度的要求。这一举措旨在通过建立老年人状况统计调查与发布制度，科学设置老年人状况、养老服务需求与供给调查统计项目，并定期发布统计数据。

《规划》中的九方面具体工作任务中，维护老年人合法权益被视为主要任务之一。政策强调通过两个主要途径加强市场主体的行为监管：一是落实市场主体的信用承诺，二是加强市场秩序的监管。这包括建立和完善老龄事业统计指标体系，并定期发布国家老龄事业发展公报；持续开展城乡老年人生活状况抽样调查；依据养老产业统计分类，开展养老产业认定方法研究，推进重要指标的年度统计两类具体措施。这些措施不仅提升了基本养老服务的精准性、科学性和规范性，还为地方政府制定和完善养老服务政策提供了重要的数据支持和参考依据。通过这种多角度、系统性的方法，政策旨在确保老年人的权益得到有效维护，并推动养老服务体系的全面发展。

2. 城市建设情况分析

在中国各大城市中，养老服务体系建设的实施细节呈现出显著的差异化特征。这不仅反映了各地对基本养老服务统计监测工作的深入理解，还展现了对于创新应用的积极探索。通过各种先进的技术和方法，这些城市正致力于提升养老服务的质量和效率，同时确保老年人获得更好的关怀和服务。

在服务质量监测方面，上海市引领了一种创新模式。该市不仅进行常规的年度监测，还利用现代信息技术，如大数据分析和云平台，来收集和分析养老服务数据。这种方法提高了监测工作的精准性和效率，为养老政策的制定提供了丰富的数据支持。与此同时，其他城市也在探索不同的方法来提高服务质量。例如，一些城市通过引入满意度调查和用户反馈机制，将实际用户的声音作为改进服务的重要参考，从而确保养老服务更加符合老年人的实际需求。

在评价考核方面，济南市和成都市的做法尤为突出。这两个城市实施了全面的闭环评价考核机制，不仅考量养老机构的运营效率和服务质量，还评估了养老服务对老年人福祉的具体影响。这种全方位的考核体系促使养老服务行业不断追求卓越，提高从业人员的专业技能。类似地，杭州市建立了一套绩效评估系统，通过定期对养老服务机构进行评级，并将评级结果与政策支持和资金补贴直接关联，从而激励机构提升服务水平。

广州市在建立综合信息平台和监测中心方面取得了显著成就。该市的平台不仅为政府决策提供支持，还为公众提供了便利的查询服务，如查看附近的养老机构、服务内容和费用等。养老服务数据监测中心则有助于洞察服务供给和需求之间的差距，为资源的合理配置提供指导。

此外，南京市在社会监督和第三方评估方面也做出了创新。该市的社会监督平台和第三方评估机制包括了社会组织、志愿者团体和专业评估机构的

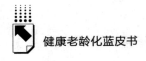
参与，这种多元化的参与方式不仅提高了评估的客观性和全面性，还增强了公众对养老服务的信任度。

在对特殊群体的关怀方面。宁波市实施的"线上监测+线下探访"相结合的巡访制度，通过利用智能穿戴设备和移动应用实时监测独居老人的健康状况和生活需求，同时定期进行家庭访问，为独居老人提供了更为人性化的关怀和服务。

（六）结论

实施长期照护保障制度的试点城市在保障的给付水平、给付方式方面都存在一定的差异，但也具有一定的共性。如试点城市都将参与医疗保险的职工纳入了保障对象，再由城市具体情况进行扩大试点人群；在资金保障上，资金来源渠道大多来自医保统筹金和个人缴费，也有财政补贴，财政补贴大部分向城乡居民投保倾斜。

经济困难失能老人护理补贴政策方面，都将低保作为接受补贴的条件，但是不同的城市根据自身的情况，对经济困难的认定又有所差别，有的城市将低保边缘家庭中的老人也纳入了补贴范围，有的城市也将特困救助对象、重点抚恤家庭生活困难老人、计划生育特殊困难家庭成员老人纳入补贴范围。此外，各城市的补贴方式也不相同，大部分采用代金券、服务券等非货币形式进行补贴，小部分城市采用货币形式进行补贴。总的来看，经济发达地区的补贴相对较高，如上海、广州等城市。

城市对社会力量参与基本养老服务的政策扶持较为一致。政府会通过税收减免、用地优惠、财政资金支持等多种途径，促进社会力量参与养老服务。同时，重视公益、慈善的力量，鼓励企业、社会单位、慈善机构等社会团体和个人的捐助和投入，引导社会资金、慈善捐助投入老龄事业。一些地区还会推出 PPP 模式、特许经营或合伙企业等新的运营管理模式，鼓励社会力量和养老服务企业参与养老服务的建设和运营。

不同城市对养老机构的扶持政策也有所差异。一些地区会提供资金支持，鼓励养老机构的设立和建设；一些地区也会通过财政补贴、税收优惠等方式，降低养老机构的运营成本；此外还有不少地区会鼓励养老机构向社区延伸，提供社区化、家庭化的养老服务。

不同城市定期进行基本养老服务的统计检查，了解养老服务的覆盖范围、服务质量、机构数量和老年人使用情况等。此外，城市委托相关部门或研究机构进行调查研究，深入了解养老服务的实际情况和老年人的需求。数据分析为政府制定政策和改进措施提供依据，评估和监测养老服务的质量和覆盖范围。通过对养老服务的统计检查与调查，有利于构建更加完善的养老服务体系，更好满足老年人的养老需求，进而提高老年人的生活质量和幸福感。

三　中国典型大中城市基本养老保障机制建设的案例分析

基本养老服务在实现老有所养中发挥重要基础性作用，推进基本养老服务体系建设是实施积极应对人口老龄化国家战略，实现基本公共服务均等化的重要任务。本文选取北京、深圳、成都、上海、呼和浩特以及哈尔滨作为典型进行分析。

（一）北京市基本养老保障机制

北京市基本养老保障机制建设主要集中于长期照护保障制度、医养融合发展、养老服务经费保障、培育专业化养老服务队伍、加强养老服务监管五个方面。

在长期照护保障方面，北京市推动建立全市统一的长期护理保险制度。建立了完善相关保险、福利、救助相衔接的长期照护保障制度。比如设立长期护理保险、对残疾老人发放护理补贴、对困难家庭发放养老补贴等。

在医养融合方面，北京市规范了65周岁及以上常住老年人健康管理服务。严格落实老年人家庭医生签约服务，探索家庭病床与养老家庭照护床位接续服务机制。推动了养老机构内部设置医疗卫生机构或与医疗卫生机构进

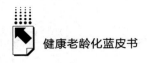

行签约合作。

在养老服务经费的保障方面，市级财政统筹中央财政补助、市级一般公共财政预算以及福利彩票公益金等资金渠道给予支持。区级财政统筹上级补助和本级财政资金，保障养老服务各项政策落实。

在培育专业化养老服务队伍方面，北京市主要通过与职业院校合作、建立实习基地、推动社区指导等方式建立专业养老人才队伍。

在加强养老服务监管方面，北京市通过政府监管、行业自律、社会监督、机构自治"四位一体"的综合监管体系进行监督。健全区域联动、部门协同的综合监管机制。强化科技赋能，依托本市综合为老服务平台自动归集服务记录，自动核验服务信息，自动预警异常情况，实现全流程、无感、动态、闭环监管。

（二）深圳市基本养老保障机制

深圳市基本养老保障机制主要包含了政府购买为主的供给保障、养老机构的补助保障、特困老人的兜底保障、养老的社会保障以及健康支持保障五个方面。

在养老服务供给方面，深圳市虽然鼓励社会力量的参与但是仍然以政府购买为主。比如老年人关爱项目、临时性替代照顾服务、服务质量评估等内容多依靠政府购买落地。

在养老机构补助方面，深圳市主要运用税收、津贴、奖励等方式促进养老机构的运行。属于小微企业的养老服务机构可以享受相应减免优惠。对于养老机构中的从业人员也会分为五级补贴。对于能够评级在三星以上的养老机构可给予一次性奖励。这从多方面促进了养老机构的良性运行。

在特困老人的兜底保障方面，深圳市关注了特困老人的基本生活和照料护理服务、医疗救助、住房保障服务等内容。这体现了深圳市对社会中基本生活无法得到保障的老年人给予了高度关注，有利于推动基本养老服务的均等化。

在社会保障方面，深圳市主要依靠完善的保险体制进行养老风险的分摊。这一保险体系包括了职工基本养老保险：面向本市参加职工养老保险的退休老年人，按时足额发放基本养老金；城乡居民基本养老保险：面向本市参加城乡居民养老保险的老年人，提供参保经办服务，给予缴费补贴，按时足额发放基本养老金；意外伤害保险：为本市户籍年满 60 周岁以上的老年人购买意外伤害保险。

在健康支持方面，深圳市形成了健康档案、管理服务与状况评估"三位一体"的支持模式。

（三）成都市基本养老保障机制

成都市基本养老保障机制主要依靠财政补助、税收减免、保险设置等方法进行激活。在具体实施方面，成都市关注了资金补贴、土地规划、监督管理等。

在资金补贴方面，成都市设立养老服务发展专项资金。市级福利彩票加大倾斜力度，55%的资金应用于支持发展基本养老服务。除此以外，成都市完善了对本市户籍老年人的补贴制度以及对符合条件的养老机构的运营优惠补贴。

在土地规划方面，成都市针对公益性、营利性养老服务机构进行了不同用地供给划分，对于公益性养老机构可采取划拨方式供地；营利性养老机构采取有偿供地。

在监督管理方面，成都市委托第三方机构对申请入住公办养老机构或者申请享受政府养老服务补贴的老年人的经济收入和失能状况进行评估，确定申请人所需的养老服务的类型与等级。成都市还在逐步建立监测评估制度对养老机构进行管理水平、服务质量以及社会信誉等方面的评估。

（四）上海市基本养老保障机制

上海市在基本养老保障方面主要关注了设施规划保障、财力保障、支付保障、基本养老服务人才队伍保障、监督运行保障等方面。这些具体方面的政策措施可以帮助上海市直接提供或者通过一定方式支持相关主体向老年人提供基本养老服务。

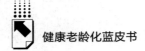

在设施规划方面保障，上海市编制并落实市、区两级养老服务设施布局专项规划。加强社区养老服务设施规划的分区指引，各区根据现有设施空间覆盖率与规模水平、规划常住人口、老年人口增长趋势等因素，落实差异化规划目标。

在财力保障方面，上海市规定市、区两级财政要将基本养老服务经费列入预算，并确保稳定投入和增长。落实发展养老服务优惠扶持政策，通过提供场地、减免租金、运营补贴、"以奖代补"、金融支持等措施，降低提供基本养老服务机构的运营成本。

在支付保障方面，上海市推动建立相关保险和福利及救助相衔接的长期照护保障制度，逐步形成以长期护理保险为基础、养老照护补贴为配套、商业照护保险为补充的多层次保障格局。

在基本养老服务人才队伍保障方面，上海市对从事养老服务的管理、护理、专技等人员分类开展轮训实训，提高养老服务从业人员专业能力和综合素质。将养老服务纳入上海市人才引进重点支持领域范围，支持用人单位引进各类优秀人才。建立养老护理员入职补贴和从业年限补贴制度，完善持等级证养老护理员"以奖代补"政策，开展养老服务各类技能竞赛活动，支持将优秀养老护理员纳入劳动模范、技术能手等评比表彰范围，进一步推动养老护理员进得来、留得住、干得好。发展老年社会工作，每个养老机构、每个街镇养老服务综合体至少配备1名专（兼）职社会工作者。

在监督运行保障方面，上海市深化开展养老服务机构等级评定和服务质量日常监测工作，实施养老服务机构信用评估管理，推动基本养老服务安全可靠。加强对养老服务机构建筑、消防、食品、医疗卫生、服务安全等重点领域和环节的监督检查，健全养老服务领域多部门联合监管和执法机制，守牢基本养老服务安全底线。

（五）呼和浩特市基本养老保障机制

呼和浩特市的基本养老保障机制主要关注了长期护理保险制度的推广、财税政策对基本养老的支持、对老年人的补贴资助以及养老服务的监管等。

在长期护理保险制度推广方面，呼和浩特通过政府购买服务，将符合条件的养老服务行业企业纳入定点协议管理，发挥长期护理保险基金购买护理服务的作用，支持护理服务相关产业的发展，引导参与长期护理保险及养老行业良性发展。呼和浩特市市长期护理保险除可在实地网点申报外，在"蒙速办"App、"爱青城"App 开通了失能申请入口，还开发了"青城照护"App，提供申请评估、进度查询、护理账单、护理记录、政策咨询等功能，实现失能参保人员"足不出户"享有长期护理服务。

在财税支持方面，呼和浩特市对养老机构、社会组织和家政、物业等企业的养护服务免征营业税，对非营利性养老机构自用房产、土地免征房产税、城镇土地使用税，对符合条件的非营利性养老机构按规定免征企业所得税。

在补贴资助方面，呼和浩特扩大了高龄津贴保障范围。在现行保障范围的基础上，将津贴范围扩大到所有 80 岁以上高龄老人，逐步提高补贴标准。

在养老服务监管方面，呼和浩特建立健全养老服务行业规范，建立养老机构服务等级评定制度，健全养老服务行业准入和退出机制，逐步完善养老服务业行业标准。各旗县区按照属地管理的原则，强化对本地区养老机构的服务范围、服务质量和服务收费情况的日常监督和年审。

（六）哈尔滨市基本养老保障机制

哈尔滨市在基本养老保障机制的构建主要包括了各种财税政策、土地规划、针对老年人的个人补贴等。

财税政策主要针对养老机构、老人个体以及社会团体。哈尔滨市对经评估符合条件的城乡"三低"家庭中的失能、半失能老人给予 50～150 元/月不等的护理补贴；对养老机构提供的养老服务，符合条件的，免征增值税；对符合条件的福利性、非营利性养老机构的自用房产、土地，免征房产税和城镇土地使用税；对兴办非营利性老年人体育健身场所和老年大学（学校）的，按照国家有关规定减免相关费用。

在土地规划方面，哈尔滨市鼓励利用商业、办公、工业、仓储存量房屋以及社区用房等兴办养老机构，所使用存量房屋在符合控详规划且不改变用地主体的条件下，可在5年内实行继续按土地原用途和权利类型适用过渡期政策。

在对老人的个人补贴方面，哈尔滨市完善养老机构补贴政策，建立科学、合理、高效的养老机构运营补贴机制，由"补砖头""补床头"向"补人头"转变。

本文选取的六大城市关注重点领域见表4。

表4　六大城市关注重点领域对比

城市	关注的重点领域
北京	长期照护保障制度、医养融合发展、养老服务经费保障、培育专业化养老服务队伍、加强养老服务监管等
深圳	政府购买为主的供给保障、养老机构的补助保障、特困老人的兜底保障、养老的社会保障以及健康支持保障等
成都	资金补贴、土地规划、监督管理等
上海	设施规划保障、财力保障、支付保障、人才队伍保障等
呼和浩特	长期护理保险制度的推广、财税政策对基本养老的支持、对老年人的补贴资助以及养老服务的监管等
哈尔滨	各种财税政策、土地规划、针对老年人的个人补贴等

资料来源：根据六大城市关注重点领域对比分析所得。

（七）典型城市基本养老保障机制建设的比较分析与结论

1.典型城市基本养老保障机制建设的比较分析

（1）北京特色：养老社区蓬勃发展。北京市总结了"创新居家养老服务模式"试点一年多以来相关经验，推广更加专业化、精准化、品质化的居家养老服务措施，满足老年人个性化生活需求。比如丰台区建设社区养老服务驿站，提供现场义诊、公益理发、养老政策咨询等各类助老服务。同时，北京市进行了创新居家养老模式工作试点，这里除了为老人们提供医疗服务、健康讲座、助餐等日常服务外，还为卧床在家的老年人提供探视服务、清洁、家政、适老化改造安装等各类服务。这些都有利于"居家养老"的实现。

（2）深圳特色：注重智慧养老。深圳市创立"智慧养老颐年卡"，实现了公交领域免费乘车功能，为深圳通公司探索与智能化养老服务相适应的平台服务体系和运营管理机制积累了经验。其所能提供的服务包括免费乘坐市内公交及轨道交通；免费进入市政公园及政府投资的旅游景点；免费进入全市各个文化场所；免费或者优惠使用全市公共体育馆等。深圳市更加注重基本养老保障的智慧提供。

（3）成都特色：注重医养结合。成都市看重健康养老，注重基本养老保障中的医疗保障。成都市每年向全市 65 岁以上老年人提供一次免费的健康管理服务，并且向全市 65 岁以上老年人提供一次免费的中医药健康管理服务。主要服务内容为中医体质辨识，并由中医医师根据诊断结果从饮食起居等多方面对老年人进行中医药保健指导。除此以外，还会针对有需求的老年人，按照其日常生活活动能力、认知能力、感知觉与沟通能力进行失能等级评估，并给予相应照护风险评估。

（4）上海特色：注重数字赋能。上海市运用数字化手段将基本养老服务提供便捷化。比如"浦老惠"平台将继续共建智慧养老生态圈，打造线上线下联动的模式，通过数据驱动居家、社区和养老机构，对传统养老服务进行赋能，助推为老服务的发展，帮助老年人适应数字化时代，弥合数字鸿沟，让老年人在信息化发展中有更多获得感、幸福感。

（5）呼和浩特特色：注重养老服务日常监测。呼和浩特注重对基本养老服务质量进行监测，监测类别覆盖了提供类、保障类、安全类。呼和浩特还运用人工监测、信息系统监测、智能设备监测等多项监测评价方法来进行评估监测。这种有规律的日常监测可以帮助政府更好地提供基本养老服务。

2. 基本结论

六大城市主要的基本保障机制集中于财税政策的构建，涉及老年人补贴、长期护理保险、养老服务业减税等。北京、上海、成都与深圳市注重居家养老与社区养老的结合，并且依托丰富的医疗资源进行了"医养结合"。

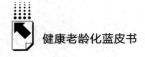

而呼和浩特与哈尔滨由于可利用的资源有限，基本养老服务保障机制更加注重其兜底效果。

四 当前中国大中城市基本养老服务保障机制建设存在的主要问题

推进基本养老服务体系建设是实施积极应对人口老龄化国家战略、实现基本公共服务均等化的重要任务。不断健全、完善基本养老服务保障机制，对加快建成覆盖全体老年人、权责清晰、保障适度、可持续的基本养老服务体系有着重要意义。但我国基本养老服务保障机制建设存在如下问题。

（一）制度碎片化

在基本养老服务保障机制的建设过程中，存在制度碎片化，养老服务政策不完善、不具体，缺乏系统性的基本养老服务保障制度安排。就长期护理保险而言，长期护理保险制度在中国仍处于起步试点阶段，目前尚未实现全国范围内的全面覆盖。长期护理保险照护补贴制度在各个地方的制度设计和保障水平方面差异显著。同时，当前的长期护理保险制度尚未形成有效的资金筹集机制，保险缴费基数和待遇标准不够合理，导致部分参保人的待遇较低，无法满足实际需求。首先，现有的残缺不全的、碎片化的制度框架，并不能在全国范围内为失能老人群体提供有制度保障的照护服务，同时也为未来整合形成统一的政策安排带来了一定的难度。其次，关于经济困难失能老人护理补贴制度在覆盖范围和金额上存在差异。同时，关于经济困难失能老人的失能判定缺乏统一的判定标准，导致一些经济困难的失能老人无法获得足够的护理服务。再次，不同城市对养老机构的扶持政策也有所差异，扶持的方式和标准大有不同，缺乏条理明晰的扶持类别和标准，扶持政策多而杂。最后，人才激励政策尚未发挥积极作用，城市养老服务资源紧缺，特别是高质量的养老服务机构和人才匮乏，无法满足老年人多样化的养老需求。

（二）资金筹集缺乏保障

基本养老服务保障机制建设需要大量资金投入，但目前可用于提供基本养老服务保障资金来源的主体单一，资金分配不够合理，导致一些地区或群体的养老服务资源匮乏。如在城市长期护理保险的试点过程中，我国一些地区多采取政府补贴以及社保划拨的方式进行资金筹集。这种模式的优点是能够快速地筹集资金，促进长期照护保险制度的构建。但是，从可持续发展方面来考虑，由于人口老龄化趋势的加剧，社保划拨的筹资模式将出现较多的不确定性因素，表现出不稳定性。伴随我国老龄化程度加深，未来将有越来越多的失能老人参加长期护理保险，对筹资形成更大的压力。此外，随着长期护理保险的发展，我国不同地区的长期护理保险给付的差异将会不断加大，从而影响长期护理保险制度的公平性，会使其无法长期顺利运行。经济困难失能老人护理补贴资金主要来自政府财政拨款，各级政府对于护理补贴的资金筹集比例也是有一定差异的。同时，政府财政拨款的金额和频率往往不稳定，导致资金供给不足以满足需要。在社会捐赠方面，虽然有相关基金会、爱心企业和个人进行捐助，但捐赠金额和覆盖范围有限，无法全面覆盖老年人生活的基本需求。在养老机构建设方面，虽然政府大力扶持其发展，但养老机构的运营成本高、投资回报周期长等制约因素也限制了养老机构的扩建和发展。

（三）基本养老服务质量尚需提升

当前，养老机构的建设和服务质量参差不齐，供需矛盾突出。部分地区存在养老机构床位严重不足、服务质量不高、人员配备不足、设施设备不完善、缺乏有竞争力的养老服务机构等问题，影响了服务的质量和效率，进而影响老年人的生活质量和幸福感。同时，社会组织和民间力量参与养老服务的程度仍有待提高，有些养老机构缺乏社会支持，服务质量有限。在长期护理保险制度方面，长期护理保险覆盖范围较窄，参保人数有限，无法满足广大老年人的长期护理需求，影响服务的质量。同时，从各试点的运行状况来看，从业人员普遍职业素质不高，大多学历偏低、年龄偏大，服务质量不容

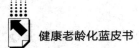

乐观。同时，由于长期照护保险制度主要针对的是丧失自理能力的老年人，因此很难吸引高素质从业人员加入，造成了行业发展的困难。经济困难失能老人护理补贴制度方面，有些城市经济困难失能老人获得护理补贴金额较低，无法覆盖实际护理需求。这将导致一些老人无法获得足够的护理服务，影响服务的质量。

（四）养老服务参与主体多样性不足

尽管鼓励社会力量参与基本养老服务已成为政策导向，但实际执行中仍存在一些问题。首先，政府对社会力量参与的引导政策还存在不足，缺乏明确的政策支持和激励措施，影响社会力量参与的积极性。政府对社会力量参与的引导和管理还不够完善，存在一定的监管缺失和合作机制不畅通等问题。其次，社会力量参与养老服务的门槛较高，吸引力不足，一些社会组织和民间力量难以发挥作用。此外，养老服务投资回报周期长，社会观念和文化传统导致养老市场不活跃、养老服务专业人才缺乏等，养老服务主体多样性不足，养老服务模式单一。同时，缺乏市场化的私人养老服务机构以及以志愿、慈善方式形成的互帮互助养老模式。

（五）基本养老服务监测机制缺失

基本养老服务监测的目的在于为政府、企业和社会提供充分的信息，帮助其了解养老服务的现状和问题，指导其制定政策和改进服务，促进养老服务的健康发展，满足老年人多样化的养老需求。目前对于基本养老服务的统计、检查和调查还不够全面和及时，信息共享和反馈机制不畅通，一些问题得不到及时解决和纠正。同时，统计数据的准确性和权威性也需要进一步提高。从当前来看，只有部分城市进行了基本养老服务监测，对于监测的内容、指标等缺乏相应的规定，难以客观、清晰衡量各个城市老年人的养老需求，以及他们对各项养老服务的具体需求情况。

五 优化完善中国大中城市基本养老服务保障机制的对策

优化完善基本养老服务保障机制需要加强政府引导与推动，优化政策、资金、法律环境，提高长期护理保险的覆盖率和待遇水平，完善经济困难失能老人护理补贴制度，加强社会力量参与的支持政策和管理机制，加大对养老机构的支持和扶持力度，加强基本养老服务的信息管理和监督机制。

（一）完善基本养老服务政策

在夯实基本养老服务保障机制方面，首先，应提高基本养老服务的制度整合，完善相关法律法规，建立统一的基本养老服务制度，确保各类养老服务的衔接和协同发展，避免制度碎片化问题。其次，健全完善长期护理保险制度和经济困难失能护理补贴制度，重点解决重度失能人员长期护理保障难题。同时，为经济困难的老年人提供养老服务补贴，为经济困难的失能老年人提供护理补贴，并建立补贴标准动态调整机制。再次，完善基本养老服务政策，确保政策的针对性和全面性，明确各级政府的责任和义务，鼓励地方政府根据实际情况出台具体的养老服务政策。最后，应加大政策执行力度，确保政策落地生根。

（二）加大资金筹集保障力度

建立基本养老服务经费保障机制。在资金来源渠道方面，一方面，提供充足的财政支持，确保基本养老服务的经费到位，保障服务的可持续发展。县级以上人民政府应当加强对基本养老服务工作的领导，将基本养老服务体系建设纳入当地经济社会发展规划和重要议事日程，保障基本养老服务发展经费，根据经济发展水平和老年人服务需求，逐步增加对基本养老服务的投入。[①] 同时，

[①] 张志毅：《完善人人可享的基本养老服务保障机制》，《中国社会工作》2023 年第 17 期。

建立可持续的资金筹集机制，如通过社会保险、税收等渠道，确保基本养老服务的持续稳定运行。另一方面，建立养老服务资金多元化筹集渠道，鼓励和引导企业、社会组织、个人等社会力量依法通过捐赠、设立慈善基金、志愿服务等方式，为基本养老服务提供支持和帮助。此外，通过建立养老服务资金增值制度，确保资金的保值、增值。

（三）提升养老服务质量

养老服务质量的高低，直接影响老年人的老年生活质量和幸福感。首先，应制定养老服务的标准和规范，确保服务质量可控，提高老年人享受服务的满意度。其次，对养老服务从业人员进行定期培训，提升其专业水平。同时，吸引专业医护团队参与养老服务，提高服务的专业水平和医疗能力。再次，建立养老服务信息共享平台，促使服务提供者之间更好地合作，实现信息互通。最后，要引导各类主体提供普惠性养老服务，扩大服务供给，提高服务质量。

（四）提高多元主体参与的积极性

要不断优化养老服务营商环境，持续完善规划、土地、设施、财政、税收、融资、人才、技术、标准等支持政策，不断加大财政投入，提升要素集聚效应，支持社会力量参与提供基本养老服务，为老年群体提供更多方便可及、普惠优质的基本养老服务。鼓励社会力量参与基本养老服务保障，如企事业单位、社会组织等，提供多样化的养老服务供给，满足老年人不同需求。此外，推动跨界合作，促进多元化发展，鼓励养老服务机构与医疗、康复、文化、教育等相关领域进行合作，提供全方位、多元化的养老服务，满足老年人多样化的需求。

（五）建立基本养老服务监测机制

建立基本养老服务监测机制可以实现对养老服务的全面监测和评估，为提升基本养老服务保障机制的效果和质量提供有力支持。这将有助于建立更加健全的养老服务体系，满足老年人多样化的养老需求，提升社会对养老服务的认可度和满意度。建立基本养老服务数据采集和统计系统，设立监测指标和评估体系，开展养老服务需求调查和评估，建立专门的监测机构或部门负责养老服务监测工作，定期发布监测报告和评估结果等措施，评估基本养老服务的覆盖范围、服务质量和满意度，发现问题和短板，及时进行调整和完善。

B.6
中国大中城市基本养老服务供给能力报告

张雪永　张　欢　徐小凤*

摘　要：　为提高我国基本养老服务供给能力，加快完善养老服务制度体系，本文选取了养老设施供给能力、医疗卫生供给能力、资金供给能力以及人员供给能力作为测度基本养老服务供给能力的一级指标，选取养老机构数量、医疗机构数量等作为二级指标，对38个城市的基本养老服务供给能力进行分析。结果表明目前38个城市基本养老服务供给还存在供给不足、供需不匹配、发展不平衡、供给主体参与不明确、智能化程度较低等问题。基于上述问题本文提出了以下几点针对性对策建议：构建多元供给体系，扩大有效供给数量；健全养老供给机制，优化资源配置效率；完善公共服务体系，提高养老服务水平；加快人才队伍建设，强化养老人才支撑；推进智能标准建设，打造新型养老格局。

关键词：　养老服务　养老服务供给　供给能力　供给主体

一　背景及概念界定

为积极应对人口老龄化，满足老年人多样化的养老服务需求，党的十八大以来，党和国家高度重视老龄事业和养老服务体系发展，养老服务制度体系加快完善。2021年，国务院《关于印发"十四五"国家老龄事业发展和养老服务体系规划的通知》中提出要构建和完善兜底性、普惠型、多样化

---

* 张雪永，博士，西南交通大学文科学部执行主任，国际老龄科学研究院院长、教授；张欢，西南交通大学公共管理学院硕士研究生；徐小凤，西南交通大学公共管理学院硕士研究生。

的养老服务体系①。2023 年中共中央办公厅、国务院办公厅印发的《关于推进基本养老服务体系建设的意见》提出了基本养老服务在实现老有所养中发挥重要基础性作用，推进基本养老服务体系建设是实施积极应对人口老龄化国家战略，实现基本公共服务均等化的任务②，这是我国养老服务发展史上的一个重要里程碑，是推动解决老年人在养老服务方面急难愁盼问题，兜住底、兜准底、兜好底，不断增强老年人的获得感、幸福感、安全感，实现老有所养的重要制度设计③。

坚持基础性、普惠性、共担性和系统性是建设基本养老服务体系的重要原则，提高基本养老服务的供给能力更是推进基本养老服务建设的题中之义。"十三五"时期末，全国各类养老服务机构和设施从 11.6 万个增加到 32.9 万个，床位数从 672.7 万张增加到 821 万张，全国两证齐全的医养结合机构 5857 家，床位数达 158 万张。④ 截至 2022 年末，全国各类养老机构和设施 38.1 万个，床位 822.3 万张，老年人高龄津贴、养老服务补贴、护理补贴、综合补贴分别惠及 3330.2 万、546.1 万、97.1 万、67.2 万老年人，全国 1395 万名老年人纳入最低生活保障，368 万特困老年人纳入特困救助供养，做到"应养尽养"。⑤ 养老服务机构和床位数虽增长较快、各类补贴惠及的人次较多，但全国 60 周岁及以上老年人已超过 2.8 亿，占全国总人口的 19.8%，其中 65 周岁及以上老年人达 2.1 亿，占全国总人口的 14.9%，⑥ 可见基本养老服务的供给还达不到惠及众多老年人的能力，供给

① 《"十四五"国家老龄事业发展和养老服务体系规划》，https：//www.gov.cn/zhengce/content/2022-02/21/content_ 5674844. htm，最后检索时间：2023 年 11 月 18 日。
② 《关于推进基本养老服务体系建设的意见》，https：//www.gov.cn/zhengce/202305/content_ 6875435. htm，最后检索时间：2023 年 11 月 18 日。
③ 《关于推进基本养老服务体系建设的意见》，https：//www.gov.cn/zhengce/202305/content_ 6875460. htm，最后检索时间：2023 年 11 月 18 日。
④ 《"十四五"国家老龄事业发展和养老服务体系规划》，https：//www.gov.cn/zhengce/content/2022-02/21/content_ 5674844. htm，最后检索时间：2023 年 11 月 18 日。
⑤ 《关于推进基本养老服务体系建设的意见》，https：//www.gov.cn/zhengce/202305/content_ 6875460. htm，最后检索时间：2023 年 11 月 18 日。
⑥ 《关于推进基本养老服务体系建设的意见》，https：//www.gov.cn/zhengce/202305/content_ 6875460. htm，最后检索时间：2023 年 11 月 18 日。

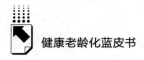

能力不足、发展不平衡不充分的问题仍然突出。

基本养老服务的供给能力主要是围绕"为谁供给"、"供给什么"和"谁来供给"这几个方面展开，关于这几方面，学界进行了广泛的讨论。关于服务供给对象的概念阐释，魏津生认为基本养老服务的对象是全体老年公民①，魏加科等则认为服务的对象主要是城市三无和农村五保老人等②，桂世勋则认为基本养老服务的对象是指当老年人失能、失智，生活有困难时，能够获得亲人和社会提供的基本照护服务③。供给内容方面，部分学者认为养老服务的供给是"医、康、养、护"等各项能力的综合体现④，杨宝强等从经济支持、医疗卫生服务和社会服务三个维度来反映养老服务供给质量⑤。关于"谁来供给"的问题上，胡宏伟等总结出目前的基本养老服务供给主体主要包含政府唯一主体、家庭主体和多元主体三类，三种观点的差异在于基本养老服务究竟是以家庭或者政府为供给核心，还是应当由家庭、政府、市场、社会等多主体共同承担⑥。

根据相关文献对于基本养老服务供给能力的阐释，本文基本养老服务的供给对象是全体老年人。供给内容主要围绕养老设施供给能力、医疗卫生供给能力、资金供给能力以及人力供给能力几方面展开，进而评估 38 个城市的供给能力。供给主体则是采用胡宏伟对于供给主体的分类⑦，分析 38 个城市供给主体类型。

① 岳振：《实现老有所养必须构建基本养老服务》，《中国经济时报》2010 年 8 月 13 日。
② 魏加科、牛飚：《城乡基本养老服务体系建设对策研究》，《中国名城》2014 年第 3 期。
③ 桂世勋：《应对老龄化的养老服务政策需要理性思考》，《华东师范大学学报》（哲学社会科学版）2017 年第 4 期。
④ 纪浩、潘伟光、虞颖映：《养老服务供给指数测度与时空演化特征研究——以共富示范区浙江省为例》，《调研世界》2023 年第 9 期。
⑤ 杨宝强、钟曼丽：《农村养老服务供给能力的测度与提升策略——基于海南省 18 个市县的实证研究》，《湖北民族大学学报》（哲学社会科学版）2020 年第 4 期。
⑥ 胡宏伟、蒋浩琛：《我国基本养老服务的概念阐析与政策意涵》，《社会政策研究》2021 年第 4 期。
⑦ 胡宏伟、蒋浩琛：《我国基本养老服务的概念阐析与政策意涵》，《社会政策研究》2021 年第 4 期。

二 中国大中城市基本养老服务供给能力分析

（一）基本养老服务供给能力指标说明

本文将养老设施供给能力、医疗卫生供给能力、资金供给能力以及人员供给能力作为测度基本养老服务供给能力的一级指标，具体的二级指标如表1所示。

表1 基本养老服务供给评价指标体系

一级指标	二级指标
养老设施供给能力	养老机构数量(个)
	养老床位数量(万张)
	每千名老人拥有养老机构床位数(张)
医疗卫生供给能力	医院数(个)
	每千人口拥有医院数(个)
	医疗卫生机构床位数(万张)
	每千人口拥有医疗卫生机构床位数(张)
资金供给能力	城镇职工基本养老保险参保人数(万人)
	城乡居民基本养老保险参保人数(万人)
	医疗保险参保人数(万人)
人员供给能力	每千人口拥有卫生技术人员数(人)
	每千人口拥有执业(助理)医师数(人)
	每千人口拥有注册护士数(人)

注：①每千名老人拥有养老机构床位数：该城市养老机构床位数除以以千为单位的当地常住60岁及以上老人数；医院数：包括卫生部门、工业及其他部门、集体所有制单位、私人、以各种合作方式等举办的医院和卫生院数，还包括县级及以上医院数及其他医院数、城镇街道卫生院、农村卫生院及其他医院；每千人口拥有医院数：该城市医院数（含卫生院）除以以千为单位的当地常住人口；每千人口拥有医疗卫生机构床位数：该城市医疗机构床位数除以以千为单位的当地常住人口；每千人口拥有卫生技术人员数：该城市卫生技术人员总数除以以千为单位的当地常住人口；每千人口拥有执业（助理）医师数：该城市执业（助理）医师总数（人）除以以千为单位的当地常住人口；每千人口拥有注册护士数：该城市注册护士总数（人）除以以千为单位的当地常住人口。

②最初根据相关文件及文献拟定的养老设施供给能力还包括：日间照料中心数量、社区养老服务综合体数量、老年助餐点等；医疗卫生供给能力还包括：医养结合机构及床位数量、老年友善医疗机构数量、老年友善机构建设率、有老年医学科的医疗机构数量、安宁疗护定点机构数量及床位等；资金供给能力还包括：80岁及以上老年人享受高龄津贴人数、救助供养的城市/农村特困人员中60岁及以上老年人人数等。但由于全国38个城市的数据难以获得，且存在能获取的数据时间不一致、统计口径不一、数据准确性难以保证等问题，因此舍弃了这些指标，保留了表1的指标。

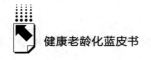
（二）养老设施供给能力

养老设施是衡量社会养老资源的重要指标①，本文对各个城市的养老服务供给能力进行分析，涵盖了 38 个城市的养老机构数量，养老机构床位数量和每千名老人拥有养老机构床位数是主要参考指标。根据图 1 和表 2，38 个城市之间的养老设施供给能力差异显著。从图 1 可以明显看出，上海、重庆、北京、哈尔滨和长春等城市的养老设施供给能力较强，这几个城市的养老机构数量、养老机构床位数量以及每千名老人拥有养老机构床位数方面均表现优异。综合来看，上海市的表现最佳，不仅拥有众多养老机构，且养老机构床位数量庞大，每千名老人拥有养老机构床位数达到 25.3 张，比重庆市高出 12.1 张。相比之下，呼和浩特、西宁、海口、太原、乌鲁木齐等这些城市的养老机构数量和床位数相对较少，与上海、重庆、北京等城市存在较大差距。

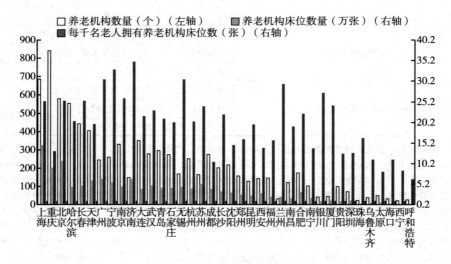

图 1　养老设施供给能力城市对比

---

① 杜鹏、孙鹃娟、张文娟等：《中国老年人的养老需求及家庭和社会养老资源现状——基于 2014 年中国老年社会追踪调查的分析》，《人口研究》2016 年第 6 期。

养老设施供给能力受到地区经济发展水平、养老资源分布和常住人口数量等因素的影响。供给能力较强的城市通常是经济较发达地区和沿海地区，如北京、上海、广州等；而供给能力较弱的城市则多位于中西部城市，如乌鲁木齐、西宁、太原等城市。

表2 2021年养老设施供给能力情况

城市	养老机构数量(个)	养老机构床位数量（万张）	每千名老人拥有养老机构床位数(张)
上海	684	14.7	25.3
重庆	839	9.2	13.2
北京	578	10.9	25.4
哈尔滨	553	4.5	20.5
长春	442	4.8	25.4
天津	405	6	19.8
广州	245	6.5	30.5
宁波	260	5.6	32.9
南京	330	4.6	26
济南	148	6.4	34.8
大连	350	4	21.7
武汉	278	4.9	23.1
青岛	296	4.3	21.1
石家庄	274	4.2	20.2
无锡	168	4.5	30.5
杭州	251	4.1	20.4
苏州	164	5.2	24.1
成都	275	4	10.6
长沙	202	3.4	22.1
沈阳	218	3.1	14.7
郑州	157	2.6	16.1
昆明	128	2.4	19.7
西安	143	2.9	14
福州	146	2.2	15.8

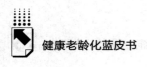

续表

城市	养老机构数量（个）	养老机构床位数量（万张）	每千名老人拥有养老机构床位数（张）
兰州	32	2.1	29.4
南昌	121	1.8	19.2
合肥	174	3.2	22.3
南宁	102	1.8	13.9
银川	41	1	27.3
厦门	44	1.2	24.3
贵阳	99	1	12.6
深圳	71	1.2	12.8
珠海	23	0.4	16.4
乌鲁木齐	38	0.6	11.2
太原	49	0.7	8.2
海口	32	0.4	11.2
西宁	22	0.3	8.5
呼和浩特	26	0.4	6.4

注：①由于各市的城市统计年鉴仅更新到 2022 年，2022 年城市统计年鉴代表的数据是 2021 年的情况，因此此表测算的是各市 2021 年养老设施供给能力的情况。

②每千名老人拥有养老机构床位数代表的是该城市养老机构床位数除以以千为单位的当地常住 60 周岁及以上老人数，但由于各个城市 2021 年 60 周岁及以上老年人数据存在缺失的情况，因此此处使用第七次全国人口普查数据计算（即 2020 年数据）。

资料来源：2022 年各市城市统计年鉴。

（三）医疗卫生供给能力

医疗卫生服务是老年人需求最大的公共服务①，本文为测量各个城市的医疗卫生供给能力，收集了 38 个城市的医院数、每千人口拥有医院数、医疗机构床位数和每千人口拥有医疗机构床位数。根据图 2 和表 3 可以看

---

① 杜鹏、孙鹃娟、张文娟等：《中国老年人的养老需求及家庭和社会养老资源现状——基于 2014 年中国老年社会追踪调查的分析》，《人口研究》2016 年第 6 期。

出，重庆、成都、哈尔滨、北京和上海的医疗卫生供给能力较强，重庆市的医院数约是成都和北京的 2 倍。尽管这几个城市的医院数和医疗卫生机构床位数较多，但是其每千人口拥有医疗卫生机构床位数并不都是最高的，哈尔滨、西宁、郑州、沈阳、长沙和太原的每千人口拥有医疗卫生机构床位数在 38 个城市中表现最佳。截至 2022 年末，全国每千人口拥有医疗卫生机构床位数为 6.92 张①，有 21 个城市的每千人口拥有医疗卫生机构床位数在全国平均水平之上。厦门、珠海、深圳、海口和银川的综合情况相比较差，珠海的医院数和医疗卫生机构床位数分别比重庆少 1610 个和 23.9 万张，每千人口拥有医疗卫生机构床位数比哈尔滨少 4.5 张。

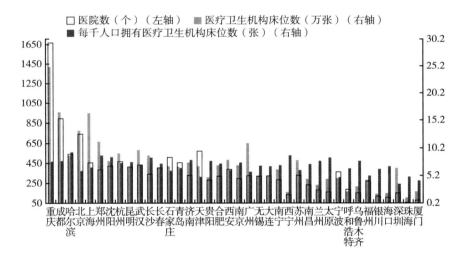

图 2　医疗卫生供给能力城市对比

从医疗卫生供给能力来看，38 个城市的差异较大，但与养老设施供给能力的影响原因类似，同样受到经济发展水平、医疗资源分布、常住人口等的影响。

① 《2022 年卫生健康事业发展统计公报发布》，http://www.nhc.gov.cn/guihuaxxs/s3586s/202310/5d9a6423f2b74587ac9ca41ab0a75f66.shtml，最后检索时间：2023 年 11 月 23 日。

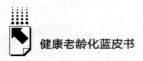

表3 2022年医疗卫生供给能力情况

城市	医院数（个）	每千人口拥有的医院数（个）	医疗卫生机构床位数（万张）	每千人口拥有医疗卫生机构床位数（张）
重庆	1667	0.05	25.1	7.8
成都	894	0.04	16.7	7.9
哈尔滨	542	0.06	8.9	9.5
北京	741	0.03	13.4	6.1
上海	455	0.02	16.5	6.7
郑州	384	0.03	11.4	8.9
沈阳	421	0.05	7.9	8.6
杭州	466	0.04	9.3	7.5
昆明	413	0.05	6.7	7.7
武汉	432	0.03	9.9	7.2
长沙	339	0.03	8.9	8.5
长春	403	0.04	6.7	7.4
石家庄	508	0.05	6.9	6.1
青岛	456	0.04	6.8	6.6
济南	329	0.03	7.6	8.1
天津	572	0.05	6.9	5.0
贵阳	280	0.05	4.9	7.9
合肥	319	0.03	7.1	7.4
西安	387	0.03	8.1	6.2
南京	296	0.03	7.1	7.6
广州	323	0.02	11.1	5.9
无锡	318	0.04	5.2	7.0
大连	322	0.04	5.1	6.9
南宁	282	0.03	6.3	7.1
西宁	134 *	0.05 *	2.2 *	8.9 *
苏州	328	0.03	8.0	6.2
南昌	232	0.04	4.6	7.3

城市	医院数（个）	每千人口拥有的医院数（个）	医疗卫生机构床位数（万张）	每千人口拥有医疗卫生机构床位数（张）
兰州	180	0.04	3.5	7.9
太原	160	0.03	4.6	8.5
宁波	361	0.04	4.7	4.9
呼和浩特	187	0.05	2.3	6.5
乌鲁木齐	151	0.04	3.2	7.9
福州	269	0.03	4.4	5.2
银川	119	0.04	1.9	6.4
海口	106	0.04	2.0	6.9
深圳	151	0.01	6.6	3.7
珠海	57	0.02	1.2	5.0
厦门	78	0.01	2.3	4.3

注：带 * 的为 2021 年数据。

资料来源：各市 2022 年社会发展统计公报和各市 2023 年统计年鉴。

（四）资金供给能力

为了观测各个城市的资金供给能力，本文收集了 38 个城市城镇职工基本养老保险参保人数、城乡居民基本养老保险参保人数和医疗保险参保人数。根据图 3 和表 4 可以看出，重庆、成都、上海、北京和深圳的综合表现较好，这些城市均是一线城市或新一线城市。银川、西宁、呼和浩特、珠海和乌鲁木齐的综合表现相比较差。

综合表现较好的重庆、成都、上海、北京和深圳这些城市也有大量的人员享受最低生活保障，例如重庆市截至 2022 年末共有 77.6 万人享受城市/农村居民最低生活保障，共救助供养 17.5 万人城市/农村特困人员[①]，北京

---

① 《2022 年重庆市国民经济和社会发展统计公报》，http://tjj.cq.gov.cn/zwgk_233/fdzdgknr/tjxx/sjzl_55471/tjgb_55472/202303/t20230317_11775723_wap.html，最后检索时间：2023 年 11 月 23 日。

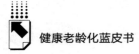

市截至 2022 年末共有 10.7 万人享受城市/农村居民最低生活保障，上海市
2022 年全年各级政府支出最低生活保障资金为 24.56 亿元、特困人员救助
供养资金 1.35 亿元①，成都市截至 2022 年末共 7.9 万城市/农村居民享受最
低生活保障、投入保障资金 7.6 亿元②，深圳市享受最低生活保障的人数为
3221 人、全年共发放 4135.5 万元最低生活保障资金③。最低生活保障资金
不同城市也有差异，比如重庆市城市/农村居民最低生活保障标准分别为
717 元/月和 581 元/月，北京市则为 1320 元/月，上海市则为 1420 元/月。
从资金供给状况来看，资金供给能力与城市经济的发达程度有直接的
关系。

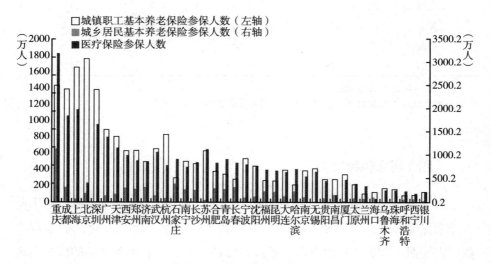

图 3　资金供给能力城市对比

① 《2022 年上海市国民经济和社会发展统计公报》，https://tjj.sh.gov.cn/tjgb/20230317/
6bb2cf0811ab41eb8ae397c8f8577e00.html，最后检索时间：2023 年 11 月 23 日。
② 《2022 年成都市国民经济和社会发展统计公报》，https://cdstats.chengdu.gov.cn/cdstjj/
c154795/2023-03/25/content_ c2016a5d71b24884835ddb8ea0bfbe1a.shtml，最后检索时间：
2023 年 11 月 23 日。
③ 《深圳市 2022 年国民经济和社会发展统计公报》，http://www.sz.gov.cn/cn/xxgk/zfxxgj/
tjsj/tjgb/content/post_ 10578003.html，最后检索时间：2023 年 11 月 23 日。

表4　2022年资金供给能力情况

单位：万人

城市	城镇职工基本养老保险参保人数	城乡居民基本养老保险参保人数	医疗保险参保人数
重庆	1431.8	1140.3	3206.6
成都	1386.2	312.8	1856.3
上海	1659.4	73.1	1990.6
北京	1764.7	187.5	404.3
深圳	1380.1	1.3	1671.2
广州	886.1	137.3	1391.4
天津	800.1	171.6	1158.4
西安	623.6	297.6	998.1
郑州	627.6	275.4	883.8
济南	488.6	314.9	854.7
武汉	648.7	141.1	1068.2
杭州	823.2	79.7*	783.0*
石家庄	289.7	385.8	916.1
南宁	493.5	268.3	747.1
长沙	465.6	255.6	847.6
苏州	623.7	48.1	1128.8
合肥	370.7	291.2	834.3
青岛	336.3	275.0	914.1
长春	274.5	315.8*	834.7
宁波	526.7	99.4	797.8
沈阳	435.4	120.8	753.8
福州	258.6	232.5	687.5
昆明	253.9	217.3	667.4
大连	386.5	125.1	637.3
哈尔滨	206.9	228.3	700.2
南京	377.7	108.2*	539.5
无锡	404.1	17.6*	643.1
贵阳	272.2	85.8	445.8
南昌	271.9	154.8#	153.8
厦门	330.9*	25.8*	470.5
太原	210.5	83.5	386.6

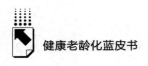
续表

城市	城镇职工基本养老保险参保人数	城乡居民基本养老保险参保人数	医疗保险参保人数
兰州	101.4	76.6	338.5
海口	118.6	105.8	77.6 *
乌鲁木齐	165.7	13.2	251.7
珠海	153.6	13.6	250.3
呼和浩特	80.6	62.3	234.1
西宁	84.8	71.1	185.6
银川	121.1	34.7	212.4

注：带 * 的为2021年数据，带#的为根据其他数据推算而来。
资料来源：各市2022年社会发展统计公报和各市2023年统计年鉴。

（五）人员供给能力

本文为测量各个城市的人员供给能力，因养老人员数据较难收集，因此采用每千人口拥有卫生技术人员数、每千人口拥有执业（助理）医师数和每千人口拥有注册护士数这三个指标来衡量各个地区的人供给能力。从图4和表5可以看出，北京、太原、济南、西宁和杭州这些城市综合表现较好。深圳、厦门、福州、苏州和石家庄这些城市综合来看表现没有其他城市优秀，深圳市每千人口拥有卫生技术人员数、每千人口拥有执业（助理）医师数和每千人口拥有注册护士数分别比北京少2.4人、8.1人和3.2人。截至2022年，全国每千人口拥有执业（助理）医师为3.15人，每千人口拥有注册护士数为3.71人，[①] 38个城市的每千人口拥有的执业（助理）医师数均在3.15人以上，有18个城市每千人口拥有的注册护士数在3.71人以上，可见各城市的卫生人员数量较为可观。

部分城市的医疗人员供给和医疗卫生设施的供给并不均衡，例如重庆市的医疗卫生机构、医疗床位数等远高于其他城市，但是其医疗人员供给情况却在这38个城市中靠后。

---

① 国家统计局编《2023中国统计年鉴》，中国统计出版社，2024。

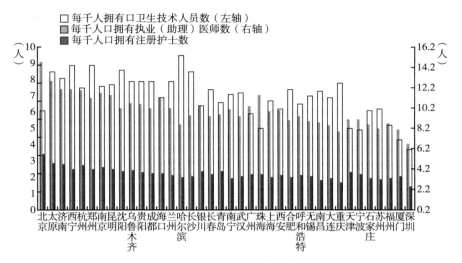

图4　人员供给能力城市对比

表5　2022年人员供给能力情况

单位：人

城市	每千人口拥有卫生技术人员数	每千人口拥有执业（助理)医师数	每千人口拥有注册护士数
北京	6.1	14.8	5.7
太原	8.5	12.9	4.8
济南	8.1	12.1	4.7
西宁	8.9*	12.1*	4.2*
杭州	7.5	12.0	4.6
郑州	8.9	11.2	4.2
南京	7.6	11.7	4.4
昆明	7.7	11.5	4.2
沈阳	8.6	10.2	4.0
乌鲁木齐	7.9	10.7	4.1
贵阳	7.9	10.6	3.9
成都	7.9	10.2	3.8
海口	6.9	11.2	3.8
兰州	7.9	10.2	3.6
哈尔滨	9.5	8.6	3.4

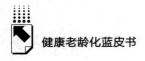

续表

城市	每千人口拥有卫生技术人员数	每千人口拥有执业（助理）医师数	每千人口拥有注册护士数
长沙	8.5	9.5	3.5
银川	6.4	10.5	4.0
长春	7.4	9.4	3.7
青岛	6.6	9.6	4.0
南宁	7.1	10.1	3.3
武汉	7.2	9.4	3.5
广州	5.9	10.4*	3.7*
珠海	5.0	11.5	3.7
上海	6.7	9.9	3.4
西安	6.2	10.0	3.6
合肥	7.4	9.0	3.4
呼和浩特	6.5	9.4	3.6
无锡	7.0	8.9	3.5
南昌	7.3	8.8	3.1
大连	6.9	8.5	3.3
重庆	7.8	7.9	2.9
天津	5.0	9.1	3.9
宁波	4.9	9.1	3.7
石家庄	6.1	8.6	3.3
苏州	6.2	8.2	3.2
福州	5.2	8.7	3.3
厦门	4.3	8.1	3.5
深圳	3.7	6.7	2.5

注：带 * 的为根据 2021 年数据计算而来。

资料来源：各市 2022 年社会发展统计公报和中国城市统计年鉴。

三　中国大中城市基本养老服务供给能力存在的问题

（一）基本养老服务供给不充足

根据第七次全国人口普查数据，除深圳和厦门以外的 36 个城市 60 周岁及以上老年人口均在 10% 以上①，这 36 个城市均进入了老龄化社会。而老龄化程度较高的大连市和无锡市等城市养老服务供给能力方面相对滞后。随着人口老龄化的加速，老年人的养老服务需求也日益增长，对于失能、失智、空巢等特殊群体的养老服务需求更为迫切。然而，庞大的老年人口和大量的特殊群体对养老服务的需求巨大，供给能力亟须提升，养老服务设施、医疗卫生设施、资金和人员供给都有待提高。

（二）基本养老服务供需不匹配

我国的养老服务供给机构主要以机构养老为主，居家社区养老为辅，医养结合、康养养老等新型养老服务模式还不够发达。根据国家卫健委 2021 年公布的调查结果，我国 90% 以上的老年人选择居家养老②，养老机构床位数量巨大，但空置率高达 50%③，社区日间照料中心利用率不足，导致资源浪费④。根据中国老年社会追踪调查（CLASS）2018 年数据，老年人对医疗、康复、护理等的需求量大，但供给不足，导致缺口较大⑤。老年人的基本养老服务不仅仅是基本的生活照料，还包括医疗、康复、护理等多方面的内容，养老服务供给结构不合理，导致养老服务的供需不匹配，部分养老资源闲置，部分养老服务需求存在缺口。

（三）基本养老服务发展不均衡

我国的基本养老服务供给水平在不同地区、不同城市乃至城乡区域之间

---

① 国际上通常用老年人口比重作为衡量人口老龄化的标准，老年人口比重越高人口老龄化程度也越高。一般把 60 周岁及以上的人口占总人口比重达到 10%，或 65 周岁及以上的人口占总人口的比重达到 7% 作为一个国家或地区进入老龄化社会（或老年型人口）的标准。

② 《我国 90% 以上的老年人选择居家养老　各地因地制宜探索新模式》，https：//www.xingfulaonian.com/ylzx/ylzc/202203/77412.html，最后检索时间：2023 年 11 月 24 日。

③ 《中国养老院行业市场现状　养老床位空置率高达 50%》，https：//www.163.com/dy/article/GLN0P54F0514HA3H.html，最后检索时间：2023 年 11 月 24 日。

④ 《社会养老服务发展的供需失衡困境及其突破》，https：//epaper.gmw.cn/wzb/html/2021-12/07/nw.D110000wzb_ 20211207_ 1-07.htm，最后检索时间：2023 年 11 月 24 日。

⑤ 孔伟艳、杨颜嘉、李璐：《推动实现全体老年人享有基本养老服务》，《宏观经济管理》2023 年第 5 期。

都存在较大的差异。从本文相关数据也能看出，东部地区的基本养老服务供给水平要高于西部地区。农村地区或是贫困的老年群体由于缺乏家庭支持、社会保障、医疗资源等，其对基本养老服务的需求可能更为迫切。例如需要社区服务与建设运营补助的村庄，往往因为村集体资金困难而得不到"雪中送炭"，不太需要补助且资金充足的村庄却能够"锦上添花"，大部分农村没有社区服务设施，即使有，一些设施也运营困难。养老服务的供给水平不均衡，导致基本养老服务的发展不平衡，部分地区、部分群体的基本养老服务需求难以得到满足。兜住底、兜准底、兜好底是基本养老服务的重要任务，基本养老服务也需要更加平衡地发展。

（四）基本养老服务供给主体参与不明确

我国基本养老服务主体主要包括政府、社会组织、市场、家庭等，各主体之间的责任划分、协作机制、激励约束等还不够明确和完善，例如政府既是基本养老服务的"治理者"，又是"提供者"[1]。政府在养老服务供给中的作用还不够充分，对养老服务的规划、投入、监管等还有待加强。社会组织和市场机构在养老服务供给中的作用发挥还不够，在养老服务的创新、提供、推广等方面还有待完善。家庭和个人在养老服务供给中的作用还不够清晰，在养老服务的需求、选择、评价等方面还有待提高。养老服务的供给主体不明确，导致养老服务的参与主体不明确，部分养老服务供需双方的沟通、协调、互动等难以有效进行，由于协调和联动水平较低，也会影响基本养老服务的供给数量和效率。[2]

（五）基本养老服务供给智能化程度较低

在数字化时代背景下，就老年群体自身需求而言，由于老年群体在数字

---

[1] 孔伟艳、杨颜嘉、李璐：《推动实现全体老年人享有基本养老服务》，《宏观经济管理》2023年第5期。
[2] 孔伟艳、杨颜嘉、李璐：《推动实现全体老年人享有基本养老服务》，《宏观经济管理》2023年第5期。

时代所处的弱势地位以及他们对服务的特殊需求，使基于大数据的养老服务互动供给模式面临着需求表达的"边缘化"、服务回应的"形式化"、服务递送的"技术性冷漠"和服务获取的"数字鸿沟"等问题[①]，而这些问题又深刻地制约着智能化养老服务供给整体水平的提升。从智能化养老服务供给本身来看，由于智能化养老服务设施生产者缺乏对老年人具体服务需求的调研，很多服务设施与老年人的实际需求与使用环境并不匹配，智能化服务设施适老化程度较低，闭合的供给与需求链尚未形成。[②] 其次，大数据智慧养老服务标准化建设滞后，服务设施的智能化改造成本较高、建设难度大、配套设施较多等因素，导致养老服务供给智能化程度较低。

四　对策与建议

（一）构建多元供给体系，扩大有效供给数量

基本养老服务是老年人的基本需求，也是社会的重要责任。构建多元供给体系就是要充分发挥政府、社会组织、市场机构、家庭和个人等多方主体的作用，形成政府主导、社会参与、市场运作、家庭支持、个人选择的养老服务供给模式，为老年人提供兜底的、需要的、多样的和优质的基本养老服务。另外，要加大对基本养老服务的投入、扩大基本养老服务的规模、提高基本养老服务的覆盖率。要不断增加兜底性、普惠型、便捷性和支持性的服务供给[③]，例如扩大普惠型机构养老服务供给，推进养老机构公办民营改革，强化公办养老机构基本功能，发展普惠型机构养老服务，引导市场主体发展质优价廉、方便可及的普惠养老服务[④]。通过发展机构养老服务、夯实居家

---

① 鲁迎春、唐亚林：《数字治理时代养老服务供给的互动服务模式：特质、问题及其优化之策》，《南京社会科学》2020 年第 7 期。

② 杨柯、汪志涛：《人工智能赋能下的社区居家养老服务模式构建研究》，《云南行政学院学报》2020 年第 3 期。

③ 《关于推进基本养老服务体系建设的实施意见》，《江西日报》2023 年 7 月 14 日。

④ 郭汉桥：《全面增强基本养老服务供给能力》，《中国社会工作》2023 年第 17 期。

养老服务、拓展社区养老服务、探索社区助老养老服务项目等，来强化服务保障，提升基本养老服务供给质量①和扩大基本养老服务的有效供给数量。

（二）健全养老供给机制，优化资源配置效率

健全养老供给机制就是要建立养老服务的法治保障、政策支持和社会参与等机制，形成养老服务的规范化、制度化、常态化的供给体系。法治保障是养老服务的基础，要制定和完善养老服务的相关法律法规，明确养老服务的权利义务等方面的内容，保障养老服务的合法性和安全性。政策支持是养老服务的保障，要制定和完善养老服务的相关政策措施，明确养老服务的目标任务、投入方式、优惠措施等方面的内容，保障养老服务的可持续性和有效性。另外还要合理分配和利用养老服务资源，根据老年人不同的居家护理、健康医疗等养老服务需求，按照机构养老、居家社区养老、医养结合等多种养老模式，合理分配养老服务资源，实现养老服务的精准匹配和对老年人需求的即时响应。

（三）完善公共服务体系，提高养老服务水平

完善城镇职工基本养老保险和城乡居民基本养老保险制度，扩大养老保险覆盖面。健全基本养老保险待遇调整机制，大力发展企业（职业）年金，促进和规范发展第三支柱养老保险。完善城乡居民基本医疗保险制度和大病保险制度，健全筹资和待遇调整机制。逐步建立长期护理保障制度，扶持发展商业性长期护理保险。完善社会福利政策，进一步完善高龄津贴、养老服务补贴、提供护理补贴制度。发挥社会救助的"兜底线"作用，健全分层分类的社会救助体系，将符合条件的老年人纳入相应社会救助范围予以救助。实施临时救助制度，解决困难老年人遭遇的突发性、临时性基本生活困难。另外还需要健全完善覆盖城乡的老年健康服务体系。加快建设居家社区机构相协调、医养康养相结合的养老服务体系。引导二级及以下医疗机构开展老年康

---

① 周琰：《甘肃张掖　部门联动　优化供给　完善基本养老服务体系》，《中国民政》2022年第8期。

复、护理服务，便利老年人看病就医。加快医养结合示范省建设，合理布局医养服务网络，支持有条件的医疗机构建设医养服务中心，鼓励国有资本、社会资本投资医养领域，支持社会力量通过市场化运作方式开展医养康养服务。

（四）加快人才队伍建设，强化养老人才支撑

加快人才队伍建设首先需要改进人才培养机制。加强护理托育相关专业建设，开展专业人才服务培训。实行定向培养等多样化人才培养模式，构建人才培养与行业就业交融机制。推动行业、企业积极参与，建设产教融合、校企合作、产学研一体的实习实训基地。加强人员的素质建设，提高养老服务人员的专业化和服务内容标准化，从而不断提高养老服务的质量和水平。健全人才激励政策，建立健全以技术劳务价值激励为导向的薪酬分配体系，在内部绩效工资分配中对直接承担服务老年人的医疗卫生人员适当倾斜。推进医疗和养老从业人员登记管理、人员资质、服务规模、监督管理等制度规范。加快志愿服务机制创新，健全志愿服务激励褒扬机制，给予职业技能认定加分、市民待遇等优待政策，构建在社会信用体系之上的荣誉价值认同。推动形成多方参与的长效机制，建立志愿服务的标准、流程、装备、方法等相关配套制度，健全为老志愿服务项目库，通过"社工+邻里+志愿者+医生"的方式，提升志愿服务专业化水平。

（五）推进智能标准建设，打造新型养老格局

基于大数据技术建立的智慧养老能有效保证组织之间的信息共享性、有效性和长效性，推动养老服务供给从"碎片化运作"迈向"整体性治理"[1]。推进智能化养老服务供给标准化体系建设，明确智慧养老在当前养老服务体系中的功能角色，充分考量不同代际的信息习得能力与需求差别，加强科技赋能下智慧产品和服务的开发，大力发展适老家居、助力打造适老数字产品

---

[1] 杜春林、臧璐衡：《从"碎片化运作"到"整体性治理"：智慧养老服务供给的路径创新研究》，《学习与实践》2020 年第 7 期。

和创新升级适老产业链。通过搭建产业沟通桥梁，解决共性技术问题，促进高效服务产业发展，切实推动数字技术适老化。关注老年用户在生理、心理、经验、文化、环境等方面对移动应用操作的体验，将"认知生活化、操控自由化、体验游戏化、收益视觉化"作为服务老年人数字产品的设计原则，使界面和功能在操作上更加简化①。此外，制定智能养老服务设施领域的通用标准，以确保智能化养老服务设施品质合格且安全性强。通过提高大数据和云计算的信息技术支撑，最终形成政策保障、资源供应、技术支持三者合力推动的智能化新型养老格局。

参考文献

纪浩、潘伟光、虞颖映：《养老服务供给指数测度与时空演化特征研究——以共富示范区浙江省为例》，《调研世界》2023 年第 9 期。

赵越聪、郭锦丽：《基于 DEA 模型的山西省养老机构资源配置效率研究》，《护理研究》2022 年第 1 期。

李娟、吴炳义、马晨等：《不同类型养老机构资源配置效率的调查研究》，《中国全科医学》2016 年第 17 期。

边妗伟：《基于 DEA-Malmquist 模型的养老机构供给效率研究》，《中国卫生资源》2022 年第 5 期。

杨宝强、钟曼丽：《农村养老服务供给能力的测度与提升策略——基于海南省 18 个市县的实证研究》，《湖北民族大学学报》（哲学社会科学版）2020 年第 4 期。

刘春梅：《农村养老资源供给能力的区域差异分析》，《农业经济》2015 年第 12 期。

---

① 齐兴岭：《黑龙江省积极应对人口老龄化的路径探索》，《行政论坛》2023 年第 3 期。

B.7
中国大中城市基本养老服务便利化
可及化实践报告

高凡 成茂*

摘　要： 　我国人口老龄化呈现出人口规模庞大、发展速度快、发展不平衡、未富先老等特征，推动基本养老服务体系建设是实现全体老年人老有所依的重要战略。随着各地方陆续开展相关工作，我国推进基本养老服务体系建设已取得一些显著成果。在明晰基本养老服务便利化可及化概念的基础上，从"统筹养老服务资源""鼓励社会力量参与"两个方面梳理我国38个大中城市出台的相关政策文件，再从"生活场景的适老化改造""业务服务的人性化升级""康复辅具的个性化匹配""家庭照料的专业性指导""养护人员的职业培养培训补贴""养老服务信息的数字化整合"六个方面分别探讨各城市的具体做法。基于此，提出加强顶层设计、夯实养老护理人才队伍、统筹推进城乡基本养老服务建设和推动智慧养老综合服务平台建设四条对策建议，为基本养老服务未来的发展提供经验参考。

关键词： 基本养老服务　便利化可及化　政策梳理

党的十九届五中全会明确提出实施积极应对人口老龄化国家战略，要求推动养老事业和养老产业协同发展，健全基本养老服务体系，实现老有所养、老有所依、老有所乐、老有所安。第七次全国人口普查数据显示，我国

---

* 高凡，管理学博士，西南交通大学公共管理学院教授，研究领域为信息资源管理；成茂，西南交通大学公共管理学院硕士研究生。

60 周岁及以上人口占 18.70%，其中 65 周岁及以上人口占 13.50%。除西藏外，其他 30 个省（区、市）65 周岁及以上老年人口比重均超过 7%，其中，12 个省（区、市）65 周岁及以上老年人口比重超过 14%。这表明我国已进入中度老龄化阶段，从老龄人口持续增长的趋势来看，正逐步进入深度老龄化阶段。老年人口的增加催生了巨大的养老需求，为更好地保障老年人基本生活需求，2023 年 5 月，中共中央办公厅、国务院办公厅印发《关于推进基本养老服务体系建设的意见》（以下简称《意见》），提出了五项重点工作以推进基本养老服务体系建设①。其中，"提升基本养老服务便利化可及化水平"是确保基本养老服务人人享有、人人可担、便利可及的重要途径。

一 基本养老服务便利化可及化的内涵

党的十八大以来，我国在"老有所养"上持续发力，将积极应对人口老龄化确定为国家战略，专门出台并实施中长期规划以推动老龄事业的发展。《意见》提出"提升基本养老服务便利化可及化水平"，表明我国基本养老服务仍存在许多不足，要实现基本养老服务惠及全体老年人的目标还需要经历漫长的过程。

提升基本养老服务便利化可及化水平，首先需要明确基本养老服务便利化和可及化的内涵。"便利化"一词涵盖多个方面，包括简化流程、高效服务、智能设施、一站式服务、人性化设计和灵活的解决方案等方面。其中，简化流程是"便利化"的核心，即消除不必要的复杂性和障碍，使整个过程变得顺畅。简化流程的关键在于减少办事的程序、时间、人力和成本，使操作过程更为直接；高效服务是指通过技术或其他手段来提高服务的效率，减少办事的时间，以带来更快的响应；智能设施是指利用人工智能、大数据、物联网等先进技术，增强设施的功能性，切实满足不同对象的个性化需求；一站式服务旨在整合资源和数据，将多个服务内容集中到一起，为服务

---

① 《关于推进基本养老服务体系建设的意见》，https：//www.gov.cn/zhengce/202305/content_6875435.htm，2023 年 5 月 21 日。

对象提供方便快捷的服务平台；人性化设计强调以人为本的原则，充分考虑用户的实际需求；灵活的解决方案是指能够根据外部环境和服务对象的需求变化，及时提供应对办法。综合来看，"便利化"旨在提升服务对象的体验感，减少不必要的程序和成本，使行动更加轻松和高效。

基于以上对"便利化"内涵的分析，基本养老服务便利化应体现在基本养老服务的易获取、易使用、易操作方面。具体而言，首先，充分考虑老年人的年龄特征，合理布局公共服务设施，使服务网络更加密集，确保老年人更方便地获得服务；其次，向老年人提供清晰、简明、易于理解的信息，使老年人能够轻松了解办事的流程；最后，普及政务服务网站、生活常用 App 的无障碍模式，并通过科技创新提升智慧养老服务水平，使数字发展的红利惠及更多老年人。总的来说，基本养老服务便利化旨在建立一个系统性的、全方位的、易于获取和使用的养老服务体系，以满足老年人的基本养老服务需求，提高老年人的生活质量。

对于"可及化"的概念阐述，目前更多关注的是公共服务的可及性研究。"可及性"一词最早被运用在卫生服务领域，是用来评价卫生服务系统公平性、效率和质量的一个重要指标。世界卫生组织将卫生服务可及性归纳为居民前往初级医疗卫生机构的方便程度，即满足居民最基本医疗卫生需求在空间上的难易程度。联合国经济、社会及文化权利委员会认为可及性包括无歧视的、物理的、经济的和信息的可及性。国外学者拓展了可及性的概念，认为可及性就是服务的可得性，即服务对象能否方便、及时且实际地获得自身能够负担得起且愿意接受的服务①。

对于基本养老服务而言，可及化体现在基本养老服务"需求"和"供应"的匹配程度上。提升基本养老服务可及化水平，要求基本养老服务的供应尽可能满足全体老年人的基本养老服务需求。老年人基本养老服务需求包括基础生活所要求的物质保障、生活照料、医疗护理和精神慰藉。其中，

---

① Campbell S. M., Roland M. O., Buetow S. A., "Defining Quality of Care", *Social Science & Medicine*, 2000, pp. 1611-1625.

物质保障是老年人在日常生活中对衣食住行的基本需求；生活照料是指随着老年人身体机能的衰退，行动不便而需要借助外力来照顾饮食和生活起居；医疗护理是在老年人患病时能够得到及时的治疗以及后期的康复训练；精神慰藉是老年人与家庭成员的情感交流，以及老年人之间的群体活动，对于独居、空巢、留守、失能等特殊困难老年人则更需要探访和关爱。因此，基本养老服务供给主要从人力、财务、物力方面与老年人需求进行匹配。《意见》提出"制定落实基本养老服务清单"，并发布《国家基本养老服务清单》，通过列清单的方式明确基本养老服务对象和服务内容，具体包括物质帮助、照护服务、关爱服务等三大类16个服务项目。在物质帮助方面，对老年人分类提供生活补贴、护理补贴、养老服务补贴，对流浪、乞讨老年人给予救助；在照护服务方面，对65周岁及以上老年人进行老年人能力综合评估，对经济困难老年人进行居家适老化改造，对特困老年人进行集中供养或分散供养等；在关爱服务方面，面向独居、空巢、留守、失能、重残、计划生育特殊家庭等特殊老年人提供探访服务。

根据以上基本养老服务"需求"和"供应"的匹配关系，基本养老服务的可及化具体表现为基本养老服务设施全覆盖、服务内容全方位、服务价格可负担。便利化则是在可及化的基础上，进一步科学布局养老服务设施，织密基本养老服务网络，通过科技创新提升智慧养老服务水平，满足老年人就近就便基本养老服务需求。

二 各城市基本养老服务便利化可及化的政策与实践

（一）统筹养老服务资源

统筹养老服务资源，使养老服务设施覆盖全体老年人，是实现基本养老服务"普惠性"的重要举措。我国进入老龄化社会以来，人口的老龄化呈现出总量多、增速快、未富先老和发展不平衡四个特点。虽然各城市都在采取措施健全养老服务体系，但是在养老服务和医养结合方面仍然存在资源供求失衡、养老服务资源发展不协调、区域分布不合理现象。为此，《意见》中提出"依托和整合现有资源，发展街道（乡镇）区域养老服务中心或为老服务综合体。支持养老机构运营社区养老服务设施，可按规定统筹养老服务资源"。统筹养老服务资源，即对养老服务机构和设施、养老服务床位、护理人员、老年人补贴等养老服务资源进行合理地配置，以促进养老服务区域间配置公平，实现养老服务资源的均等化。

为优化养老服务资源配置，切实提高基本养老服务的便利化可及化水平，各城市结合自身养老服务和资源供给现状，相继出台了各类政策，从制度层面保障养老服务资源的供应水平。通过对我国 38 个大中城市发布的关于统筹养老服务资源的政策进行梳理，发现在政策内容上，部分城市结合本地实际从养老服务硬件设施和人才队伍软件建设两个方面进行了统筹。采取多种途径增加养老服务设施，包括协调养老服务设施用地供应、改造闲置社会资源发展养老服务、用房配建养老服务设施等政策途径。在养老服务人才队伍建设方面，通过保障养老服务人才就业和薪资待遇、开展养老服务培训活动等途径提高养老人才、护理人才的供应水平。另外，部分城市还发布了养老服务补贴津贴的管理办法，以完善老年人养老服务补贴津贴制度，提高老年人消费能力，推进养老服务行业的发展（见表1）。

表1　大中城市统筹养老服务资源政策梳理

文件名称	发布机构	发布时间	相关内容
《关于加快养老服务机构发展的意见》	北京市民政局、北京市发展和改革委员会、北京市规划委员会、北京市财政局、北京市国土资源局[①]	2008 年 12 月 24 日	通过明确目标、政策支持、政府补贴、土地供应等措施加大养老服务机构建设力度
《关于加强养老服务机构医疗服务的实施意见》	厦门市卫生局、厦门市民政局、厦门市人力资源和社会保障局、厦门市财政局[②]	2014 年 5 月 21 日	规范养老服务机构设置医疗机构的相关流程和准入标准，积极推进医养结合发展
《深圳市养老服务设施用地供应暂行办法》	深圳市规划和国土资源委员会[③]	2015 年 5 月 6 日	规范养老服务设施用地的供应办法

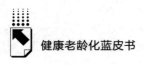
续表

文件名称	发布机构	发布时间	相关内容
《促进养老服务人才就业工作的具体措施》	成都市人力资源和社会保障局、成都市财政局、教育局、成都市民政局、成都市卫生和计划生育委员会、成都市老龄工作委员会④	2015年7月16日	通过鼓励养老人员实训基地建设、开展专业教育、提高养老护理人员入职补贴和薪资待遇等多项措施促进养老服务人才就业
《关于加强本市农村养老服务工作的实施意见》	上海市民政局、上海市发展和改革委员会、上海市农业委员会、上海市卫生和计划生育委员会、上海市人力资源和社会保障局、上海市财政局、上海市规划和国土资源管理局、上海市老龄工作委员会办公室⑤	2015年11月3日	为进一步加强农村养老服务建设，要求统筹农村养老服务设施规划和建设，提高养老服务供给能力，推进农村地区医养结合，加强老年活动室建设，培育农村为老服务队伍，健全农村社会保障机制
《关于医养结合型养老服务机构纳入我市基本医疗保险定点机构范围的试行意见》	合肥市人力资源和社会保障局⑥	2016年3月11日	文件就关于将医养结合型养老服务机构纳入基本医疗保险定点机构范围这一举措，对审批流程、医疗护理对象、费用结算和机构管理进行规范
《关于加强养老服务人才队伍建设的意见》	北京市民政局、北京市教育委员会、北京市财政局、北京市人力资源和社会保障局、北京市卫生和计划生育委员会⑦	2017年1月10日	打造一支规模适度、结构合理、素质优良、尊老敬业的养老服务人才队伍，为养老服务业快速发展奠定坚实人才基础
《关于贯彻落实支持整合改造闲置社会资源发展养老服务的操作细则（试行）》	苏州市民政局、苏州市公安局、苏州市国土资源局、苏州市规划局、苏州市环境保护局⑧	2017年6月15日	支持整合改造闲置厂房、医院、办公用房等存量资源建设非营利性养老服务机构或设施，对于符合条件的，按规定享受建设和运营补贴

续表

文件名称	发布机构	发布时间	相关内容
《关于加强农村养老服务工作的意见》	北京市民政局、北京市发展和改革委员会、北京市公安局、北京市财政局、北京市人力资源和社会保障局、北京市规划和国土资源管理委员会、北京市住房和城乡建设委员会、北京市农村工作委员会、北京市卫生和计划生育委员会、北京市食品药品监督管理局、北京市老龄工作委员会办公室⑨	2017 年 10 月 31 日	为提高农村养老服务水平,文件从构建农村区域养老服务联合体、创新农村养老服务模式、完善农村养老扶持政策、推进农村医养结合、强化农村家庭养老基础作用五个方面推动农村养老服务工作
《促进和规范利用存量资源加大养老服务设施供给的工作指引》	上海市发展和改革委员会、上海市民政局、上海市规划和自然资源局、上海市住房和城乡建设管理委员会、上海市应急管理局⑩	2019 年 4 月 4 日	鼓励利用存量资源(如存量商业、办公用房或转型中党政机关事业单位举办的培训中心)建设养老服务设施,兴办养老服务机构
《北京市老年人养老服务补贴津贴管理实施办法》	北京市民政局、北京市财政局、北京市人力资源和社会保障局、北京市卫生健康委员会、北京市退役军人事务局、北京市医疗保障局、北京市残疾人联合会⑪	2019 年 10 月 25 日	为完善老年人养老服务补贴津贴制度,提高老年人消费能力,对符合条件的老年人发放养老服务津贴
《关于印发深圳市"南粤家政"养老服务培训项目实施方案的通知》	深圳市人力资源和社会保障局、深圳市民政局⑫	2019 年 12 月 19 日	为满足养老护理日益增长的需要,加快养老护理人才的培养,到2021 年,要求每年培训5000 人次以上
《杭州市居家养老服务用房配建实施办法》	杭州市民政局、杭州市规划和自然资源局、杭州市城乡建设委员会⑬	2020 年 12 月 1 日	规范新建、已建住宅小区的养老服务用房、区域性居家养老服务用房以及农村居家养老服务用房配建

文件名称	发布机构	发布时间	相关内容
《关于印发广州市支持社区养老服务设施规划建设和使用管理十条措施的通知》	广州市民政局、广州市规划和自然资源局、广州市住房和城乡建设局[14]	2021年2月1日	为构建具有广州特色的"大城市大养老"模式、推动养老服务平衡充分高质量发展提供设施保障，满足老年人就近就便养老服务需求，提出十条规划和管理措施
《长春市新建住宅小区社区居家养老服务用房配建移交管理办法》	长春市民政局、长春市规划和自然资源局、长春市城乡建设委员会、长春市住房保障和房屋管理局[15]	2023年2月6日	用于规范新建住宅小区社区居家养老服务用房的同步建设以及相关的建设标准和管理规则

注：①《关于加快养老服务机构发展的意见》，https：//pkulaw.com/lar/4244c04d31b8461a9e777fd20d6f8e77bdfb.html，最后检索时间：2023年12月5日。

②《关于加强养老服务机构医疗服务的实施意见》，https：//pkulaw.com/lar/40ca631ba5d72e32128573f75ab16d9fbdfb.html，最后检索时间：2023年12月5日。

③《深圳市养老服务设施用地供应暂行办法》，https：//pkulaw.com/lar/7f42248fc36029639d5ec4b5818bf8d6bdfb.html，最后检索时间：2023年12月5日。

④《促进养老服务人才就业工作的具体措施》，https：//pkulaw.com/lar/65016 7db78026219198cec73aac208a1bdfb.html，最后检索时间：2023年12月5日。

⑤《关于加强本市农村养老服务工作的实施意见》，https：//pkulaw.com/lar/5a6d76d0d3169646611b4f42669bc814bdfb.html，最后检索时间：2023年12月5日。

⑥《关于医养结合型养老服务机构纳入我市基本医疗保险定点机构范围的试行意见》，https：//pkulaw.com/lar/e9980994ed200ea0b3943165ef766cb5bdfb.html，最后检索时间：2023年12月5日。

⑦《关于加强养老服务人才队伍建设的意见》，https：//pkulaw.com/lar/0d4fddbb5575ccca3510159f2d8bd040bdfb.html，最后检索时间：2023年12月5日。

⑧《关于贯彻落实支持整合改造闲置社会资源发展养老服务的操作细则（试行）》，https：//pkulaw.com/lar/0c06d762c1f3ec72a900805375a29c30bdfb.html，最后检索时间：2023年12月5日。

⑨《关于加强农村养老服务工作的意见》，https：//pkulaw.com/lar/cf4b6d5fbf45d8d5007244df3231912abdfb.html，最后检索时间：2023年12月5日。

⑩《促进和规范利用存量资源加大养老服务设施供给的工作指引》，https：//pkulaw.com/lar/dd85fab909c8f54f8e4c1a3df633c516bdfb.html，最后检索时间：2023年12月5日。

⑪《北京市老年人养老服务补贴津贴管理实施办法》，https：//pkulaw.com/lar/be5bbf270bcb377543b7cc82d115d483bdfb.html，最后检索时间：2023年12月5日。

⑫《关于印发深圳市"南粤家政"养老服务培训项目实施方案的通知》，https：//pkulaw.com/lar/b5912aac4cc184204b14429e6aef17a3bdfb.html，最后检索时间：2023年12月5日。

⑬《杭州市居家养老服务用房配建实施办法》，https：//pkulaw.com/lar/fce451e428dec0e1c4c42c1ae4fa5447bdfb.html，最后检索时间：2023年12月5日。

⑭《关于印发广州市支持社区养老服务设施规划建设和使用管理十条措施的通知》，https：//pkulaw.com/lar/5c9da347d01d1eec46439942a7d31a36bdfb.html，最后检索时间：2023年12月5日。

⑮《长春市新建住宅小区社区居家养老服务用房配建移交管理办法》，https：//pkulaw.com/lar/33da7bb9df069d0ff7a755f73e43ea73bdfb.html，最后检索时间：2023年12月5日。

资料来源：笔者从各城市政府官网整理所得。

总体来看，北京和上海等一线城市在统筹养老服务资源方面的政策更为全面，在各个方面都明确了具体的统筹办法。例如，为缓解养老从业人员"断层"与老年人养老需求"壕沟"之间的巨大差距，北京市发布了《关于加强养老服务人才队伍建设的意见》，提出吸引与培养相结合的方式，整合高等院校、中等职业学校的教育培训资源，加强对机构养老护理员、失智老人照护员、居家养老护理员队伍建设。在稳定现有养老服务人员队伍的基础上，扩大养老服务人才来源渠道，鼓励卫生业技术人才、家政服务人员、医院护工等人员转岗养老行业，充实养老服务人才队伍。①

面对我国现有的养老服务资源与日益增长的养老服务需求不匹配等问题，为了从多渠道增加养老服务供给，上海市发展改革委、民政局、住建局等多部门联合印发《促进和规范利用存量资源加大养老服务设施供给的工作指引》（以下简称《工作指引》），提出充分利用存量资源兴办养老服务设施②。《工作指引》明确界定存量资源是指闲置的商业、办公用房或工业、仓储用房，以及转型中的党政机关和国有企事业单位举办的培训中心等。利用存量资源发展养老服务包括两条路径：一是存量资源纳入城市更新；二是存量资源临时改变建筑使用功能。其中，对于存量工业、仓储用房等存量资源，原则上采取城市更新的路径兴办养老服务设施。对于商业、办公、社区

---

① 《关于加强养老服务人才队伍建设的意见》，https：//www.beijing.gov.cn/zhengce/zhengcefagui/201905/t20190522_60004.html，最后检索时间：2023年11月11日。

② 《促进和规范利用存量资源加大养老服务设施供给的工作指引》，https：//fgw.sh.gov.cn/fgw_shxytj/20211101/032c45b19105422d90b01355e6e2ad39.html，最后检索时间：2023年11月11日。

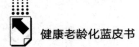

用房等存量资源，暂不改变规划性质和土地权属，可临时改变建筑的使用功能用于养老服务。临时改变建筑使用功能的存量资源应优先用于社区养老服务设施，例如长者照护之家、日间服务中心、老年人助餐点等，优先保障非营利、普惠性养老服务设施。《工作指引》为鼓励利用存量资源兴办养老服务设施，还推出多项优惠政策，例如养老服务设施建设补贴、运营补贴、税收减免、水电气优惠等。

（二）鼓励社会力量参与

鼓励社会力量提供基本养老服务，是积极应对人口老龄化、推进养老服务业供给侧改革、提升基本养老服务便利化可及化水平的迫切需要。我国十分重视社会力量在养老服务中的作用，颁布了诸多法律和政策来鼓励社会力量积极参与养老服务。早在2013年国务院出台的《关于加快发展养老服务业的若干意见》中就明确指出，要通过政府购买服务、公办民营、民办公助等形式，逐步使社会力量成为发展养老服务业的主力军[1]。2015年2月，民政部、国家发展改革委等多部门联合发布《关于鼓励民间资本参与养老服务业发展的实施意见》[2]，提出应加大对养老服务业发展的财政资金投入，鼓励社会力量举办规模化、连锁化的养老机构，促进养老服务业的发展。2019年4月，国务院印发《关于推进养老服务发展的意见》[3]，为解决社会力量参与养老服务方面仍然存在的政策落实难、准入审批难、融资贷款难等问题，提出了放宽行业准入、扩大投融资渠道、完善养老服务设施供地政策、推动居家社区和机构养老融合发展、优化营商环境五项政策意见。2022年2月国务院印发《"十四五"国家老龄

---

[1] 《关于加快发展养老服务业的若干意见》，https://www.gov.cn/gongbao/content/2013/content_2496392.htm，最后检索时间：2023年11月17日。

[2] 《关于鼓励民间资本参与养老服务业发展的实施意见》，https://www.gov.cn/xinwen/2015-02/25/content_2821782.htm，最后检索时间：2023年11月17日。

[3] 《关于推进养老服务发展的意见》，https://www.gov.cn/zhengce/content/2019-04/16/content_5383270.htm，最后检索时间：2023年11月17日。

事业发展和养老服务体系规划》①，强调要充分调动社会力量参与积极性，综合运用规划、土地、住房、财政、投资、融资、人才等支持政策，引导各类主体提供普惠养老服务，扩大养老服务供给，提高质量，提升可持续发展能力。

鼓励社会力量提供基本养老服务，就是在政府的政策引导下，充分发挥政府与社会力量之间以及各社会力量之间相互协调的作用，鼓励和引导企业、社会组织、个人等社会力量依法通过投资、运营等途径，以公办民营、民办民营、民办公助等形式提供基本养老服务。社会力量提供基本养老服务具有以下优势。一是多元性。随着人民生活水平不断提高，老年人对养老服务质量有了更高的要求，社会力量由于来源广泛且大多具有专业背景，因此能够提供多样化的服务以满足日益增长的养老需求。二是投入小、经济效益和社会效益高。投资建设养老机构、照护中心、爱心食堂等基本养老服务设施的企业，通常具备一定的经验和资源，能够节省各种基建和配套设施费用，且项目具有社会效益性。三是减轻政府负担。社会力量能够填补政府在公共服务上的不足，以弹性的方式在小范围内开展具有针对性的服务和活动，缓解养老问题对政府造成的压力。

各地方政府为鼓励和引导社会力量参与养老事业，相继发布实施方案，将优惠和补贴内容以法律的形式进行保障，不仅为参与提供养老服务的社会力量减免租金或承包运营租金，给予建设补贴、综合责任险补贴，而且还提供水电热气方面的优惠，通过多种途径吸纳社会力量（见表2）。例如，福建省财政厅为撬动社会资本参与养老事业，对民办养老服务机构开办和运营给予补助，2023年共计补助520家机构，补助资金包括一次性开办补助和床位运营补贴。一次性开办补助按照用房权属进行分类补助，对于自建用房、核定床位50张及以上并投入使用的新增民办养老机构，每张床位补助3000元；对租赁用房且租期在5年以上的相关养老机构，每张床

---

① 《"十四五"国家老龄事业发展和养老服务体系规划》，https：//www.gov.cn/zhengce/content/2022-02/21/content_ 5674844.htm，最后检索时间：2023年11月17日。

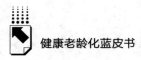
位补助 1500 元。床位运营补贴按照机构类型进行分类补助，对符合条件的民办养老机构，按照护理型床位和非护理型床位分别给予每张每年 1200 元和 1000 元补助；对民办居家社区养老服务照料中心按每张每年 600 元标准给予补助。①

表 2　各城市为鼓励社会力量提供养老服务的相关条例

政策	相关条例
《关于印发四川省推进基本养老服务体系建设实施方案的通知》①	支持社会力量发展面向中低收入群体的普惠型养老服务机构,支持规模化、连锁化、专业化发展……采取政府补贴、购买服务等方式,为特殊困难高龄、失能、残疾老年人家庭实施适老化改造,配备辅助器具和防走失装置等设施……支持社会力量创办老年大学或者老年学校,依托开放大学系统建立和发展老年开放大学……
《厦门市推进基本养老服务发展若干措施》②	鼓励社会力量参与基本养老服务。支持依法改造利用闲置房产开展养老服务,设置普惠性养老服务机构。鼓励各类企业、社会组织、个人为基本养老服务提供支持和帮助……对于承担市、区社会福利中心功能的"公建民营"养老服务机构,经同级政府同意后,可按规定予以减免租金或承包运营租金……
《辽宁省推进基本养老服务体系建设实施方案》③	落实用地用房、水电热气等优惠政策,完善运营补贴、综合责任险补贴等政策,吸引更多的社会力量参与提供基本养老服务
《杭州市人民政府办公厅关于加快建设基本养老服务体系的实施意见》④	扩大养老服务社会参与度,引导志愿者参与为老服务,开展"银龄互助"活动。积极发挥社区、社会工作者、社区社会组织、社区志愿者、社区公益慈善资源的"五社联动"在老年人精神慰藉、咨询服务、权益保障等方面的重要作用,支持养老领域公益性社会组织发展,鼓励持证社会工作者开展老年社会工作
《合肥市人民政府办公室关于印发合肥市健全基本养老服务体系促进养老服务高质量发展若干措施的通知》⑤	鼓励国有企业开展养老服务,支持国有企业利用自有物业兴办养老服务机构,对具有养老服务的国有企业以及承担部分养老服务功能的国有企业进行养老服务业务分账核算、分开考核。扶持养老服务机构规模化、品牌化、连锁化

---

① 《520 家民办养老服务机构获省级财政补助》，https：//czt. fujian. gov. cn/zwgk/czxw/202311/t20231110_6293414. htm，最后检索时间：2023 年 11 月 17 日。

政策	相关条例
武汉市《关于推进基本养老服务体系建设的实施方案》⑥	支持社会力量与政府投资平台合作建立养老服务资产管理运营公司,集中购置、改造、运营管理养老服务设施,降低初期建设和运营成本,增加基本养老服务供给
《兰州市居家和社区基本养老服务提升行动实施方案》⑦	各县区通过购买服务、委托服务、政府与社会资本合作等方式,支持和引导专业服务企业和社会组织参与居家养老上门服务、家庭养老床位建设等居家和社区基本养老服务,形成一批居家和社区基本养老服务主体……撬动社会资本参与设施建设、人才发展、机构运营、产品研发、适老化改造等养老服务相关行业,促进多元化发展

注:①《关于印发四川省推进基本养老服务体系建设实施方案的通知》,https://www.sc.gov.cn/10462/zfwjts/2023/10/24/467181d976cb40d881a583f48b8dbf2b.shtml,最后检索时间:2023年12月5日。

②《厦门市推进基本养老服务发展若干措施》,https://www.xm.gov.cn/zwgk/flfg/sfbwj/202310/t20231012_2791224.html,最后检索时间:2023年12月5日。

③《辽宁省推进基本养老服务体系建设实施方案》,https://www.ln.gov.cn/web/zwgkx/zfwj/szfbgtwj/2023n/2023092516364468484/index.shtml,最后检索时间:2023年12月5日。

④《杭州市人民政府办公厅关于加快建设基本养老服务体系的实施意见》,https://www.hangzhou.gov.cn/art/2023/8/23/art_1229063385_1836906.html,最后检索时间:2023年12月5日。

⑤《合肥市人民政府办公室关于印发合肥市健全基本养老服务体系促进养老服务高质量发展若干措施的通知》,http://mz.ah.gov.cn/public/21761/120718751.html,最后检索时间:2023年12月5日。

⑥武汉市《关于推进基本养老服务体系建设的实施方案》,https://www.wuhan.gov.cn/zwgk/xxgk/zfwj/gfxwj/202310/t20231010_2276696.shtml,最后检索时间:2023年12月5日。

⑦《兰州市居家和社区基本养老服务提升行动实施方案》,http://www.lanzhou.gov.cn/art/2021/11/9/art_15334_1067212.html,最后检索时间:2023年12月5日。

资料来源:根据相关政策内容制表。

三 各城市基本养老服务便利化可及化的实施情况

(一)生活场景的适老化改造

随着我国人口老龄化加速、老年人口规模扩大,如何通过适老化"小改造",承载老年人"大幸福",成为社会日益关注的话题。为此,中共中央、国务院印发了《关于加强新时代老龄工作的意见》，提出将适老化改造和无障碍环境建设纳入城市更新，让老年人的日常起居和社交生活更加便捷和安全①。适老化改造的内容包括室内居住环境改造、公共空间改造以及信息空间的改造。

在居家适老化改造方面，2020年民政部、国家发展改革委等多部门联合发布《关于加快实施老年人居家适老化改造工程的指导意见》（以下简称《指导意见》），提出要"顺应广大老年人居家养老的意愿与趋势，以满足其居家生活照料、起居行走、康复护理等需求为核心，改善居家生活照护条件，增强居家生活设施设备安全性、便利性和舒适性，提升居家养老服务品质"②。对于拟改造的住房应符合两个条件：一是改造对象家庭拥有对拟改造住房的产权或长期使用权；二是拟改造的房屋符合安全相关标准、具备基础改造条件且未纳入拆迁规划。对于改造的具体内容，《指导意见》发布了《老年人居家适老化改造项目和老年用品配置推荐清单》（见表3），以供各地方政府根据自身情况合理设置适老化改造项目。对于改造的基本流程，应在充分尊重老年人个人意愿基础上，逐户上门走访，对改造房屋进行调研和评估，按照"一户一方案"确定居家生活照料、起居行走、康复护理等方面进行改造。通过政府购买服务，由第三方组织提供技术支撑，施工单位在不改变住房装修、老人不离家的前提下进行改造建设，并负责后期维修，确保适老化设施能为老年人提供真正的便利。随着相关工作的推进，各城市的居家适老化改造效果显著。例如，杭州市民政局自2019年启动了困难老年人家庭适老化改造工作，截至2021年12月，三年累计改造了6381户，实现了重点改造人群的有效覆盖③。

---

① 《关于加强新时代老龄工作的意见》，https://www.gov.cn/zhengce/2021-11/24/content_5653181.html，最后检索时间：2023年11月17日。

② 《全国老龄办关于加快实施老年人居家适老化改造工程的指导意见》，https://www.gov.cn/zhengce/zhengceku/2020-07/16/content_5527260.html，最后检索时间：2023年11月17日。

③ 《杭州今年完成困难老人家庭适老化改造4201户》，《中国新闻网》2022年7月18日。

表3　老年人居家适老化改造项目和老年用品配置推荐清单

类别	项目名称	具体内容	项目类型
地面改造	防滑处理	在卫生间、厨房、卧室等区域，铺设防滑砖或者防滑地胶，避免老年人滑倒，提高安全性	基础
	高差处理	铺设水泥坡道或者加设橡胶等材质的可移动式坡道，保证路面平滑、无高差障碍，方便轮椅进出	基础
	平整硬化	对地面进行平整硬化，方便轮椅通过，降低风险	可选
	安装扶手	在高差变化处安装扶手，辅助老年人通过	可选
门改造	门槛移除	移除门槛，保证老年人进门无障碍，方便轮椅进出	可选
	平开门改为推拉门	方便开启，增加通行宽度和辅助操作空间	可选
	房门拓宽	对卫生间、厨房等空间较窄的门洞进行拓宽，改善通过性，方便轮椅进出	可选
	下压式门把手改造	可用单手手掌或者手指轻松操作，增加摩擦力和稳定性，方便老年人开门	可选
	安装闪光振动门铃	供听力视力障碍老年人使用	可选
卧室改造	配置护理床	帮助失能老年人完成起身、侧翻、上下床、吃饭等动作，辅助喂食、处理排泄物等	可选
	安装床边护栏（抓杆）	辅助老年人起身、上下床，防止翻身滚下床，保证老年人睡眠和活动安全	基础
	配置防压疮垫	避免长期乘坐轮椅或卧床的老年人发生严重压疮，包括防压疮坐垫、靠垫或床垫等	可选
如厕洗浴设备改造	安装扶手	在如厕区或者洗浴区安装扶手，辅助老年人起身、站立、转身和坐下，包括一字型扶手、U型扶手、L型扶手、135°扶手、T形扶手或者助力扶手等	基础
	蹲便器改坐便器	减轻蹲姿造成的腿部压力，避免老年人如厕时摔倒，方便乘轮椅老年人使用	可选
	水龙头改造	采用拨杆式或感应水龙头，方便老年人开关水阀	可选
	浴缸/淋浴房改造	拆除浴缸/淋浴房，更换浴帘、浴杆，增加淋浴空间，方便照护人员辅助老年人洗浴	可选
	配置淋浴椅	辅助老年人洗澡，避免老年人滑倒，提高安全性	基础

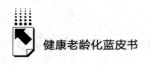
续表

类别	项目名称	具体内容	项目类型
厨房设备改造	台面改造	降低操作台、灶台、洗菜池高度或者在其下方留出容膝空间,方便乘轮椅或者体型矮小老年人操作	可选
	加设中部柜	在吊柜下方设置开敞式中部柜、中部架,方便老年人取放物品	可选
物理环境改造	安装自助感应灯具	安装感应便携灯,避免直射光源、强刺激性光源,人走灯灭,辅助老年人起夜使用	可选
	电源插座及开关改造	视情况进行高/低位改造,避免老年人下蹲或弯腰,方便老年人插拔电源和使用开关	可选
	安装防撞角/防撞条、提示标识	在家具尖角或墙角安装防撞护角或者防撞条,避免老年人磕碰划伤,必要时粘贴防滑条、警示条等符合相关标准和老年人认知特点的提示标识	可选
	适老家具配置	比如换鞋凳、适老椅、电动升降晾衣架等	可选
老年用品配置	手杖	辅助老年人平稳站立和行走,包含三角或四角手杖、凳拐等	基础
	轮椅/助行器	辅助家人、照护人员推行/帮助老年人站立行走,扩大老年人活动范围	可选
	放大装置	运用光学/电子原理进行影像放大,方便老年人使用	可选
	助听器	帮助老年人听清声音来源,增加与周围的交流,包括盒式助听器、耳内助听器、耳背助听器、骨导助听器等	可选
	自助进食器具	辅助老年人进食,包括防洒碗、助食筷、弯柄勺、饮水杯等	可选
	防走失装置	用于监测失智老年人或其他精神障碍老年人定位,避免老年人走失,包括防走失手环、防走失胸卡等	基础
	安全监控装置	佩戴于人体或者安装在居家环境中,用于监测老年人动作或者居室环境,发生险情时及时报警,包括红外探测器、紧急呼叫器、烟雾/煤气泄漏/溢水报警器等	可选

资料来源:根据《老年人居家适老化改造项目和老年用品配置推荐清单》整理。

在公共空间适老化改造方面,为保证老年人参与社会活动的安全和便捷,对社区环境、公园、文化场所等公共领域进行改造。越来越多的地方将适老化改造融入老旧小区改造和市政配套建设中，重庆市自 2018 年启动老旧小区改造以来，截至 2022 年 7 月，已累计开工改造了 3842 个小区，同步实施加装电梯 3878 部。除了打造楼栋的便利环境，公共场所也在经历适老化改造。重庆市渝北区为双龙湖街道老旧城区打造了益寿园、康逸园、怡乐园三个老年文化主题公园，公园地面铺了防滑塑胶，路边安装了防滑扶手，还设置了凉亭、便民饮水机以及充电插座等，为老年人的社会生活提供了极大的便利①。相比之下，广东省东莞市陈村社区公园的适老化改造更加全面地考虑了老年人的社会环境需求。陈村社区公园划分了休闲区和健身区，并且配备有完善的适老化设施。在休闲区，设置了专门的拐杖放置处、轮椅车位；健身区则配备有老年人易用的健身器具和便于老年人保健的鹅卵石按摩步道。在适老化公园旁，还设立了"养护康服务站"，为社区老人提供基本的医疗护理服务②。

在信息空间的适老化改造方面，促进网站和 App 的适老化改造，助力老年人越过"数字鸿沟"。居家适老化改造和公共空间适老化改造从物质层面充分保障了老年人日常生活、社会交往方面的需求。然而，随着信息技术的不断发展，看病、购物、出行、就餐等都离不开移动设备。老年人由于身体机能降低以及学习能力变弱，无法很快地适应数字时代带来的"智慧生活"，时常会面临"数字鸿沟"的尴尬境遇。为了让老年人尽快找到线上的"归属感"，2020 年国务院办公厅印发了《关于切实解决老年人运用智能技术困难的实施方案》，针对老年人的交通出行、就医、消费、文体活动等问题提出互联网适老化改造的要求。随着政策持续推进，截至 2023 年 2 月，全国 648 家网站和 App 已完成适老化改造③，设置了"长辈模式"或"关怀模式"，把字体、图标调大到适合老年人阅读的模式，部分政府网站还设置

---

① 《重庆老旧小区改造累计加装电梯 2129 部，数万居民告别"爬楼时代"》，https：//www.cq.gov.cn/ywdt/jrcq/202208/t20220808_ 10982939.html，最后检索时间：2023 年 11 月 17 日。

② 观泉州：《龙湖公益：让适老化改造不止于"适老"》，《新浪网》2023 年 5 月 8 日。

③ 《工信部组织 648 家网站和 App 完成适老化改造》，https：//www.gov.cn/xinwen/2023-01/18/content_ 5737842.html，最后检索时间：2023 年 11 月 17 日。

有朗读文本的功能。在具体实践中，北京市交通运输部门推动网约车平台优化代人叫车付费、一键叫车等助老功能；天津市推出了火车购票的爱心版，解决老年人出门打车难、购票难的问题；山东省升级"鲁医保小程序"，为老年人提供送药上门服务，切实解决行动不便的老年人就医购药难的问题。除此之外，部分居家养老服务中心还推出了"手机课堂"，每周都会开设老年人视频通话、手机支付等实用的技巧的课程，确保老年人能够通过使用手机提高生活的便利性。①

（二）业务办理的人性化升级

除了在硬件设施方面为老年人打造一个舒适、便利的生活环境，还需要在其他与老年人密切相关的业务办理方面提供个性化、人性化的"适老"服务，切实解决老年人"办事难"的问题。

2018年7月3日，人力资源和社会保障部召开系统行风建设电视电话会议②，会议就为民服务业务办理方面的跑腿次数多、办结时限长、办事程序繁等问题进行讨论，成立加强行风建设工作领导小组，并提出在2020年基本形成平稳有序、运转高效的行风建设工作机制，实现各级审批和公共服务"马上办、就近办、一次办"，实现80%以上的服务事项网上办，让数据多跑路、群众少跑腿。然而，数字技术在为我们的生活带来便利的同时，也为老年人的日常行动带来了一些困难。一方面，老年人对智能设备并不熟悉，加大了老年人办理业务的难度；另一方面，对于一些人脸识别等智能化操作，并没有考虑到老年人的身体状况。因此，2020年12月，人社部印发了《关于进一步优化人社公共服务切实解决老年人运用智能技术困难实施

---

① 《晚年有爱，生活"无碍"——天津适老化改造让老人自在生活》，https://www.gov.cn/lianbo/difang/202310/content_ 6911435. html，最后检索时间：2023年11月17日。
② 《一切为了群众满意——全国人社系统行风建设综述》，http://chinajob. mohrss. gov. cn/c/2021-12-17/336219. shtml，最后检索时间：2024年1月19日。

方案的通知》①，提出坚持传统服务方式与智能化服务"两条腿"走路，一方面，确保传统服务方式的兜底保障，保留并完善老年人熟悉的线下办理窗口，设立老年人绿色通道，实现优先办理；另一方面，促进智能技术在老年群体中的普及和应用，优化智能服务模式，完善"亲情服务"功能。2023年9月1日，《社会保险经办条例》公布②，要求"压减不必要的证明材料，取消没有法律法规和国务院决定依据的证明材料。对于老年人、残疾人等特殊群体加强无障碍服务，通过授权代办、上门服务等方式提供便利服务"。

围绕积极应对人口老龄化时代背景，为切实做好老年人社保经办服务工作的相关要求，解决老年人在运用智能技术方面遇到的突出问题，各市人社局不断完善社保窗口经办服务。例如，兰州市社保中心为老年人办理业务提供"不抽号、免排队、帮办代办"的服务，并专门设置了老年人等候专区、常用医药箱、老花镜等便利设施，为老年人提供更便捷的社保经办服务。同时，还为老年人提供"一站式"全程引导人性化服务，从老年人进入社保大厅开始就主动提供接待、答疑、受理、办理、反馈的全程引导，帮助老年人跨越"数字鸿沟"。③南宁市人社局在2020年11月出台了《关于进一步做好全市人力资源社会保障公共服务工作的通知》，从"一门服务""自助服务""引导服务""电话服务""上门服务""免办服务""监督服务"七个方面提出了进一步服务老年人等各类群体的18条便民服务举措，如提供亲友可代办依法授权事项，为上门办事不便的老年人特别是高龄、空巢、失能、留守等重点群体主动提供上门服务，推进"免申即办"服务项目，为包括老年人在内的各类群体提供更多"不申报、不跑腿、不见面"服务。南京市人社局已全面取消经办过程中可以通过法定证照、告知承诺、网络核验等渠道办理的证明材料，通过政府数据资源进行比对，进行老年人"生

---

① 《关于进一步优化人社公共服务切实解决老年人运用智能技术困难实施方案的通知》，https：//www.gov.cn/zhengce/zhengceku/2021-01/01/content_5576047.htm，最后检索时间：2024年1月19日。

② 《社会保险经办条例》，http：//www.nhsa.gov.cn/attach/0/bde6cbb6c5f741158186c330fcdabb34.pdf，最后检索时间：2024年1月19日。

③ 《市社保中心多举措方便老年人办理社保业务》，《兰州新闻网》2021年12月12日。

存认知",取消之前的见面环节。同时,针对老年人对于智能设备的"数字鸿沟",设置了"家人代办""他人代缴"功能,并且还将涉及老年人高频事项的经办权限下放至街道和社区,极大地便利了老年人日常生活中的业务办理需要。

(三)康复辅具的个性化匹配

康复辅助器具是指有助于老年人群参与性,对身体功能和活动起保护、支撑、训练、测量或替代作用,防止损伤、活动受限或参与限制的符合有关部门认定的合格产品。[①] 在我国,有康复医疗需求的人群规模达到 4.6 亿人[②],随着人口老龄化程度不断加深,这一数据还在持续增加。在康复辅具里,最刚需的辅具大多价格昂贵,加之老年人对康复辅具的需求具有间断性,因此康复辅具租赁模式应运而生。与以往不同的是,康复辅具租赁极大地满足了长者家庭不同层次的消费需求,一方面帮助老年人以更实惠的价格享受到更高品质的辅具产品;另一方面也能更好地满足老年人不同年龄阶段、不同身体状况下更科学的辅具适配需求。我国康复器具租赁行业起步较晚,仍处于初期探索阶段。2018 年底,民政部、发展改革委、财政部、中国残联联合印发《关于开展康复辅助器具社区租赁服务试点的通知》[③]。2019 年发布《关于确定康复辅助器具社区租赁服务试点地区的通知》,确定将北京市石景山区、河北省秦皇岛市、吉林省吉林市、上海市、江苏省常州市、浙江省嘉兴市、安徽省安庆市、江西省赣州市、河南省焦作市、湖南省湘潭市、广东省广州市、四川省成都市、甘肃省兰州市(兰州新区)等 13

---

① 《养老服务中心康复辅具租赁服务规范》,https://www.zixin.com.cn/doc/488170.html,最后检索时间:2023 年 11 月 17 日。

② 《柳叶刀 | 全球超过 24.1 亿人受益于康复,康复医疗正加速从幕后》,《健康界》2021 年 7 月 25 日。

③ 《关于开展康复辅助器具社区租赁服务试点的通知》,https://www.gov.cn/xinwen/2018-12/28/content_5353005.htm,最后检索时间:2023 年 11 月 17 日。

个地区作为康复辅助器具社区租赁服务试点地区①。2022 年 2 月，国务院印发《"十四五"国家老龄事业发展和养老服务体系规划》，要求增加老年健康服务资源供给，建立老年用品产品目录，在有条件的街道、社区，发展嵌入式康复辅助器具销售和租赁网点②。目前，各试点地区陆续开展康复辅具社会租赁服务，且取得良好成效。

上海市作为国内首个在全域范围内开展租赁服务的城市，连续出台多个政策以加快推进康复辅具租赁产业发展。2020 年 12 月，《上海市养老服务条例》要求"支持企业开展康复辅助器具社区租赁服务，符合条件的老年人租赁康复辅助器具，由市、区人民政府给予相应补贴"③。2022 年 8 月，《上海市人民政府关于加快本市康复辅助器具产业发展的实施意见》出台，要求"优化租赁服务支付制度，丰富租赁产品，使更多需求对象获得物有所值的康复辅助器具服务"④。2023 年 4 月，上海市民政局等 11 部门联合发布《上海市基本养老服务清单（2023 年版）》，将困难老年人康复辅具社区租赁服务纳入清单⑤。2023 年 8 月，围绕试点工作已经取得的成效、运行的流程和亟待解决的问题，上海市民政局、财政局制定《关于进一步推进本市康复辅助器具社区租赁服务工作的通知》⑥，率先试点康复辅助器具社区租赁服务并制订了《2022 上海市康复辅助器具社区租赁（试点）产品供应商及产

---

① 《关于确定康复辅助器具社区租赁服务试点地区的通知》，https：//www. gov. cn/xinwen/2019-06/28/content_ 5404284. htm，最后检索时间：2023 年 11 月 17 日。

② 《"十四五"国家老龄事业发展和养老服务体系规划》，https：//www. gov. cn/zhengce/content/2022-02/21/content_ 5674844. htm，最后检索时间：2023 年 11 月 17 日。

③ 《上海市养老服务条例》，http：//www. spcsc. sh. cn/n8347/n8467/u1ai224833. html，最后检索时间：2023 年 11 月 17 日。

④ 《上海市人民政府关于加快本市康复辅助器具产业发展的实施意见》，https：//www. shanghai. gov. cn/nw12344/20220908/0e97e245bc6d4792aba22f22fb388656. html，最后检索时间：2023 年 11 月 17 日。

⑤ 《上海市基本养老服务清单（2023 年版）》，https：//mzj. sh. gov. cn/MZ_ zhuzhan279_ 0-2-8-15-55-231/20230424/1dd24db7f2a846dd87d82b755bba45c5. html，最后检索时间：2023 年 11 月 17 日。

⑥ 《关于进一步推进本市康复辅助器具社区租赁服务工作的通知》，https：//mzj. sh. gov. cn/MZ_ zhuzhan2739_ 0-2-8-15-55/20230804/18d82533027a41a78740467957ec0a52. html，最后检索时间：2023 年 11 月 17 日。

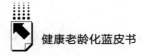
品目录》①。上海市已实现租赁服务点全市街（镇、乡）全覆盖，以定点街道为中心覆盖周边社区，全面开展辅具租赁服务。除此之外，上海市民政局还指导建设了康复辅助器具创新产品体验馆2.0模式，由上海市康复器具协会运营。该体验馆内有超50款的康复器具，为上海市老年人提供康复器具社区租赁产品的沉浸式体验服务。②

随着康复辅助器具租赁试点的持续推进，制定相关的租赁标准和规范，是推动康复辅具租赁行业持续发展的重要内容。2023年7月，安徽省发布地方标准《养老服务中心康复辅具租赁服务规范》，明确规定了康复辅具租赁服务的要求和流程，为老年人办理康复辅具租赁提供了标准指导③（见图1）。

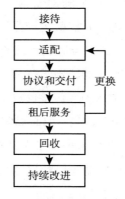

图1 康复辅助器具租赁流程

资料来源：安徽省《养老服务中心康复辅具租赁服务规范》。

除了建设康复辅具租赁服务站点、制定租赁标准外，为提高老年人对康复辅具的消费能力，保障有需要的老年人能够用得起康复辅具，部分试点城

① 《2022上海市康复辅助器具社区租赁（试点）产品供应商及产品目录》，https：//mzj.sh. gov.cn/MZ_ zhuzhan23_ 0-2-8/20220701/1a6d12862c9c419ab053f4d126d69571.html，最后检索时间：2023年11月17日。

② 《以租代买新体验｜康复辅具创新产品体验馆2.0模式开馆试运营》，《知乎》2022年12月7日。

③ 《养老服务中心康复辅具租赁服务规范》，https：//www.zixin.com.cn/doc/488170.html，最后检索时间：2023年11月17日。

市还分层次为老年人提供康复辅具租赁补贴。例如，成都市温江区对 60 岁及以上老年人、残疾人、伤病员提供每人每年最高 3000 元的补贴额度，补贴 80% 的辅具租赁费用，针对特困人群补贴 100% 的租赁费用。[①] 兰州新区对分散供养特困人员提供全额补贴，每人每年不超过 2000 元。对低保对象、贫困残疾人、重度残疾人、重点优抚对象、建档立卡未脱贫人员、年满 80 周岁的老年人、困境儿童给予辅具租赁 80% 的补贴，每人每年不超过 1500元。其他优抚对象、老年人、残疾人，给予辅具租赁价格 60% 的补贴，每人每年不超过 1000 元[②]。

（四）家庭照护的专业性指导

《意见》提出，依托街道（乡镇）区域养老服务中心或为老服务综合体、社区养老服务设施以及村民委员会、社区居委会等基层力量提供家庭养老指导服务。将失能老年人家庭成员照护培训纳入政府购买养老服务目录，符合条件的失能老年人家庭成员参加照护培训等相关职业技能培训的，按规定给予职业培训补贴。据中国老龄科学研究中心发布的《中国老龄产业发展报告（2021~2022）》显示，截至 2022 年末，我国失能老年人数大约有4400 万[③]。在社会化长期照护服务供给不足、家庭照顾文化偏好明显以及家庭购买服务能力有限的情况下，失能老年人在家由家庭成员主要照顾成为主流趋势。然而，大多家庭成员专业照护知识欠缺，迫切需要政府、社会提供专业性指导和培训。

目前，许多地区都开展了家庭养老照护培训活动，例如，2021 年 8 月，上海市宝山区张苗街道启动"老吾老计划"，该计划是通过"集中教学"和"个体辅导"等方式，为失能老人及其家庭照护者开展失能老年人家庭照护者技能培训的公益项目，旨在"授人以渔"，通过输入专业力量提升家庭照

① 《成都：在社区租赁站租轮椅还享受补贴》，《搜狐》2021 年 12 月 6 日。
② 《兰州新区开展康复辅助器具社区租赁服务试点实施方案》，http://www.lzxq.gov.cn/system/2019/03/18/000121041.shtml，最后检索时间：2023 年 11 月 17 日。
③ 党俊武、王莉莉：《中国老龄产业发展报告（2021~2022）》，社会科学文献出版社，2023。

护能力，减轻家庭照护困难。在"集中教学"环节，充分发挥第三方机构的专业优势，邀请专业的医生、护士、社工、心理咨询师、康复师等参与培训授课，授课内容包括康复技巧、健康管理、心理辅导、认知症早期干预、急救常识等方面的理论知识及技能操作技能培训，通过集体教学，强化失能老人家庭照护的基本技能。在"个体辅导"环节，主要是针对有特殊需求、不方便外出的困难家庭，通过前期专业护理人员的评估，根据每个家庭的情况定制个性的、专业的指导方案，建立"一人一档""一户一方案"。由专业人员上门，提供包括营养膳食、压疮处理、居家康复保健、居家安全等方面的一对一指导服务。通过个人辅导，使老年人居家养老也能得到妥善照料（见表4）[①]。

表4 "老吾老计划"培训内容

培训模式	培训内容
集体教学	认知症早期干预、失能预防、心理辅导、康复技巧、健康管理、急救常识、中医穴位按摩
个人辅导	食物禁忌、借助辅具移动、协助坐起、压疮预防、口腔清洁护理、洗头洗浴、测量仪器使用、协助更衣、翻身、心理减压、心肺复苏、防跌倒、海姆立克急救法、意外急救、肢体训练、记忆训练

资料来源：根据相关资料整理。

（五）养护人员的职业培养培训补贴

我国老龄化程度正在不断加深，与之相伴的是老龄失能人群数量不断增长，对养老护理人才的规模与质量都提出了更高的要求，迫切需要进一步加快养老护理人才培养模式创新。据统计，我国失能老年人数量超4400万，

---

① 《宝山张庙街道开展"老吾老计划"，弥补老年人家庭照护空缺》，https://mzj.sh.gov.cn/2022bsmz/20220223/b84376e419de4745ca8e34b5834f.html，最后检索时间：2023年11月17日。

对养老护理员的需求达 600 万名，但目前相关从业人员只有 50 万名①，特别是具有医养结合技能的长期护理服务人员十分紧缺。并且，我国养老护理人员存在"四高四低"现象，即"学历层次偏低，平均年龄偏高""收入待遇偏低，劳动强度偏高""社会地位偏低，流动性偏高""从业门槛偏低，专业要求偏高"。② 面对养老护理员数量和质量的"齐缺"现象，各地方制定了一系列政策以加大对养老护理人员、医护人员的培养力度，优化养老服务领域就业人才供给，推动养老服务和就业服务向更高质量发展（见表5）。

表 5　部分城市养老服务人才培育培训补贴办法

政策文件	相关内容
《北京市养老服务人才培养培训实施办法》	1. 鼓励引导高素质人才到养老服务行业入职从业，按照本科及以上 6 万元、专科(高职)5 万元、中职 4 万元的标准，分三年发放入职奖励 2. 结合养老护理员职业技能等级，分 500 元至 1500 元五个标准，直接将津贴发放给养老护理员本人 3. 分类、分级组织开展养老服务人才能力提升培训，培训时间不少于 40 学时，考试合格的按照每人 1500 元给予培训机构补贴
南京市《关于健全完善养老服务补贴的通知》	1. 入职补助:从事护理岗位满 5 年的,按照下列标准奖励: (1)全日制毕业生:本科以上奖补 50000 元,大专奖补 40000 元,中专奖补 30000 元 (2)非全日制毕业生:按照全日制的 70% 奖补 2. 岗位补助:工作满 1 年的,从第 2 年起,每人每月补贴 100 元,工作年限每增加 1 年,月岗位津贴增加 100 元,工作年限 10 年以内的,最高补贴至每月 500 元。连续工作 11 年以上的,每人每月补贴 800 元。离开养老服务机构超过 6 个月的,工作年限按再次从业时间起算。已经领取入职补贴的人员在领取期满后享受岗位津贴
《无锡市市区社会办医养结合型养老机构特岗津贴实施细则》	连续在同一医养结合型社会办养老机构中从事养老护理专技岗位(包括护理员、社工、医生、护士和康复师)工作 1 年以上(以社保缴纳等相关证明材料为计算依据),从第 2 年起按每月 100 元的标准给予特岗津贴;工作年限每增加 1 年,月特岗津贴增加 100 元。工作年限 10 年(含)以内的,最高补贴至每月 500 元;连续工作 11 年(含)以上的,补贴标准为每月 800 元

---

① 《减轻失能老人家庭负担　我国加快健全老年护理和长期照护服务体系》，《人民网》2023 年 8 月 31 日。

② 衣军强：《养老服务就业人才供给：形势、现状与对策——以山东省情况为例》，《山东人力资源和社会保障》2023 年第 8 期。

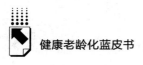
续表

政策文件	相关内容
《济南市民政局关于发布济南市养老服务扶持政策措施清单的公告》	1. 对承接市级组织的养老管理人员、护理员和医疗、护理、管理人员培训任务的机构(组织),按照每人每次 2000 元的补助标准,通过政府购买服务方式给予补助 2. 大中专毕业生入职养老服务机构一次性补助。对符合条件的入职养老服务机构的本科、专科毕业生,分别给予 2 万元和 1.5 万元的一次性补助,技工学院、高级技工学校毕业生享受专科毕业生补助政策
《青岛市民政局 青岛市财政局关于健全完善各类养老服务补贴的通知》	对符合条件的护理员每人每月补贴 200 元;每两年开展一次青岛敬老使者评选,敬老使者在 4 年管理期内,享受市政府津贴每人每月 1000 元;同时还制定了养老服务机构从业人员补贴,对满足相关条件的养老护理员本科以上奖补 30000 元,大专奖补 20000 元,中专奖补 10000 元。对养老护理人员,按照初级、中级、高级、技师、高级技师五个等级,分别给予每人每月 100 元、120 元、140 元、160 元、200 元的岗位津贴
福州市《进一步支持养老服务发展十七条措施》	1. 市内高等院校、中等职业学校和技工院校,开设老年服务与管理、老年护理等养老服务相关专业的,给予 60 万元一次性经费补助;对此类专业学生在本市养老服务机构实习 3 个月及以上的,给予就业见习补贴 3 个月,补贴标准每人每月 300 元 2. 在市内同一养老服务机构从事养老服务工作连续满 1 年且合同期 3 年以上的非在编人员,属于养老护理、医护、康复和社会工作等专业的,按本科以上、专科、中专分别给予 3.6 万元、2.4 万元和 1.8 万元的一次性入职奖补,按 20%、30%、50% 比例分 3 年拨付 3. 实行在职奖补。对在市内同一养老服务机构连续从事养老护理工作满 3 年的非在编护理人员,给予 5000 元在职奖补。首次申领后,每满 3 年,可再次申领
成都市《关于明确养老服务人才奖励政策的通知》	凡在同一养老机构连续从事养老护理员工作满 3 年,并与养老机构签订劳动合同且参加社会保险的优秀护理员,可获得一次性奖励 3000 元;在部、省、市级组织的职业技能竞赛中获得三等奖以上名次的护理员,可分别获得最高 25000 元、15000 元、10000 元的一次性奖励;为高校毕业生、建档立卡贫困户、低保和低保边缘家庭、返乡农民工、征地拆迁家属提供就业岗位的养老机构,每提供一个工作岗位可获得一次性奖励 1000 元
《深圳市民政局等 11 部门关于公布深圳市养老服务投资扶持政策措施清单的公告》	开展员工学徒制培训的,可按每人每年最高 8500 元标准申请新型学徒培训补贴。开展员工适岗培训的,可按每人每年最高 1500 元标准申请企业职工适岗培训补贴。开展新招录员工岗前培训的,可按每人 200 元的标准申请企业职工岗前培训补贴

续表

政策文件	相关内容
广州市《关于印发广州市养老机构服务人员就业补贴及岗位补贴试行办法的通知》	1. 中等职业技术学校(技工学校)全日制毕业生,且在所供职养老机构工作满三年的,给予一次性就业补贴5000元。高等院校全日制毕业生及技工院校全日制高级工班、预备技师班毕业生,且在所供职养老机构工作满三年的,给予一次性就业补贴10000元 2. 在养老机构中从事一线养老护理工作满五年但未满十年的,给予一次性岗位补贴5000元。满十年的,给予一次性岗位补贴20000元
《杭州市市级养老服务资金补助实施办法(试行)》	老年服务与管理、家政服务与管理、护理、康复治疗、中医护理、中医康复保健、康复技术等专业大类毕业的全日制毕业生入职主城区范围内养老机构,签订正式劳动合同且连续工作满一定年限的,按院校类别给予21000~40000元不等的一次性入职奖补。补助在毕业生入职连续工作满3年、5年分两次发放
武汉市《关于做好养老护理员补贴发放工作的通知》	1. 对从事养老护理服务工作并取得国家养老护理员资格的人员给予一次性持证奖励补贴和护理岗位补贴,一次性奖励标准为养老护理员高级技师5000元、技师3000元、高级工2000元、中级工1000元、初级工500元。岗位补贴从连续从业第三年起每月发放200元 2. 对民办养老机构接收在校大学生、职业院校(包括技工院校)在校学生顶岗实习2个月以上的,按每人1000元标准补贴
《合肥市养老护理岗位工作人员学费补偿和入职奖补试行办法》	1. 学费减免:中等职业技术学校(技工学校)全日制毕业生在所供职养老机构工作满3年的,给予一次性学费补偿3000元;高等院校全日制毕业生及技工院校全日制高级工班、预备技师班毕业生在所供职养老机构工作满3年且未获得前款学费补偿的,给予一次性学费补偿6000元 2. 入职奖补:①养老护理人员在养老护理岗位工作满4年但未满10年的,给予一次性入职奖补3000元;②养老护理人员在养老护理岗位工作满10年且未获得前款入职奖补的,给予一次性入职奖补12000元

注:①《北京市养老服务人才培养培训实施办法》,https://www.beijing.gov.cn/zhengce/zcjd/202011/t20201128_2152784.html,最后检索时间:2023年12月5日。

②《关于健全完善养老服务补贴的通知》(宁民福〔2018〕301号),https://mzj.nanjing.gov.cn/njsmzj/njsmzj/201901/t20190110_1370819.html,最后检索时间:2023年12月5日。

③《无锡市市区社会办医养结合型养老机构特岗津贴实施细则》,https://www.wuxi.gov.cn/doc/2020/03/04/3788533.shtml,最后检索时间:2023年12月5日。

④《济南市民政局关于发布济南市养老服务扶持政策措施清单的公告》,https://www.yanglaocn.com/shtml/20201106/1604632599125426.html,最后检索时间:2023年12月5日。

⑤《青岛市民政局青岛市财政局关于健全完善各类养老服务补贴的通知》,http://www.qingdao.gov.cn/zwgk/xxgk/mzj/ywfl/ylfw/202211/t20221130_6528242.shtml,最后检索时间:2023年12月5日。

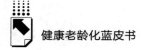
⑥《进一步支持养老服务发展十七条措施》，http：//www. fuzhou. gov. cn/zfxxgkzl/szfbmjxsqxxgk/szfbmxxgk/fzsrmzfbgt/zfxxgkml/whjyylshbzcjjydfmdzccsjqssqk_2577/202007/t20200710_3360398. htm，最后检索时间：2023 年 12 月 5 日。

⑦《关于明确养老服务人才奖励政策的通知》，https：//cdmzj. chengdu. gov. cn/cdmzj_gb/c121875/2019-12/10/content_17bfbfcd5d8849eda159997ccfdca573. shtml，最后检索时间：2023 年 12 月 5 日。

⑧《深圳市民政局等 11 部门关于公布深圳市养老服务投资扶持政策措施清单的公告》，http：//mzj. sz. gov. cn/cn/xxgk_mz/tzgg/content/post_7828705. html，最后检索时间：2023 年 12 月 5 日。

⑨《关于印发广州市养老机构服务人员就业补贴及岗位补贴试行办法的通知》，https：//www. gz. gov. cn/zwgk/zdly/mzxx/shjzyfl/shfl/content/post_7026604. html，最后检索时间：2023 年 12 月 5 日。

⑩《杭州市市级养老服务资金补助实施办法（试行）》，https：//www. hangzhou. gov. cn/art/2019/4/1/art_1636467_4550. html，最后检索时间：2023 年 12 月 5 日。

⑪《关于做好养老护理员补贴发放工作的通知》，http：//mzj. wuhan. gov. cn/zwgk_918/fdzdgk/gysyjs/shbz/shfl/202009/t20200925_1455712. shtml，最后检索时间：2023 年 12 月 5 日。

⑫《合肥市养老护理岗位工作人员学费补偿和入职奖补试行办法》，http：//mz. ah. gov. cn/xwzx/sxdt/113351601. html，最后检索时间：2023 年 12 月 5 日。

资料来源：根据相关政策内容制表。

（六）养老服务信息的数字化整合

为提升养老服务水平，近年来，我国大部分城市积极推进科技赋能智慧养老，通过"互联网+养老"整合线上线下资源，拓展信息技术在养老服务领域的应用。目前，许多城市都已经上线了养老服务综合平台，运用各种先进的信息技术，例如物联网、智能呼叫、云技术、GPS 定位技术等，创建智慧养老服务模式。养老服务平台涵盖了居家养老、机构养老、养老助餐等多种养老服务，通过跨终端的数据互联及同步，连通各方角色，实现老年人与子女、服务机构、医护人员的信息交互，对老年人的身体状态、安全情况和日常活动进行有效监控，并且提供老年人在线申办津贴补贴、能力评估的窗口，及时满足老年人在生活、健康、安全、娱乐等各方面的需求（见表6）。

除了上线养老服务综合平台，部分城市还开通了服务热线，例如呼和浩特的为老服务热线"96111"、天津市和平区养老服务热线"89108910"、厦门市养老服务热线"3500011"等，365 天 24 小时在线提供养老服务。

表6　部分城市养老服务信息平台

城市	养老服务信息平台名称	网址
北京	北京养老服务网	https：//www. beijingweilao. cn/
石家庄	石家庄市养老服务综合管理平台	http：//jiesuan. mzyl. org. cn/Sjzyl/platform/login. html
呼和浩特	"宜养青城"公众号	——
长春	长春市养老监管与服务平台	https：//www. jlsps. cn/psp/portalweb/index. jsp
哈尔滨	哈尔滨新区智慧养老服务平台	https：//mz. hrbsongbeizhyl. com/
上海	上海市养老服务平台	https：//shyl. mzj. sh. gov. cn/homePage
杭州	杭州互联网+养老服务平台	https：//hzylfw. mz. hangzhou. gov. cn/main_colors/login. jsp？ state＝－1
合肥	合肥市养老服务网	http：//223. 244. 92. 37：8801/hfylmh/view/index
福州	福州市养老服务网	https：//www. fzsylfw. com/
厦门	智慧养老 App	——
济南	济南养老服务数据管理平台	https：//jnmz. jinan. gov. cn/jnmz/
青岛	青岛智慧养老平台-e养青岛	https：//www. qingdaoyanglao. com/
郑州	郑州市智慧养老平台-郑益养	https：//www. zzylfw. com/
武汉	武汉养老 App	——
广州	广州市为老服务综合平台	https：//wlpt. gzmz. gov. cn/front/door/index/bsdt
深圳	老无忧智慧养老综合服务平台	http：//lowuyou. com/
南宁	慧康养-广西智慧养老综合服务平台	https：//yl. mzt. gxzf. gov. cn/gxmhwz/mhwz/mhwzNew/index
重庆	重庆市智慧社区智慧养老云平台	http：//admin. cq12349. cn/#/login

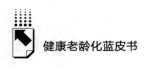
城市	养老服务信息平台名称	网址
成都	成都市居家和社区养老综合服务平台	http://www.cdchzl.cn/
乌鲁木齐	乌鲁木齐智慧养老信息服务平台	http://36.107.230.149:9000/loginController.do?mdserviceLogin

资料来源：笔者根据相关平台及网页整理。

四 提升基本养老服务便利化可及化水平的举措

随着我国人口老龄化的持续深入，国家高度重视并稳步推进基本养老服务，为提升基本养老服务便利化可及化水平持续发力。"十四五"期间，我国基本养老服务类型不断丰富，服务品质逐步提升，服务效能持续释放。在国家政策的推动下，各城市地区积极响应，相继出台基本养老服务体系建设实施意见，基于本地实际情况发布基本养老服务清单。在统筹资源方面，各城市发布相关政策以保证养老服务设施、护理人员等养老资源的持续供应；在社会力量参与基本养老服务方面，鼓励市场运用自身资源优势开办或运营养老服务机构，通过补贴、优惠等政策吸引社会力量提供基本养老服务，提高服务质量；在适老化改造方面，持续推进家庭、社区、信息平台的适老化改造，充分考虑老年人实际需求，优化老年人生活环境，使老年人的日常活动更加便利；在社保经办服务方面，简化办事流程、精简办事材料，保留传统的经办窗口，为老年人开通绿色通道，提供家人代办、上门办理等服务；在康复辅具租赁方面，持续推动社会租赁试点，创新租赁模式，使有康复辅具需求的老年人能够以可承担的价格匹配到合适的康复辅具；在依托基本力量提供养老服务指导方面，为有照护需求的老年人家庭成员或老年人个人提供照护指导，对参加培训的家庭成员提供培训补贴，使老年人在居家养老的同时也能获得较为专业的照护；在相关职业培训补贴方面，各地方出台相应的补贴政策，不仅针对开办养老服务专业的高等院校进行一次性补贴，而且对提供养老服务相关培训的机构以及参与培训的个人进行补贴，通过多种渠道提高养老服务人才的数量和质量；在养老服务信息平台的建设方面，大部分城市上线了养老服务信息平台，在平台上整合了地区内的养老服务资源，为老年人查找养老服务设施、申请养老服务补贴和居家改造等需求提供了平台。

从实践情况来看，我国在推进基本养老服务体系建设方面，已经取得了较为显著的成效。然而，我国要建立健全基本养老服务体系、实现基本养老服务的便利化可及化还有一些需要改善的地方。

（一）加强顶层设计

出台基本养老服务政策和服务清单是推进基本养老服务的首要任务，是落实基本养老服务的政策依据。然而，从政策出台的情况来看，截至2023年11月，大连、长春、珠海等一些中大城市还没有出台基本养老服务建设实施意见，也没有发布基本养老服务清单。随着其他城市的基本养老服务体系建设持续推进，城市间基本养老服务水平的差距持续扩大，进而加重区域间发展的不平衡，不利于国家全面推进基本养老服务体系建设。因此，需要从顶层制度出发，出台相关实施办法和服务清单，实时追踪老年人实际需求，动态调整基本养老服务清单内容。统筹区域内养老资源，围绕土地供应、设施建设、社会参与、人才培育等方面制定配套政策，扩大养老服务机构和设施供应。健全全市统一的老年人照护需求综合评估制度，实现评估结果部门共享互认。同时，加强监督基本养老服务的落实情况，将基本养老服务纳入专项计划考核，印发基本养老服务工作重点和任务清单，建立起每月向市政府报告基本养老服务设施建设情况的督办制度，通过考核倒逼基本养老服务建设工作落到实处。

（二）夯实养老护理人才队伍

我国养老护理人员的数量与质量与社会需求之间还存在较大的差距。一

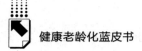

方面，我国养老服务行业人员的薪资待遇普遍偏低，且劳动强度大、社会地位低，虽然各地方出台了相应的补贴政策，但是仍无法从根本上解决养老护理人才流失的问题。另一方面，我国养老护理人员存在年龄偏高、学历偏低等特征，基本养老服务质量有待提高。因此，需要不断夯实养老护理人才队伍，提高养老护理人才的专业知识水平和服务能力。为扩大养老护理人员供应，支持高等院校、中等职业学校和技工院校，开设老年服务与管理、老年护理等养老服务相关专业，从源头上拓宽人才供应渠道。通过资助、补贴等方式，鼓励学生就读养老服务相关专业，提高养老护理人员薪资待遇和社会地位，对毕业后选择在养老服务机构任职的人员再给予就业补贴和岗位补贴。提高养老护理人员质量，定期组织开展职业培训和专项技能培训，对提供培训机会的养老机构以及接受相关培训活动的机构进行补贴。完善养老护理人员职业技能等级认证制度，开展养老护理人员技能大赛，加大专业技能人才评选和表彰力度，不断优化养老护理人员结构。

（三）统筹推进城乡基本养老服务建设

我国长期处于城乡二元结构分割状态，由于经济状况、地理位置等因素，大部分建设项目通常会优先选择基础设施相对完善的城市进行试点，城市的基本养老服务设施比农村地区更加完善，长此以往，不仅会阻碍我国实现基本养老服务普惠性和全覆盖的目标，而且会进一步加重我国城乡发展的不平衡性。因此，我国需要统筹推进城乡地区的基本养老服务建设。一方面，推动街道和乡镇的综合养老服务中心、嵌入式社区养老服务机构建设。通过场地优惠、税收减免等方式引入社会力量参与基本养老服务，扩大优质供给，依托社区或乡镇现有资源开办长者食堂、日间照料中心等基本养老服务设施，为老年人提供康复护理、生活照料、医疗保健等服务，统筹推进以助餐配餐、医养康养、生活照料为基础的居家社区养老"3+X"服务。持续推进康复辅助器具租赁试点，建设康复器具体验中心，为老年人选择适配的康复器具提供载体。另一方面，推动农村基本养老服务与乡村振兴协同发展，积极探索农村基本养老服务与乡村振兴协同发展的结合点。重点关注农村老年人医疗需求，通过在乡镇建立医疗服务站、医养服务中心，设置老年专科诊疗窗口等，解决农村老年人看病"难上加难"的问题。同时，结合乡村振兴实施方案，通过整治优化乡村生活环境，创建适合居家养老的生活条件。

（四）推动智慧养老综合服务平台建设

虽然我国养老服务信息平台建设已取得一些成就，但是我国现有的养老服务信息平台功能主要是整合区域内养老服务资源，为老年人提供一个获取信息的平台，对于智能技术的应用还不够，与"智慧"养老服务之间仍存在一定的差距。因此，需要将物联网、大数据、人工智能等先进技术与基本养老服务相融合，推动智慧养老综合服务平台建设。首先，整合地区内养老服务信息，将老年人信息录入电子档案，打造"一站式办理""刷脸就餐""关爱地图"等一批优质基本养老服务应用场景。通过主动排查、大数据筛查等方式，精准预判符合政策条件的群体，实现"政策找人"，打通政策落地的"最后一公里"。其次，为老年人配备智能穿戴设备或家庭监测器，并将设备与养老服务信息平台相连接，对老年人的身体状态、安全情况和日常活动进行有效监控，全方位满足老人在生活、健康、安全、娱乐等各方面的需求。最后，在智能技术的运用基础上，加强家庭、社区和医院之间的信息互通和资源共享，创新基本养老服务模式，可借鉴上海静安区推广实施的"五床联动"居家和社区整合性照护服务模式，进一步为老年人在居家和社区之间的医养结合提供便利。

专题篇

B.8

中国农村基本养老服务的实施
经验与发展路径

范文婷　陈家珺　豆红艳＊

摘　要：　与城市地区相比，我国农村地区的养老服务问题更加复杂。本报告整理了现有文献和政策，将新中国成立以来出台的农村养老相关政策大致分为萌芽起步、制度探索、系统发展和深化发展四个阶段，并基于2021年西南交通大学老龄事业与产业研究中心的4省8村农村养老实地调研数据，总结出了七类农村基本养老服务提供模式，发现各村因地制宜、特色鲜明，但均呈现出政策系统性不足、服务提供主体定位不明确、服务供需不平衡、服务人员数量和质量欠佳等问题，最后从发展方向、发展机遇、政府责任、保障重点、人群需求、多元主体、人才培养七个方面系统提出了优化农村基本养老服务的路径，为我国农村地区积极应对人口老龄化提供理论和经验支撑。

＊　范文婷，管理学博士，西南交通大学公共管理学院讲师，研究领域为人口社会学；陈家珺，西南交通大学公共管理学院本科生；豆红艳，西南交通大学公共管理学院本科生。

关键词： 农村基本养老服务　　因地制宜　　系统保障

一　引　言

在长期的城乡二元结构之下，我国城乡差异较大。党的二十大报告明确指出要全面推进乡村振兴的同时，也提出了要实施积极应对人口老龄化战略。2020 年我国农村 60 岁、65 岁及以上老人的比重分别为 23.81%、17.72%，比城镇分别高出 7.99、6.61 个百分点，我国老龄化的城乡差异更加明显，中国农村已进入中度老龄化[①]。据全国老龄办预测，2033 年农村人口老龄化程度将高于城镇近 13.4 个百分点[①]。与城市地区相比，农村地区的老龄化程度更深、养老资源更匮乏、养老服务水平更差。面临日益复杂严峻的养老问题，发展农村养老服务是我国养老服务体系构建的重点和难点。

农村养老问题事关亿万农村老年人及其家庭幸福生活，事关农村社会和谐稳定，事关党在农村执政根基的加强与稳固[②]。在政府推动、社会组织介入、社会力量参与和农村自主探索之下，我国农村养老工作领导机制明显加强，政策制度不断健全，服务网络更加完善，发展取得显著成效。然而农村养老服务发展仍在多个角度上面临困境。

在此背景之下，本文选取山东省、河北省、重庆市和四川省具有代表性的农村作为案例，通过政策分析法和案例分析法，总结农村基本养老服务的现存问题，归纳总结先进和失败经验、发展路径，为我国农村地区积极应对人口老龄化提供理论和经验支撑。

[①] 王建军：《把积极老龄观健康老龄化理念融入经济社会发展全过程》，《中国党政干部论坛》2022 年第 5 期。

[②] 本刊编辑部：《开新局　谋新篇　绘就农村养老服务发展新画卷》，《社会福利》2020 年第 11 期。

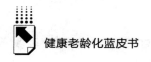

二 农村基本养老服务的相关政策演进

新中国成立以来，中央和各地方政府都十分关注农村地区老年人的养老问题，针对不同时期、不同需求，陆续出台了众多农村养老相关政策。本文基于现有文献和政策，将新中国成立以来出台的农村养老相关政策大致分为四个阶段：萌芽起步阶段（1949～1992年）、制度探索阶段（1993～2007年）、系统发展阶段（2008～2017年）和深化发展阶段（2018年至今）。

（一）萌芽起步阶段（1949~1992年）

1954年新中国颁布的第一部《中华人民共和国宪法》第九十三条指出"中华人民共和国劳动者在年老、疾病或者丧失劳动能力的时候，有获得物质帮助的权利。国家举办社会保险、社会救济和群众卫生事业，并且逐步扩大这些设施，以保证劳动者享受这种权利"①。第一部《中华人民共和国宪法》肯定了国家对于国民的养老负有一定责任。1958年人民公社体制确立后，在农村人民公社集体所有制经济中使用部分集体资产帮扶困难家庭，建立了"保吃、保住、保穿、保葬、保医"的五保互济制度。同时一批敬老院在全国范围内建立，对"五保户"集中提供供养照顾。1978年农村经济体制改革后，国家仍然延续了以定量救济和临时救济的方法帮扶困难群众，持续巩固支持农村地区发展敬老院。

（二）制度探索阶段（1993~2007年）

1993年中国共产党第十四届中央委员会第三次全体会议通过《中共中央关于建立社会主义市场经济体制若干问题的决定》，提出要建立多层次的社会保障制度，加快建设与经济发展水平相适应的社会保障体系；提出农村

---

① 《中华人民共和国宪法》（1954年），http://www.npc.gov.cn/wxzl/wxzl/2000-12/26/content_4264.htm，最后检索时间：2017年6月15日。

养老保障以家庭为主，同社区保障、国家救济相结合。自此我国农村养老保障开始制度化地探索。1994 年国务院颁布《农村五保供养工作条例》是我国较早、较完整地提出的关于农民养老的法规性文件，即后来的"五保"制度。

在这一阶段，我国有条件的地方对建设农村最低生活保障制度开始探索试点建设①。1995 年广西壮族自治区武鸣县出台了《武鸣县农村最低生活保障线救济暂行办法》，武鸣县成为我国建设农村居民最低生活保障制度的首个试点地区，农村最低生活保障制度开始建立②。2003 年我国出台的《关于建立新型农村合作医疗制度的意见》提出，建设新型农村合作医疗制度，开启新农合的试点工作。地方的试点实践为我国农村养老保障的制度化发展积累了经验。2008 年，国务院发布《关于在全国建立农村最低生活保障制度的通知》，通过在全国范围内开展农村最低生活保障制度建设，扩大保障范围至全部符合条件的农村贫困人口，稳定、持久、有效地解决全国农村贫困人口的温饱问题。

（三）系统发展阶段（2008~2017年）

这一阶段我国着重系统构建农村养老保障制度，从多方面提升农村养老服务提供能力。2008 年《中共中央关于推进农村改革发展若干重大问题的决定》提出贯彻广覆盖、保基本、多层次、可持续原则，加快健全农村社会保障体系。按照个人缴费、集体补助、政府补贴相结合的要求，建立新型农村社会养老保险制度。通过加大中央和省级财政补助力度，不断提高保障标准和补助水平，对农村最低生活保障制度进行完善发展，全面落实农村五保供养政策，确保供养水平达到当地村民平均生

---

① 《中共中央关于建立社会主义市场经济体制若干问题的决定》，http://news.sina.com.cn/c/2002-10-22/1358777716.html，最后检索时间：2023 年 11 月 20 日。

② 赵定东、周刘晶：《中国农村养老政策的历史回顾与展望》，《北华大学学报》（社会科学版）2018 年 2 期。

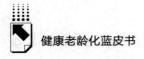

活水平。①

社会力量在参与农村养老体系建设中的潜力和作用愈发受到重视。2013年发布的《关于加快发展养老服务业的若干意见》在六项主要任务中专门单列出"切实加强农村养老服务"一项，进一步提出健全服务网络，支持乡镇五保供养机构改善条件、向社会开放、成为区域性养老服务中心的措施，完善农村养老服务托底。② 2016年出台的《关于全面放开养老服务市场提升养老服务质量的若干意见》对提升农村养老服务能力和水平做出了进一步的安排，以"五保"制度为基础、以村民互助为特色、以集体经济为支撑，积极引导社会资本进入养老服务业，通过激发各类市场主体活力和改善结构，推动养老资源更多流向农村，更多流向失能、半失能的老年群体，并且进一步扩大护理型服务资源，培育小型化、连锁化、专业化服务机构。③ 同年，民政部、国家发展改革委印发《民政事业发展第十三个五年规划》，对全面建成多层次的养老服务体系及相关机制的工作作出要求，应做到以居家为基础、社区为依托、机构为补充、医养相结合，并探索建立长期照护保障体系，同时全面放开养老服务市场，创新投融资机制，增加养老服务和产品供给。④ 2017年《"十三五"国家老龄事业发展和养老体系建设规划》提出要"坚持保障和改善老年人民生，为老年人参与社会发展、社会力量参与老龄事业发展和养老体系建设提供更多更好支持"。⑤

---

① 《中共中央关于推进农村改革发展若干重大问题的决定》，http：//www.gov.cn/jrzg/2008-10/19/content_ 1125094. htm，最后检索时间：2023年11月20日。
② 《国务院关于加快发展养老服务业的若干意见》，https：//www.gov.cn/gongbao/content/2013/content_ 2496392. htm，最后检索时间：2023年11月20日。
③ 《国务院办公厅关于全面开放养老服务市场提升养老服务质量的若干意见》，https：//www.gov.cn/zhengce/zhengceku/2016-12/23/content_ 5151747. htm，最后检索时间：2023年11月20日。
④ 《民政部、国家发展改革委印发民政事业发展第十三个五年规划》，https：//www.gov.cn/xinwen/2016-07/06/content_ 5088745. html，最后检索时间：2023年11月20日。
⑤ 《国务院关于印发"十三五"国家老龄事业发展和养老体系建设规划的通知》，https：//www.gov.cn/zhengce/content/2017-03/06/content_ 5173930. htm，最后检索时间：2023年11月20日。

这一阶段，一些地方政府及民政部门针对农村养老问题出台专门计划或工作规范要求，主要结合自身区域条件和需求对区域内农村养老服务的建设和运营做出规划，扩大社会力量参与，并跟进相应的补助办法、加大补贴力度，例如 2007 年 11 月上海市在农村养老服务设施建设的"霞光计划"针对区域内经济薄弱村的农村养老设施开展建设改造①，2012 年广东省推出的农村养老服务"幸福计划"则侧重满足区域内农村高龄独居、失能、半失能老年人的基本养老服务需求等②。六盘水市等城市对农村养老机构管理进行规范，进一步强调对"五保"老人的供养服务，推动城乡居民基本公共服务均等化，保障农村老人在养老服务中平等享受发展成果。③

（四）深化发展时期（2018年至今）

随着党的十九大报告提出实施"乡村振兴战略"，农村养老服务保障的发展完善进入新纪元。《乡村振兴战略规划（2018—2022 年）》（以下简称《规划》）指出，要开发利用各种公共服务资源适应农村人口老龄化加剧形势，加快建立以居家为基础、社区为依托、机构为补充的多层次农村养老服务体系，顺应农村老年群体对美好生活的向往。这一时期提出的政策较上一阶段有所整合发展，贴合当前我国农村建设工作发展的实际情况，更加注重回应我国农村地区老龄化、高龄化加剧的现实，针对具体保障服务内容、具体人群养老等重点问题作出进一步要求。《规划》基于我国养老服务领域已有的政策设计，指出农村地区要加快建立以居家为基础、社区为依托、机构

---

① 《上海市民政局关于开展农村养老服务设施建设"霞光计划"的通知》，https：//www. pkulaw. com/lar/1fa7267f542313d78a492f36ee8d8f8dbdfb. html，最后检索时间：2023 年 11 月 20 日。

② 《广东省民政厅关于印发〈广东省农村养老服务"幸福计划"建设试点工作方案〉的通知》，https：//www. pkulaw. com/lar/05663ba499879fc320aa0c1a496182d9bdfb. html，最后检索时间：2023 年 11 月 20 日。

③ 《六盘水市人民政府办公室关于印发六盘水市农村养老服务机构管理暂行办法的通知》https：//www. pkulaw. com/lar/8f432176a2f0a2cfaed0c964deff71d2bdfb. html，最后检索时间：2023 年 11 月 20 日。

为补充的多层次农村养老服务体系；提出以乡镇为中心建立具有综合服务功能、医养相结合的养老机构，配合各项农村养老服务工作；支持互助型养老服务发展；落实农村医生待遇，完善养老助残服务设施等措施。① 2019年，民政部等部委联合印发《关于实施特困人员供养服务设施（敬老院）改造提升工程的意见》② 和《关于进一步加强特困人员供养服务设施（敬老院）管理有关工作的通知》③，通过政策细化切实提高农村地区养老服务保障水平。

农村养老服务体系的发展更加注重把握城乡融合，实现资源的流动协调与公平。2020年《中共中央关于制定国民经济与社会发展第十四个五年规划和二〇三五年远景目标的建议》明确提出，要发展"普惠养老服务和互助性养老服务"，健全覆盖全民、统筹城乡、公平统一、可持续的多层次社会保障体系，建立居家社区机构相协调、医养康养相结合的养老服务体系，健全养老服务综合监管制度。④ 2021年《中共中央国务院关于全面推进乡村振兴加快农业农村现代化的意见》中提出要"健全县乡村衔接的三级养老服务网络，推动村级幸福院、日间照料中心等养老服务设施建设，发展农村普惠型养老服务和互助性养老"⑤。

在这一阶段中，更多地方政府及民政部门在中央指导意见下积极作为开展探索，纵览工作内容主要呈现以下三个特点。一是重视农村养老工作在城

---

① 中共中央、国务院印发《乡村振兴战略规划（2018－2022年）》，https：//www.gov.cn/gongbao/content/2018/content_ 5331958.htm，最后检索时间：2023年11月20日。

② 《民政部 发展改革委 财政部关于实施特困人员供养服务设施（敬老院）改造提升工程的意见》，https：//www.gov.cn/zhengce/zhengceku/2019－08/21/content_ 5456759.htm，最后检索时间：2023年11月20日。

③ 《民政部 财政部 人力资源社会保障部关于进一步加强特困人员供养服务设施敬老院管理有关工作的通知》，https：//www.gov.cn/zhengce/zhengceku/2019－09/05/content_ 5456753.htm，最后检索时间：2023年11月20日。

④ 《中共中央关于制定国民经济和社会发展第十四个五年规划和二〇三五年远景目标的建议》，https：//www.gov.cn/zhengce/2020－11/03/content_ 5556991.htm，最后检索时间：2023年11月20日。

⑤ 《中共中央 国务院关于全面推进乡村振兴加快农业农村现代化的意见》，https：//www.gov.cn/zhengce/2021－02/21/content_ 5588098.htm，最后检索时间：2023年11月20日。

乡融合背景下的系统布局，全面加强党建和领导工作。较前一阶段，地方政府及民政部门提出重视各级党委及政府在农村养老工作中的协调和统筹工作，在基本养老服务工作文件和针对农村养老工作发展的专门文件中更加积极地推动县乡村三级养老服务网络建设，构建城乡融合建设发展格局。各地强调根据农村经济社会条件和地理区位因素因地制宜，开展具有地方特色的养老服务工作。《四川省基本养老服务清单》中对县级失能老年人照护中心和区域性养老服务中心作出规划，推动完善县乡村衔接的三级养老服务网络①；湖南省在 2021 年提出合理构建发展格局，打造县（区）有"院"、镇（街）有"中心"、村（组）有"点"的县乡村三级养老服务网络，农村养老体系具有湖南特色②。二是侧重农村具体养老问题和困难人群，对高龄老人和失能、半失能老人等困难群体的具体供养照护保障从不同角度做出努力。2023 年《安徽省农村养老服务改革试点工作方案（征求意见稿）》中提出推进特困人员供养机构改革，优化机构职能、提升供养服务质量③。舟山市政府提出支持落实对海岛特殊困难老年人的养老保障，促进优质医疗等资源向偏远海岛老年人和养老服务机构下沉。④ 三是重视农村养老服务的质量和效益，对农村地区养老工作的监管作出进一步要求。有条件的城市开始推动打造城乡统一信息平台以推进管理和服务，用智慧赋能城乡养老服务发展，如北京市依托"京彩时光"养老志愿服务信息平台鼓励农村邻里互助服务，杭州市搭建"互联网+养老"平台以线上点单线上缴费等方式服务居

① 《四川省人民政府办公厅关于印发四川省推进基本养老服务体系建设实施方案的通知》，https：//wwwp．pkulaw．com/lar/dfae250d4a39ed39398c14d9c5ef5c72bdfb．html，最后检索时间：2023 年 11 月 20 日。

② 《湖南省民政厅、中共湖南省委组织部、湖南省发展和改革委员会等关于印发〈关于促进农村养老服务发展的若干措施〉的通知》，https：//www．pkulaw．com/lar/b63a4365a16bf193 29e2d2b1476eea76bdfb．html，最后检索时间：2023 年 11 月 20 日。

③ 《安徽省农村养老服务改革试点工作方案（征求意见稿）》，https//www．yanglaocn．com/ shtml/20221107/1667786497136899．html，最后检索时间：2023 年 11 月 20 日。

④ 《舟山市人民政府办公室关于加快建设基本养老服务体系的实施意见》，https：// www．pkulaw．com/lar/00e945dddd87ec08fd382ee9a8e0e28bbdfb．html，最后检索时间：2023 年 11 月 20 日。

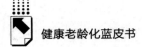

家养老和机构养老①，等等。

近年来，我国老龄事业发展逐渐注重积极应对人口老龄化、推动实现基本公共服务均等化。2023 年《关于推进基本养老服务体系建设意见》指出，坚持基础性原则、普惠性原则、系统性原则，推进基本养老服务体系建设②。同年，财政部发布《关于做好 2023 年政府购买服务改革重点工作的通知》，重点突出对符合条件的特殊困难老年人开展养老领域政府购买服务，回应积极应对人口老龄化国家战略的内在要求。

在中央纲领性文件和顶层设计的指引下，地方部门也纷纷响应实践。根据各地方政府公开资料，本研究针对各地对农村地区养老服务事业发展的现行有效的 50 个专门性政策进行整理汇总（见表1）。受限于数据公开等条件影响，部分地方政策暂未收录。自 2008 年以来，我国共有 20 个省、自治区、直辖市及其下属地市区县对农村养老作出了专门安排。尤其在深化发展时期，各地地方政府及民政部门积极作为，明确责任意识，结合当地农村地区发展方向对农村养老服务做出步骤化标准化安排。政策内容大多侧重重点老年群体与困难群体照顾，健全各类要素保障机制，推动农村区域性养老服务中心建设与城乡养老服务布局融合发展，推动养老服务的多样化和有效供给。政策着重解决农村养老的资金渠道不足、人才队伍缺失、部门难以联动发力、信息化水平落后等问题。农村养老服务发展迎来新的机遇，也面临着养老服务需求不断增长的新挑战。③

① 《北京市民政局 北京市财政局 北京市农业农村局关于印发〈北京市农村邻里互助养老服务点建设管理办法（试行）〉的通知》，https://www.pkulaw.com/lar/0eb87c4a2171d79109ed17469a224946bdfb.html，最后检索时间：2023 年 11 月 20 日。
② 《中共中央办公厅 国务院办公厅印发〈关于推进基本养老服务体系建设的意见〉》，https://www.gov.cn/gongbao/2023/issue_10506/202306/content_6885267.html，最后检索时间：2023 年 11 月 20 日。
③ 《关于做好 2023 政府购买服务改革重点工作的通知》，https://www.gov.cn/zhengce/zhengceku/2023-04/15/content_5751639.htm，最后检索时间：2023 年 11 月 20 日。

表 1　各地对农村地区养老服务事业发展提出的针对性政策

省份	城市	名称	发布日期	政策重点
江苏省	宿迁市	宿迁市人民政府《关于进一步加强农村养老服务体系建设的意见》	2017年9月15日	发展信息化管理服务,建立智慧养老管理服务监管网络。推动乡镇区域性养老服务机构建设,提供各类满足农村老年群体需求的上门照护服务内容
	—	《江苏省农村区域性养老服务中心设置指导规范(试行)》	2021年10月28日	明确农村养老服务中心的功能定位,整合现有资源转型升级首先尽量满足较困难老人的需求,合理布局并开放机构公共活动场所设施
	—	《关于推动农村养老服务高质量发展的指导意见》	2022年7月8日	健全基本养老服务目录清单,推进农村特困供养机构管理体制改革和区域性养老服务中心和养老设施建设,加强农村特殊困难老年人保障帮扶
	南通市	《关于推进农村养老服务高质量发展的实施意见》	2022年10月20日	优化县乡村三级养老服务设施布局,推广链式养老服务模式;壮大农村养老服务人才队伍
广东省	—	《广东省农村养老服务"幸福计划"建设试点工作方案》	2012年9月11日	针对满足农村老年群体特别是高龄独居、失能、半失能老年人的基本养老服务需求为重点开展试点工作,探索符合广东实际的农村养老服务模式
江西省	—	中共江西省委组织部、江西省民政厅、江西省发展和改革委员会等《关于加快补齐农村养老服务短板十条措施的通知》	2019年8月14日	建设突出护理功能的福利院与民办老年护理院,开展集中照护,提供无偿或低偿照护服务。建立留守等困难老年人关爱扶助机制与高龄失能老年人护理补贴,开展信息化服务
	—	《农村互助养老服务设施建设管理运营指引》	2020年4月22日	对互助养老服务的设施场所、功能配备、服务内容及管理运营等作出规定,推动其标准化建设管理运营

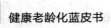

续表

省份	城市	名称	发布日期	政策重点
江西省	安福县	《2021 年安福县"党建+农村互助养老服务"工作实施方案》	2021 年 5 月 15 日	聚焦农村独居、留守等特殊群体,进一步完善农村互助养老服务,打造农村养老助餐"互助之家"并配备必要生活设施,实行农村 70 岁以上独居、留守老人集中助餐
	黎川县	《黎川县推进农村养老服务高质量发展实施方案》	2021 年 12 月 7 日	深化"党建+农村养老服务",关爱留守老人,推进联系农村养老机制多元化发展与乡镇敬老院社会化改革,扩大服务网点与服务对象,推动农村养老服务信息化管理
湖北省	武汉市	《关于做好 2018 年度农村养老服务设施建设运行补贴工作的通知》	2019 年 1 月 2 日	针对符合条件的新建的及已运营的农村老年人互助照料活动中心、农村老年人互助照料服务点、农村幸福院推出补贴方案
湖南省	—	《关于印发〈关于促进农村养老服务发展的若干措施〉的通知》	2021 年 8 月 16 日	提供健康管理服务、低收费照护服务、养老顾问服务、定期探访服务,推动老年人意外伤害保险发展
河南省	洛阳市	《洛阳市人民政府关于印发促进"五级四类"城乡养老服务体系高质量发展的若干措施的通知》	2022 年 9 月 29 日	分类办理养老服务机构消防审验手续、优化登记备案流程、开展老年人识骗防骗宣传教育、医养结合工作及信息化管理服务,促进长期照护服务
吉林省	—	《吉林省民政厅关于印发〈吉林省民政厅关于加强农村养老服务大院建设的指导意见〉的通知》	2015 年 9 月 18 日	提供公共活动场所、文体娱乐、健康管理服务、短期托养、居家上门服务、助餐助浴、委托代办服务、老年教育服务等,支持农村养老服务大院建设
	—	《吉林省 2022 年度农村社会救助工作方案》	2022 年 5 月 20 日	落实农村地区困难群众基本生活保障和社会救助制度完善工作。通过信息共享、搭建监测平台和绩效手段拓展兜底保障成果
	—	《吉林省 2022 年度农村养老服务提升工作方案》	2022 年 5 月 20 日	整治农村养老消费市场乱象,组织宣传教育工作,进一步保障农村老年人合法权益并加强对养老服务机构的监管

续表

省份	城市	名称	发布日期	政策重点
四川省	绵阳市	《绵阳市农村养老服务体系建设试点工作实施方案》	2018年2月1日	构建"1+N"农村养老服务体系,实现公办养老机构向农村区域性养老服务中心转变;对农村养老机构的运营管理、服务队伍和服务形式作出要求
浙江省	温州市	《温州市农村居家养老服务照料中心规范化建设指导意见》	2014年5月16日	相关部门专班化运作、联动式推进,引导专家企业等社会力量进入,推动已有老年公寓、养老服务站等改造升级,对农村养老服务照料的内容功能作出规定,建立完善长效运营机制
	温州市	《温州市未来乡村健康养老场景工作方案》	2021年9月26日	以"精品化""人性化""智慧化"原则为导向,通过线上线下互联、家内家外共建、村内村外同步三大举措,推动智慧养老发展、服务居家养老,引导社会资源提供多元养老服务
安徽省	合肥市	合肥市民政局、合肥市财政局《关于印发〈合肥市城乡养老服务体系建设实施办法〉的通知》	2013年3月25日	为农村五保供养服务机构建设提供多渠道资金支持,实行农村五保对象动态管理与县、乡两级档案管理
	—	安徽省民政厅、安徽省住房和城乡建设厅、安徽省质量技术监督局等《关于印发〈安徽省城乡养老服务三级中心建设指导规范(试行)〉的通知》	2018年6月29日	规划建设养老服务机构设施,开展信息化管理服务。做好人员培训,为老年人提供公共活动场所并提供文体娱乐及各类居家上门服务,设置一站式涉老政务咨询和办理中心,开展"主体服务区+加盟服务点"模式
	宣城市	宣城市民政局、宣城市财政局《关于印发〈宣城市2020年养老服务和智慧养老实施方案〉〈宣城市2020年城乡养老服务三级中心运行方案〉的通知》	2020年4月20日	开展智慧社区居家养老服务和城乡"三级中心"建设,以多种手段补助。社会力量运营的城乡养老服务三级中心要按照要求和实际服务需要完善人员配备

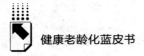

续表

省份	城市	名称	发布日期	政策重点
安徽省	—	安徽省民政厅、安徽省发展和改革委员会、安徽省财政厅等《关于加强城乡养老服务三级中心运营管理的指导意见》	2020 年 9 月 28 日	对养老服务内容作出要求,提供长短期集中照护、助浴助急助医等。推进街道养老服务中心建设,设立县级养老服务指导中心。落实社区养老服务设施配建任务,做好专业人员培训
	—	《安徽省农村养老服务改革试点工作方案(征求意见稿)》	2022 年 11 月 7 日	推进县级失能特困人员供养机构建设与区域性养老服务中心建设,合理规划建设村级养老服务站,实施农村老年人家庭适老化改造和农村老年人关爱专项补贴,开展探视巡访、结对帮扶等
福建省	—	《福建省城乡养老服务设施规划及配置导则(试行)》	2015 年 8 月	编制公共服务设施专项规划,对城乡养老服务的配置内容作出规划要求,提供公共活动场所,推动公共设施无障碍改造
	—	《福建省民政厅关于加快补齐农村养老服务短板的通知》	2020 年 12 月 8 日	将养老服务深度融合到乡村治理、乡村振兴中,对乡镇敬老院、农村幸福院和困难老年人群体家庭开展适老化改造工作,提供特困失能人员集中照护
	连江县	《连江县中心城区居家社区养老服务和乡村养老服务设施建设提升行动方案》	2021 年 8 月 16 日	对辖区内乡镇敬老院与农村幸福院的建设或提升工作的建设规模、功能配备、建设计划、位置及运营模式等作出安排
	宁化县	《宁化县农村居家养老服务改革实施方案》	2023 年 8 月 19 日	进一步激活农村养老服务市场,探索多方参与的新型农村居家养老服务模式。面向贫困、失能、残疾等重点农村老年群体,由政府直接提供或者以一定方式支持相关主体提供养老服务

续表

省份	城市	名称	发布日期	政策重点
贵州省	六盘水市	《市人民政府办公室关于印发六盘水市农村养老服务机构管理暂行办法的通知》	2012年5月4日	养老顾问服务、提供公共活动场所、文化娱乐、农村养老服务机构建设、集中供养的农村"五保"对象、健康管理服务、补助基本医疗费用、丧葬补助
	—	《贵州省民政厅关于开展农村养老服务综合改革试点的通知》	2018年7月9日	健全农村养老服务体制机制,打造多层次的农村养老服务平台网络,探索多元化常态化养老服务模式
	黔南州	《黔南州人民政府关于印发黔南州提升农村养老服务质量若干措施的通知》	2022年12月26日	按照"分类服务、精准施策"的原则,根据健康水平和经济条件对农村老年人分类进行服务,落实监督管理,将农村养老服务纳入综合绩效考核,提升农村养老公共服务供给水平
内蒙古自治区	巴彦淖尔市	《巴彦淖尔市人民政府关于加快城乡养老服务业发展的实施意见》	2014年3月25日	新建医养结合的示范型公办老年养护院与民办老年养护院,集中供养的"三无"五保老人、开展农村牧区互助幸福院建设
山东省	—	《关于加强农村养老工作的指导意见》	2021年11月3日	加强党对农村养老工作的领导,完善并落实基本养老服务制度,保障困难老年人及特殊群体生活;健全农村养老服务网络与服务设施,支持养老服务组织发展;强化家庭养老基础作用,大力发展互助养老服务;提升养老机构照护服务能力和医养结合水平,健全发展要素保障机制
	青岛市	《青岛市农村养老服务工作提质升级三年行动方案(2022—2024年)》	2022年2月28日	在建设运营中重视农村养老服务设施的安全工作和服务质量,推动养老数据对接和智慧养老;通过政策调整和补贴引导重点老年人群体的服务消费,大力发展农村互助养老志愿服务,提升农村医疗保障水平,扩大长期护理保险受益面,发展居家医疗服务

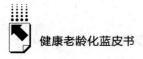

续表

省份	城市	名称	发布日期	政策重点
山西省	—	《推进农村养老服务行动计划（2019—2021)》	2019年4月28日	开展区域性养老集中工程，完善农村养老服务机构设施，对部分地区特困失能群体开展集中供养服务，进一步保障高龄老人和失能老人老年生活，加强对留守老人关爱照护
	大同市	《农村"颐养工程"实施方案》	2021年12月20日	以多种筹资方式与服务模式开展养老服务，提供费用可支付、服务多样化的农村养老服务，构建县乡村三级农村养老保障体系
	翼城县	《农村老年人居家养老和集中供养保障机制》	2022年7月13日	通过强化家庭主体责任与引导社会参与，建立工作机制，支持养老机构等提升综合服务能力，发展农村居家养老自助互助服务
	中阳县	《中阳县城乡养老公共服务"千万养怡助老"项目实施办法》	2023年8月24日	多渠道筹集资金，对农村老年人养老餐补、取暖补助、运营补助等做出保障，推出监管智慧化与奖评激励手段保障服务质量
黑龙江省	—	《黑龙江省民政厅关于做好"十三五"农村养老服务建设规划的通知》	2015年3月13日	统筹考虑五保供养对象集中供养和社会养老需求，提升服务水平与设施使用效率，推动医养结合，分类管理供养老人
广西壮族自治区	—	《南宁市财政局关于下达2020年农村养老服务设施提升改造项目资金的通知》	2020年7月1日	对辖区内市县的农村地区的特困人员供养服务设施（敬老院）改造提升工程建设支出做出规划分配，投入更多资金、加强资金监管、确保专款专用和规范使用
	贵港市	《关于开展农村养老服务改革试点工作的意见》	2022年3月28日	在部分地区开展农村养老服务体系建设试点，完善"县-乡-村"三级农村养老服务网络，积极探索"社工+养老""党建+养老""邻里互助+养老"等服务，保障特殊困难老人生活

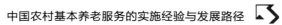

续表

省份	城市	名称	发布日期	政策重点
	—	《关于开展农村养老服务改革试点工作的实施方案》	2017年6月5日	试点建设志愿助老、互助养老、集中照护等服务模式;完善农村养老服务管理体制,明确机构及服务组织责任,壮大人才队伍,加强城乡资源对接和技术支持,提升农村医疗服务保障能力
北京市	—	北京市民政局、北京市发展和改革委员会、北京市公安局等《关于加强农村养老服务工作的意见》	2017年10月16日	对助餐助浴服务、文体娱乐、健康服务等农村养老服务内容作出要求,并提出做好人才队伍培训等工作
	—	《北京市农村邻里互助养老服务点建设管理办法(试行)》	2023年12月6日	基于前期互助养老试点经验,对本市农村地区按就近原则保障高龄、独居、留守、失能老年人等群体获得互助类养老服务
上海市	—	《上海市民政局关于开展农村养老服务设施建设"霞光计划"的通知》	2007年11月30日	主要资助经济相对薄弱的农村养老机构,通过改建扩建,有重点、有步骤地改造一批农村养老服务机构
	—	《上海市民政局、上海市发展和改革委员会、上海市农业委员会等关于加强本市农村养老服务工作的实施意见》	2015年11月3日	提供公共活动场所,推动家庭无障碍设施建设改造、健康管理服务、法律援助、信息化服务等并提供运营补贴

217

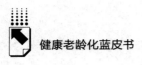
续表

省份	城市	名称	发布日期	政策重点
重庆市	—	《重庆市民政局关于支持深度贫困乡镇建设农村养老服务站的通知》	2018年9月29日	结合本市精准扶贫等工作要求,对18个深度贫困乡镇依托改扩建的城乡便民服务中心建设农村养老服务站提供支持并规范要求
	—	《重庆市民政局关于进一步加强农村养老服务设施建设管理运营的通知》	2019年8月19日	加快在建农村养老服务设施建设进度,着力加强农村养老服务设施的规范管理,不断提高农村养老服务设施运营能力
	—	《重庆市农村养老服务全覆盖实施方案》	2021年1月29日	健全区县-乡镇-村三级养老服务平台,推动农村失能特困人员集中照护机构和乡镇养老机构设施改造建设;健全农村养老服务管理运营机制和互助养老服务网络,推动医养结合和信息化管理;鼓励家庭承担养老责任,提升农村老人养老服务照护支付能力
	渝北区	《渝北区农村养老服务全覆盖实施方案》	2021年9月18日	结合上级相关政策对辖区内农村养老服务工作作出安排

三　农村基本养老服务的实践探索

(一)农村养老服务案例

我国农村养老服务发展的数十年间,各地因地制宜、基于本土文化和社会经济条件开展了诸多探索。尤其在乡村振兴战略提出以来,我国广大农村地区的社会经济条件与基础设施获得了较好发展,对养老服务保障工作也颇有助益。本文基于2021年西南交通大学老龄事业与产业研究中心的 4 省 8 村养老模式实地调研数据，总结出了 7 类农村养老服务提供模式。

1. 山东省滨州市滨城区：“三星四类”盘活农村幸福院

滨州市民政局在推进农村养老服务创新发展方面做出了不少尝试。一方面，滨州市民政局着力优化敬老院，通过撤并新建、推动公建民营、引入社会力量等方式，扩大服务范围并提高服务质量。另一方面，通过出台奖补办法和运营管理意见盘活农村幸福院，将幸福院划分为 1~3 星分级奖补，分为机构居住型、就餐照料型、活动娱乐型、村周转房型 4 类挂牌，并准许社会组织进入幸福院开展活动。此外，该区按照“村里出一点、社会捐一点、个人拿一点”的原则多渠道筹资建立食堂解决老人的就餐问题，并引入企业承接政府购买特殊困难老年人居家养老服务，为农村老人养老不离家提供一站式服务。

2. 四川省巴中市平昌县：“中心+服务”的老年志愿服务制度建设

平昌县探索出农村养老“中心+服务”“1345”运行模式，将敬老院升级为区域性的养老服务中心，承担了机构养老、社区养老和居家养老三重职能并拓宽服务对象范围至全区域。“1345”指的是，构建农村养老 1 张网络，写好农村养老 3 篇文章（做优机构养老、做活社区养老、做实居家养老），发展农村养老 4 支队伍（护工队伍、协会队伍、志愿者队伍、信息化队伍），健全农村养老 5 项机制（动态管理机制、多元服务机制、双向考核机制、利益分配机制、明责问责机制）。养老服务中心还建立了一支专业护工队伍，以规范的服务流程落实监督管理。针对平昌山区地形复杂、老人居住分散、及时上门服务不便的情况，养老服务中心就近为周边符合条件的居家老人提供“五助”居家养老上门服务。此外，依托县民政局，形成了三级老年志愿服务队伍，调动县、镇、村的退休干部以及积极老人，开展村级的养老服务。

3. 四川省眉山市东坡区：“四个三”农村互助养老积分制

2018 年以来，眉山市东坡区创新出了“四个三”模式，即三个层次、三级阵地、三支队伍、三种服务。三个层次是指党政引领、民政牵头、乡镇主体；三级阵地是以镇敬老院为中心，在村建立分中心，村小组形成养老服务点；三支队伍分别是互助服务队、专业服务队和志愿者服务队；三种服务包括依托三级阵地的日常服务、针对所有老年人的集中服务和政府购买的个性化服务。东坡区以村为单位成立了村级互助养老服务队，形成了农村互助养老服务积分制度。该制度类似于"时间银行"制度，但因地制宜进行了调整，队长由村干部或村老协会会长兼任，负责管理、受理登记老人的互助需求。按照自愿原则选拔符合要求的低龄老人、留守妇女等为互助养老服务队人员，为辖区内高龄、失能、贫困、伤残、留守、孤寡、计划生育特殊家庭等困难老人提供服务，用服务换取积分，使用积分可兑换服务或物资。资金主要来源于政府补助、商家让利、企业捐赠、村集体经济补贴以及养老服务分中心自主创收。

4. 河北省石家庄市平山县：村支两委自主探索兴建养老家园

N村的幸福院是一处归集体所有的独立院落，于2013年9月正式运行，由村支两委管理，自负盈亏，收支均通过村集体经济，无政府财政资助和专业力量介入，性质类似养老公寓，辐射周围农村，管理人员由村落本土德高望重人士担任。幸福院一共有三层，根据功能可以将房间分为老人居住房间、管理人员工作室、村医务室和集体食堂。房间硬件设施较好，均做过适老化改造，专门聘请本村人士承担保洁工作。老人入住幸福院需要本人和子女签署协议。幸福院对本村居民和外村老人入住分开标准收费，因医护条件有限暂不接收失能老人。幸福院的低龄老人负责做饭，并为腿脚不便的老人提供帮助，氛围较好，院长会负责调解老人们的纠纷。同时公共活动空间比较大，老人们会在一起下象棋、聊天。

5. 重庆市大足区拾万镇："四元互动"打造养老服务站点

2020年9月，重庆市大足区福佑社会工作服务中心在大足区民政局支持下进入拾万镇C村，探索推进了"四元互动、参与养老"互助养老模式，即"政府部门指导+互助组织负责+社工机构引导+社会力量协同"四维立体参与农村养老。政府部门通过政策制定、资金投入、设施修建、监督评估等形式指导互助养老。通过政府项目购买的形式，引入专业社工机构、明确城乡互助养老基本要求、指导互助养老工作开展。互助组织是当地村民作为主体的社会组织，是开展互助养老服务的实质性机构，通过制度规范、互助服务等形式自我管理、自我服务、自我监督、自我成长。社工组织通过宣传引导、项目指导、服务开展、组织培育、机制搭建等形式引导互助组织、农村村民、社会爱心力量参与互助养老，同时注重社会力量的联接与本土力量挖掘，培育本土村民互助组织和社会力量志愿组织，建立老年志愿服务的"时间银行"制度。社会力量通过资金援助、物质捐赠、爱心服务等形式发挥社会协同作用，构建互助养老的资源网络。

6. 四川省宜宾市长宁县：老年协会主导农村养老服务

长宁县属山区丘陵地形，地域范围较广，村民居住分散，日间照料中心开展活动效果不佳。县民政局因此将农村养老工作的开展交给了村老年协会，给予其较大的自由并提供政策支持。G 镇共有 8 个村设立了老年协会，会费在 20 元/年左右，费用较低，因此入会的老年人较多。老年协会的管理层主要由退休的村干部组成，这些老干部具有很强的管理能力，退休后热情不减，致力于老年协会的管理和运行。他们在村民心中威望较高，对老人具有较强的号召力，同时熟知老年村民的需求，组织的活动比较吸引人。部分村落的老年协会下设议事会、红白理事会、道德评议会等，协调村内事务并获取收入，取得了良好的效果。

7. 四川省成都市郫都区：养老服务公司运营日间照料中心

成都市郫都区着重在农村建立日间照料中心阵地，再通过政府购买服务的方式引入多家养老服务公司入村，专门负责日间照料中心的运营管理。不同养老服务公司和社会组织在区内也形成了竞争并统一受养老运营指导中心监督管理。养老服务公司通过村委推荐和自主报名的方式在本村选拔出日间照料中心的管理人员并严格管理，要求开展健康知识讲座、集体理发、手工活动等活动并做好记录，并通过定期组织培训考核提升管理水平。日间照料中心也需要收集村民的需求意见上报公司，养老服务公司会根据反馈去链接资源、提供指导。

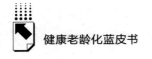
（二）农村养老服务发展的特色经验

1. 多种养老服务主体参与

我国的养老服务的提供主体基本分为两大类型：政府主导型与社会组织主导型。其中，政府主导型可分为自上而下型、自下而上型两类；社会组织主导型可分为老年协会主导型、社会工作机构主导型、养老服务公司主导型三类。

在自上而下型的政府主导养老服务模式中，市县级政府部门普遍比较重视农村养老服务工作，以明确工作方向构建农村养老工作制度并出台相关政策，逐级向下推进，形成多层次的养老服务体系。有上级政府的方向指导，基层政府一般工作积极性较高，村"两委"也积极配合开展养老服务工作，甚至主动探索农村养老服务策略。

山东省滨州市的农村幸福院、四川省巴中市的"中心+服务"老年志愿服务体系以及四川省眉山市的"四个三"农村互助养老积分制属于由政府自上而下的养老服务探索，整体展现出比较强的系统性和规范性，运行机制有效，工作重点明确，模式提炼精准。一旦模式构建成功将具有更强的可复制性，有利于日后在其他村推广。同时，自上而下的政府主导模式下，市县级政府的政策和资源支持更加系统和多元，更能调动不同部门之间的合作，乡镇政府和村支两委在开展具体的互助养老服务工作时获得支持更多，工作开展更加顺利。基层政府和村"两委"在工作中具有更大的考核压力，其工作主动性也会更强。通过行政力量的推动，养老服务提供更加迅速和高效。

自下而上型的政府主导型模式一般是上级政府给予了村"两委"很大的自主权，仅在法律法规和安全层面进行监管，养老服务的实际运营和发展方向完全由村"两委"决定。石家庄市平山县的 N 村幸福院就是典型代表，依靠的是精明能干的村"两委"领导班子构建了一支齐心协力为人民服务的队伍，深得群众的信任和支持，满足了老年人的养老服务基本需求。此外，因为领导班子组织有力，在养老服务模式的运行上也井然有序。惠及本村老人的同时还辐射了周边其他村镇，起到了比较好的榜样带头作用。

在社会组织主导型的养老服务模式下，村级层面的养老服务工作主要由社会组织来规划、组织和管理。社会组织的活动权限是由政府赋予和规定，并受到不同层级的政府部门监管。但与政府主导型相比，社会组织开展养老服务工作时独立性与自主性更强。比如在重庆市大足区 C 村，由社会工作机构主导开展的养老服务实践总结出"四元互动"的模式，推广了时间银行制度，使养老服务工作比较规范。同时，专业社工组织链接社会资源的能力更强，吸引了多方社会力量的资金、物资和服务资助。另外，专业社工组织重视本地志愿者的培养，为社工组织退出农村后互助服务的持续运行提供了人才储备力量。可以发现，社会组织主导互助养老的农村，开展的模式更接近于学术界对互助养老良性运作的定义和想象，制度建设、模式归纳与资料存档都更规范。由养老服务公司主导的养老服务模式本身具备的优势也与社会组织主导型类似。而由老年协会主导的养老服务模式，虽然不够系统，但因其管理人员多为本村退休干部而具有较强的群众基础和贴合实际的服务能力，比较具有民间智慧。比如长宁县 B 村的老年协会就把红白理事会做了起来，通过提供服务来获取收入补贴。另外，还组织了很多本地老年人喜闻乐见的活动，如跳坝坝舞等。

2. 侧重不同养老服务对象

农村养老的主要服务对象主要根据农村所在区域的政府工作重点、农村经济社会基础和实际老年人情况决定，各自有所侧重并采取不同方式提供养老服务。例如滨州市民政局非常重视弱困老年人的养老工作，养老服务的重点就放在了多类型的幸福院运营上。石家庄市 N 村的幸福院仍在探索阶段，不具备照料失能老人的能力，仅接收生活能够自理的老人。平昌县则是在脱贫攻坚的基础上，针对"五保"老人数量逐渐减少的现状，对镇敬老院进行升级拓宽养老服务面。重庆市 C 村集体经济状况较好，且本村失能老年人较少，因此养老服务提供的重点在丰富老年人群的生活。眉山市 W 村则是完善互助养老积分制度，调动老年人参与养老服务的积极性。长宁县 B 村老年协会主导老年服务，对象聚焦所有老年人。郫都区是通过政府购买服务来提供养老服务的，因此服务对象覆盖也较全面，服务内容较为标准化。

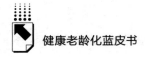
3. 基础设施条件状况不同

根据我国广大农村地区的地理区位及社会经济条件的差异，以及养老服务供给主体与供给方式的不同等实践因素，农村养老服务的开展一般依托当地条件进行基础设施的建设和使用。如宜宾市长宁县受制于当地依山建村、聚落分散的地理环境，设置集中的养老服务中心无法有效服务当地村民，因此根据当地探索实践，老年人开展活动除借用村委办公中心场地外，其余的活动都在村民院坝里进行；石家庄南焦坡村幸福院由当地村两委探索运营、自负盈亏，老年人的娱乐活动空间基本为院落内空地和走廊区域；重庆市大足区在项目建设中专门修建了互助养老中心，并进行了较好的适老化建设，硬件设施条件较好，在专业社工组织的管理经验作用下具有较高的使用效率；依托日间照料中心的农村也在实践中为当地村民提供了固定且较为充裕的娱乐活动空间。

（三）农村养老服务实践的不足之处

1. 缺乏系统整合的政策支持

养老不只是老年人的需求，还是属于整个社会共同完成的大工程。但政府在社会服务方面的建设大多以辐射青壮年人口为主，农村面向普通老人的社会服务规划及制度建设尤少。已有的相关政策制度不仅在辐射人群上具有局限性，福利保障手段也主要限于物质保障，相较老人的需求差距甚远。尽管关于农村养老服务的顶层设计和方向指导已经较为完善、老龄工作发展也取得一定进展，但有关的配套政策仍然亟待完善。齐鹏等认为目前立足于农村社区的养老规划及政策机制的系统整合性建设不足，虽然对社区多种养老形式、主体、设施、资源等作了发展或探索性建设，但多为方向或指导性的，缺乏可操作性政策设计，阻碍了资源利用和责任整合，有些政策无法形成多方面的融合支持，有些与农村社会发展形势的变化也可能存在冲突。[①]

---

① 齐鹏、纪春艳：《农村养老服务整合：趋向、困境与路径》，《经济与管理评论》2023 年第 5 期。

当地方政府给予农村较大的自主权创新探索，在实际工作中往往存在配套支持政策跟不上的情况，因而村两委或社会组织在实践中缺少制度性支持，有些养老服务活动只能浅尝辄止。部分市县级政府出台的政策支持力度较小，影响比较有限，或存在有一些考核办法类型的政策文件但没有其他支持类的政策文件，对农村养老服务工作的开展反而增加了限制，在一定程度上造成了农村养老服务工作流于形式。

比如说，石家庄市 N 村委自主探索建设的幸福院自负盈亏，因收费较低、性价比高、管理口碑好等几乎满房，为周边农村老人，尤其是空巢老人提供了实惠的养老服务。村民也积极互帮互助参与养老服务，在一定程度上给予老年人以心理慰藉。但由于缺乏专业力量介入和政策支持，幸福院组织活动单一、集体活动空间缺乏，而且无法接收失能老人，失能照护责任仍然主要由子女家庭承担。村两委未来计划扩建幸福院并增设照护失能老人的服务，但需得到市县级的政策和资金支持。

2. 养老服务提供主体定位不明确

为了保障农村养老服务的高质量可持续发展，还应该实现参与主体的多元化，投入更多的人力、物力和财力。在经济水平相对落后、地广人稀的农村地区，多主体参与养老以弥补政府难以覆盖之处更是应有之义。我国农村养老多主体参与的指导性方针政策虽早已存在，但各主体却仍存在权责尚未厘清、定位尚不够明确的问题。多主体参与农村养老需要全社会的通力合作，政府各部门、社会组织、社会力量和接受服务的老人在这个体系中各自扮演的角色都非常重要。实际调研资料显示，在我国广大农村地区，参与养老服务提供的主体并不一致，政府部门、村"两委"、社会组织、社会力量的介入程度不同，导致养老服务的有效性和可持续性不一。目前来看，我国在协调多主体参与农村养老服务方面的工作依然有很大发展空间，政府的服务监督、社会组织的服务内容和质量、老人的投诉反馈通道等问题都还没有得到有效解决，这也阻碍了我国养老服务质量的提升和养老服务的均等化。

3. 养老服务供需不平衡

随着年纪增大，老年群体身体各项功能都逐渐出现衰退，对日常生活服

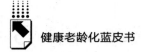

务、医疗保健服务、心理关怀等方面的需求都在增加。在乡村振兴战略逐步推进的背景下，农民生活日益殷实，养老服务诉求呈现多元化、个性化的趋势，然而农村养老服务真实需求并未得到充分而有效地挖掘。①

本次实地调查统计数据显示，农村老人需要的养老服务紧迫性排名依次为医疗护理、精神慰藉、文化娱乐、生活照料、法律援助。但是目前各类养老服务的供给没有达到老年人的要求。农村普遍缺乏完善的医疗保障，慢性病较为普遍，高质量医养型养老服务供给迫在眉睫。② 但是农村距城区较远，受自然环境限制居住聚落也相对分散，卫生院的基础设施不完善、专业医师较少，只能为老年人提供基础诊疗。一旦有老年人需要紧急治疗或者进一步检查确诊，仍需到城区医院治疗。而农村老年人在生病时往往害怕给外地务工的子女增加经济负担，更多选择私人药铺简单治疗。这就导致农村老年人普遍存在"有钱就治，没钱就拖""小病挨，大病扛"的现象。③ 大部分农村养老机构都只招收可以自理的老人，无法为老年人提供专业的医疗。农村养老服务实施效果因此受到影响。

在日渐呈现空心化、少子化的中国农村，老年人的精神慰藉供给也比较欠缺。对于身体健康状况尚且良好的老年人而言，农村家庭结构的变化和自身劳动能力的下降使他们在家庭分工中的角色变得愈发边缘化，慢慢就演变成社会边缘群体并与社会脱节，丧失了社会再参与的机会与途径。对于失能老人而言，亲人间的慰藉比任何其他方式都重要，但当前农村家庭青壮年成员往往在外工作，可以为老人提供的心理慰藉非常少，即便有经济能力的少部分家庭聘请家庭照料者上门照料，这些人员往往也不具备抚慰老人情绪的专业素养，难以保障老年人的精神慰藉需求。④

① 张秋莲：《农村养老服务问题及对策探究》，《农村·农业·农民（A版）》2023年第1期。
② 张志元：《乡村振兴战略下农村养老服务高质量发展研究》，《广西社会科学》2021年第11期。
③ 唐玉琪、邓家宝、冯改霞等：《甘肃省东乡县锁南镇农村老年人养老问题研究》，《内蒙古科技与经济》2021年第14期。
④ 曾缓：《农村居家养老服务的供需现状与对策研究》，《江苏商论》2023年第6期。

目前，我国市场化的养老企业较少，且处于"小、散、弱"的状态，养老服务市场化供给的体量不足，并且以中等以上经济收入的老年群体为主要服务对象，这部分老年人在我国的空间分布较为分散且并非占很高比重。这种养老服务存在收入水平的门槛，难以进入我国农村地区，加之其投入时间长、利润低、风险大的行业特点，市场化的农村养老服务发展面临一定障碍。①

4. 服务人员数量和质量欠佳

我国农村专业的养老服务人员数量稀少，无法满足目前的养老服务需求。农村养老服务行业需要护理、康复、社工以及运营等专业人才。② 2022年2月，国务院印发的《"十四五"国家老龄事业发展和养老服务体系规划》提到，到2025年，实现每千名老年人配备1人以上社会工作者③。

调查数据显示，中国需要约1400万名养老服务人员，但现有人数仅为100多万人，其中获得专业证书的不到50万人，护理人员短缺的情况更加令人担忧，农村地区提供养老服务的专业人员及专业技术和技能也相对较差，这造成了农村地区养老队伍整体素质偏低。④ 受地区、工作环境、待遇水平等因素的影响，我国农村养老服务人才供给不能满足老年人的需要，尤其是综合管理人员比较稀缺。⑤ 目前，我国农村地区养老服务主要是由农村妇女或低龄老人负责，但由于专业能力和文化水平有限，只能提供基本的生活照护，对于医疗保健、心理关怀方面基本不涉及或涉及少，这直接制约了农村养老服务的发展。

---

① 梁文凤：《人口老龄化背景下农村养老的现实困境与路径选择》，《经济纵横》2022年第10期。
② 刘磊：《"十四五"时期完善农村养老服务体系的挑战与任务》，《行政管理改革》2021年第5期。
③ 《国务院关于印发"十四五"国家老龄事业发展和养老服务体系规划的通知》，https://www. gov. cn/zhengce/content/2022-02/21/content_ 5674844. htm，最后检索时间：2023年11月20日。
④ 高矗群、张开宁：《民族农村地区养老服务供需现状及养老服务体系建设研究》，《卫生软科学》2020年第6期。
⑤ 张舒、詹劲孙：《马克思主义社会科学方法论在农村养老服务的运用研究》，《绥化学院学报》2023年第2期。

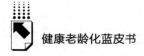

尽管我国目前已有一些专业社会工作组织介入农村养老服务的案例，但受限于现实资源条件，这些实践往往难以持续、后劲不足。一般有社工组织介入的村庄，服务提供质量要相对较好。社工组织会更重视本地志愿者的培养，为社工组织退出农村后服务的持续运行提供了人才储备力量。但好几个村庄存在养老服务工作对社工组织依赖过强的问题，这就导致原本人数难以发展的本地志愿者心理上不服，组织管理能力不足，村民也很担心在政府购买服务结束之后，养老服务会中断。另外，村民普遍对于社工组织专业性理解不足，这就在实际工作开展中影响到农村养老服务的效果。老年人在选择服务提供人员方面，往往会倾向于亲属照料、邻居互助、政府支持，因为他们在可信度、成本和责任上都更有优势，而面对外来机构和工作人员，老年人的兴趣与信任程度都不足。

四 农村基本养老服务的发展路径

（一）把握城乡融合方向，优化要素流动

城乡融合是农村实现经济社会高质量发展的必然道路。长期存在的城乡经济社会发展的二元分割阻碍了区域均衡发展。目前，我国城乡养老保障差异较大，农村养老存在供需不平衡、基础条件落后等问题，而大部分地方民政部门的现有政策和制度条件难以对农村养老问题实现资源整合发力。同时，农村养老事业与产业会受到除养老政策之外的旅游发展、经济社会条件等诸多因素影响，且与政府相关部门及其他行业有较强的协作需求，只有在各个主体共同努力下才能有效保障农村养老服务规模和服务质量。

当前，在我国城乡融合仍处于发展进程中的背景下，解决农村养老问题要求我们从实际出发，探讨适合我国国情的城乡养老融合模式，推动城乡间的要素流动与养老服务保障普惠共享，而不能单一考虑农村养老、照护等具体内容。通过把握城市居民"养老下乡"的多样化、高水平养老服务需求，吸引社会资本进入农村，提升农村的养老服务水平与承接能力，在舒缓城市

养老压力的同时带动农村养老事业发展；顺应数字经济发展趋势，打造城乡老年居民健康服务共享平台，以互联网连接农村老人和市场养老服务与产品；完善城乡养老保险制度整合融合，综合考虑城乡现实物价水平与老年人购买力及生活成本等因素，与时俱进提高城乡居民养老保险金水平。

（二）抓住乡村振兴机遇，实现协同发展

农村的社会经济发展水平是制约农村养老服务发展的一大因素。对于集体经济不好的村来说，政府补贴和社会力量资助永远没有尽头，"输血"模式解决不了核心问题，村委领导班子能力始终受限，老年人的养老消费观念也更倾向于保守节约，对于享受养老服务、参与老年人活动缺乏积极性。《中华人民共和国乡村振兴促进法》明确规定，国家鼓励社会资本到乡村发展与农民利益联结型项目，鼓励城市居民到乡村旅游、休闲度假、养生养老等，但不得破坏乡村生态环境，不得损害农村集体经济组织及其成员的合法权益。

在乡村振兴的背景之下，多渠道发展农村经济，开发老年人的人力资源，一手抓生产，一手抓养老，农村的经济和养老事业共同发展、相得益彰；依托乡村振兴战略规划，创建农村老年人宜居环境模式，满足老年人对美丽宜居农村生活的向往，全面提高农村老年人居住环境质量与适老性，保障老年人健康生活的环境基础；推动科学技术发展成果走入农村养老服务，通过鼓励企业和政府及社会组织合作，结合互联网信息技术提升健康养老保健服务水平，推动农村养老服务智能化，提升人民获得感。此外，要更注重加强城乡统筹，促进城市基础设施向农村延伸，促进城市社会服务事业向农村覆盖，促进城市文明向农村辐射，使城乡资源有效互动，提升农村经济社会发展的水平的同时，带动农村养老服务事业的发展。

（三）强调地方政府责任，实现因地制宜

2021年3月颁布的《国家基本公共服务标准（2021年版）》对老年人的一系列基本服务保障在养老助老服务和养老保险服务方面已有规定，其中

大部分基本养老服务项目的支出责任在地方，还有小部分项目由中央和地方共同承担，地方基本养老服务的实践对养老服务项目和制度的实际运行效益有非常重要的作用①。我国地域辽阔，自然地理环境和社会经济条件复杂多样，农村养老服务的实践无法以统一政策覆盖。要进一步发展农村养老服务，就需要我们更加重视地方政府的责任，为地方政府创新探索、发挥能动性创造条件。可根据地方经济社会发展状况合理划分财政责任，帮助落后农村地区提供养老服务保障，减轻地方政府工作压力。针对目前养老服务保障政策呈现碎片化、缺乏系统整合的情况，可通过地方政府各部门或层级间的协调合作进行缓解。围绕养老服务工作、依托互联网信息技术建立信息联通机制，实现各部门之间资源清单、需求清单和服务清单共联共享共治，打破信息壁垒。②

另外，因地制宜是基于农村地区的实际情况来制定养老服务政策的重要原则。地方政府应根据农村地区的自然环境、经济条件和人口结构等特点，制定适合当地的养老服务政策和措施。例如，一些山区地区交通不便，老年人面临着出行困难的问题，因此可以重点发展居家养老服务和社区巡回医疗服务，方便老年人在家中获得养老和医疗服务。而一些农业发达地区可以发展农村合作养老社区，将农业资源与养老服务相结合，为老年人提供就近的养老服务。此外，农村地区的村庄和家庭关系较为紧密，村庄和家庭成员可以共同参与养老服务的提供和管理。

（四）聚焦重点老年群体，调整保障手段

在政府财力有限、农村经济发展水平较低的情况下，为应对公共资源配置效率低、不合理，使失能、半失能及其他困弱老年群体享受养老服务保障，在实操部分的政策设计应当进一步细化完善，使农村地区的养老服务保

① 顾严：《基于城乡差异视角的农村养老服务支持政策研究》，《行政管理改革》2023 年第 2 期
② 王增文、张文雅：《国家-家庭视域下农村养老服务高质量发展路径研究》，《行政管理改革》2023 年第 4 期。

障资源优先流向此类重点老年群体。目前，我国农村地区的养老服务政策的保障对象以经济困难老年人为主，主要通过提供经济补贴进行支持，然而这种方式仍然无法聚焦到痛点。因此，应推动逐步向失能失智老年人倾斜，调整单一地给予老人经济补贴的保障方式。可以考虑给护理、保健等养老服务的提供者给予补贴支持的方式，以扩充此类养老服务的供给，从而更好地满足重点老年群体的需求。

此外，还应考虑根据地方实际情况对农村重点老年群体划分优先级，提供基本养老服务保障。在划分优先级时，应综合考虑老年人的失能程度、经济水平、居住环境等因素，制定相应的标准。这样的划分将有助于确保养老服务资源的合理分配，使最需要帮助的老年人能够获得更多的关怀和支持。在制定和实施政策时，需要进一步细化和完善相关措施，以确保养老服务保障资源能够有针对性地流向失能、半失能及其他困弱老年群体。政府可以通过加大财政投入、优化资源配置、加强监管等方式来推动农村地区养老服务的发展，以提高养老服务的质量和覆盖范围。

总之，在解决农村地区养老服务保障问题时，需要综合考虑政府财力、经济发展水平和老年群体的特殊需求。通过细化政策措施、优化资源配置和加强监管，可以逐步完善农村地区的养老服务保障体系，使失能、半失能及其他困弱老年群体能够获得更好的养老服务支持。

（五）重视老年人群需求，努力平衡供需

根据老年人需求提供农村基本养老服务是解决农村养老问题的重要举措。服务提供主体需要多渠道加强对农村老年人需求的掌握。政府应当组织开展老年人需求的调研走访和摸排工作，了解老年人的养老需求和偏好。通过问卷调查、座谈会等方式，广泛征求老年人的意见和建议。同时，还可以借助专业机构和专家的力量，进行科学的需求评估和预测，为政府制定养老服务政策提供依据。根据老年人群的重点养老服务需求，加强弱势服务的供给。

另外，重视推动信息技术在农村基本养老服务中的应用。政府可以鼓励

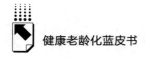

和支持养老服务机构利用信息技术，提供更加便捷和高效的养老服务。建立智慧养老服务信息平台，方便老年人查询和选择适合自己的养老服务，推广使用智能化设备和互联网技术，提供远程医疗、健康监测等服务，满足老年人的养老需求，提高养老服务的供给效率。

（六）实现多元主体参与，扶持社会组织

乡村社会治理的场景具有高度异质性，养老服务工作往往需要因地制宜地规划设计并在具体的项目上发力，地方政府的行为效益具有其局限性。随着项目的发展，必须引进多元主体，为农村养老服务发展引入多样化的资源。多元主体具体包括政府、社会组织、企业和个人等，他们各具优势，可以共同发挥作用，为老年人提供多样化、高质量的养老服务。

政府应当制定相关政策，鼓励社会组织参与农村养老服务供给。可以通过设立专项资金、提供税收优惠等方式，激励社会组织积极参与农村养老服务的提供。政府还可以建立社会组织与政府部门的合作机制，共同制定养老服务计划，合理分工，协同推进农村养老服务的发展。政府应当结合乡村振兴战略，为企业提供支持和鼓励，促使其参与农村养老服务供给。政府可以通过优惠政策、减税措施等方式，吸引企业投资养老服务产业，建设养老院等养老设施，提供专业化的养老服务。政府还可以建立社会组织、企业等力量的合作机制，共同开展养老服务项目。

同时，政府需要加强对多元主体参与农村养老服务供给的管理和监督，通过建立健全的监管机制，加强对养老服务机构、社会组织等社会力量的监督，确保服务的质量和安全。

（七）培养养老服务人才，提高服务质量

农村养老服务涉及诸多方面，需要以为老年人提供更好的养老服务为核心，让老年人老有所养、老有所依。在农村养老服务发展的过程中，需要尽可能引入专业养老服务工作人员负责养老工作开展。

政府可以鼓励本地高校和职业培训机构开设与农村养老服务相关的专业

课程和培训项目，通过建立养老服务专业，培养专业化的农村养老服务人才，并鼓励农村养老服务机构与高校、职业培训机构建立合作关系，为农村养老服务机构提供奖励和支持，共同培养农村养老服务人才。

政府应建立完善的养老政策与养老工作岗位，吸引年轻人从事志愿或者全职工作，并加大对农村养老服务人才的培训和教育投入。可以通过额外聘请专业的养老服务工作人员的模式，解决当前农村养老服务管理不当的困境；设立专项资金、建设养老服务人才培训基地，优先对村干部、中老年群体等本地人员进行养老服务培训，转化利用本地人力资源，提高其养老服务知识和能力。政府与社会组织应当定时定期地对农村养老工作人员进行医疗护理和专业养老方面的知识与技能的培训，从而更好地为农村老人提供养老服务，进而实现农村养老的可持续发展。

B.9
数字化助力中国养老服务发展

杨一帆　何昕颖*

摘　要：　近年来，我国传统养老模式问题日渐凸显，以信息技术赋能养老产业，助力养老服务的数字化发展得到广泛关注，相关政策方案不断出台，发展势头持续加强。以数字化助力养老服务的内在机理为出发点，深入梳理分析各地区政策发布情况及实践落地过程中存在的问题，在此基础上从"以人为本"增强服务人情味、"综合施策"增强服务协同性、"包容智慧"增强服务可及性、"人才培养"增强服务专业性四个方面，提出提高数字化助力水平的可行路径建议，为数字化助力养老服务发展、促进养老服务体系完善提供借鉴思路。

关键词：　数字化　养老服务　信息技术

一　问题的提出

根据第七次全国人口普查数据，2020 年中国人口达 14.1 亿，其中 60 岁及以上人口比重为 18.7%，0~14 岁人口比重 17.95%，首次低于老龄人口。中国已经步入老龄社会，快速老化的人口结构在未来相当长的时间内不可逆。[①] 我国人口老龄化发展呈现速度快、规模大、程度深、健康水平低以

---

*　杨一帆，经济学博士，西南交通大学公共管理学院教授，研究领域为老龄社会治理；何昕颖，西南交通大学公共管理学院硕士研究生。
①　彭希哲、胡湛：《公共政策视角下的人口老龄化》，《中国社会科学》2022 年第 3 期。

及地域差异大的特征，① 随着老年人数量的逐渐增多，居家养老等传统养老模式难以有效满足老年人多层次、多样化、个性化需求②③，养老服务矛盾日益突出。一是保障需求大，有效供给小。全国老龄办的调查显示，目前中国城市居家养老服务需求总的满足率只有 15.9%，家政服务满足率为 22.61%，护理服务满足率为 8.3%，聊天解闷服务满足率为 3.16%④，而在大多数农村中，这些服务基本上是处于一种自发状态，甚至缺失此类服务。老年群体的服务需求与服务供给主体之间难以形成及时有效的传递链。二是群体期望高，服务能力低。在熟悉的环境，有亲情伴随的居家养老是多数老年人的养老期盼，然而，居家养老的老人在家安全性较低，一旦有恙或发生意外，容易耽误治疗时间，且居家适老设施简单，服务内容单一；此外，相关从业人员大多来自转岗、转业人员，持证上岗的人数较少，其专业技能、应急能力、服务素质等不高，普遍缺乏专业知识和实践经验，难以满足老年人不同的照护需求。三是健康问题多，质量服务少。人口老龄化伴随而来的老年人健康和照护问题增多，老年人患病率高、患病种类多、患病时间长、并发症多、治疗难度高，对长期医疗护理服务的需求不断增加，然而长期以家庭或养老机构为主的传统养老模式难以为患病老人提供及时、有针对性的专业医疗救助以及康复护理服务。综上，社会亟待寻找破除传统养老模式困境的突破口。

当今社会人口老龄化与数字技术现代化并行发展。互联网、大数据等新技术作为数字时代的杰出成果，在资源配置过程中发挥着优化与集成作用⑤，极大地激发了养老服务业态及服务模式的创新和发展⑥。我国逐渐意

---

① 朱海龙：《中国养老模式的智慧化重构》，《社会科学战线》2020 年第 4 期。
② 张锐昕、张昊：《智慧养老助推养老服务体系优化：思路与进路》，《行政论坛》2020 年第 6 期。
③ 张丽、严晓萍：《智慧养老服务供给与实现路径》，《河北大学学报》（哲学社会科学版）2019 年第 4 期。
④ 中华人民共和国文化和旅游部：《〈我国城市居家养老服务研究〉新闻发布稿》，2009 年 6 月 3 日，https://www.mct.gov.cn/whzx/bnsj/ltxgbj/201111/t20111128_824219.htm。
⑤ 王晓慧、向运华：《智慧养老发展实践与反思》，《广西社会科学》2019 年第 7 期。
⑥ 张锐昕、张昊：《智慧养老助推养老服务体系优化：思路与进路》，《行政论坛》2020 年第 6 期。

识到以数字技术为推动力，助力养老服务的业态转型是解决养老供需矛盾这一难题的必然要求和正确路径①。国家相关政策日益增多：2015年国务院印发《关于积极推进"互联网+"行动的指导意见》，明确提出了"促进智慧健康养老产业发展"的目标任务②；随后2017年工信部、民政部和国家卫生计生委联合印发《智慧健康养老产业发展行动计划（2017—2020年）》，标志着"智慧/数字养老"将成为破解老年人养老难题新的政策选择和发展趋势。政策的密集性出台表明将数字技术融入养老产业、助力养老服务发展得到了国家的大力支持③。

此外，学术界关于该主题的研究成果也逐渐丰富，但是研究视角多集中在数字技术应用养老服务的重要性方面：潘峰等学者认为智慧养老模式是居家养老、社区养老等多种传统养老模式的助力器，其具备精准化特征④⑤和高效率的优势⑥，能将现代智能化的高科技数字手段融入、渗透到养老服务领域的方方面面，有效弥补其他养老服务模式"做不到、做不好、不能做"的事情。已有成果较少探讨数字化如何助力养老服务发展，以及在实际运行过程中所面临的实际困境及原因。

对此本文首先阐述了数字技术助力养老服务的内在机理，然后深度剖析了国家、各地区层面发布政策、应用举措以及实践探索过程中所面临的现实困难，并据此提出关于提高数字化助力养老服务水平的可行路径建议，希冀能为推动数字技术与养老服务融合发展提供参考，促进老年人享受到更高效、更优质、更便捷的个性化服务。

---

① 朱勇：《智能养老》，社会科学文献出版社，2014，第27页。
② 张雷、韩永乐：《当前我国智慧养老的主要模式、存在问题与对策》，《社会保障研究》2017年第2期。
③ 彭聪：《中国智慧养老内涵及发展模式研究》，《广西社会科学》2021年第1期。
④ 潘峰、宋峰：《互联网+社区养老：智能养老新思维》，《学习与实践》2015年第9期。
⑤ 王宏禹、王啸宇：《养护医三位一体：智慧社区居家精细化养老服务体系研究》，《武汉大学学报》（哲学社会科学版）2018年第4期。
⑥ 赵庚、赵萌：《我国智慧养老服务的空间差异性研究》，《北方民族大学学报》2022年第5期。

二 数字化何以助力养老服务：机理分析

数字技术在为老年人提供智能化养老环境，满足其健康和独立生活需求，提高晚年的身心健康和生活质量方面产生了巨大作用；同时，在满足老年人多层次养老服务需求、调动老年人主观能动性、提升养老服务质量和效率、降低人力和时间成本、优化区域间养老服务资源配置等方面也具有积极影响。

（一）数字化助力老年生活优质幸福

第一，促进情感联结。传统的养老模式往往注重医疗护理和物质生活方面的满足，忽略了老人对于精神世界的需求。一方面，以智慧养老为代表的数字化助力模式可以通过构建家庭连接平台，为家属与老人之间提供更多的联系与交流方式；另一方面，老年人可以通过互联网与亲朋保持密切联系，从而弥合其社会关系网络弱化的趋势，替代性地满足其精神慰藉的需求。第二，提高自理能力。先进的信息科技可以弥补老年人的身体机能衰退[1]，智慧化平台和产品的普及和应用，亦可提升老人自我照护的可能性[2]。例如给记忆力较差的老年人安装 GPS 定位装置、智能医药箱、家用电器监控仪，以防止老人走失、吃错药和忘记关电器；给腿脚不灵便的老人安装老年智能轮椅、老年智能拐杖、智能食品采购系统等，让其"活动自如"，帮助其树立生活自理自立的信心。第三，丰富服务内容。区别于传统养老模式单一照护内容，互联网等数字技术打通了服务通道，打破了原有的分割、固化、脱节、冗余的服务模式，其能够提供远程照料、生活护理、精神慰藉、情感陪护等更加智能化、人性化、多样化的服务类型；另外，家属也可以根据老人的需求选择更具智慧化的服务内容。

---

[1] 王永梅：《网络社会与老龄问题：机遇与挑战》，《学术交流》2014 年第 8 期。

[2] 杨芳：《智慧养老发展的创新逻辑与实践路向》，《行政论坛》2019 年第 6 期。

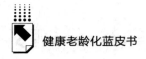

（二）数字化助力养老资源高效利用

第一，提高服务效率。数字技术能够整合周边的养老资源服务，比如医疗护理、社区服务人员等，将周边的资源进行最大化地利用，实现服务的精准全面投放。第二，节约人力资本。在我国人口结构急剧转型情况下，家庭小型化趋势明显，家庭养老功能弱化，传统的老年人照料人员严重缺乏。智能穿戴设备、家庭监护设备等智能产品在智慧养老场景中发挥出重要的作用，大大提高照料效率，节省子女照料成本。如外出随身携带智能穿戴设备，可以进行定位防走失；家里着火、老人摔倒等情况可以通过监护设备自动报警。第三，助力体系建设。利用信息技术的集成提高服务质量和效率，从多个层面完善社会保障体系①。可以说数字化激活了我国的科技创新活力，拉动了老年信息科技产业的发展。

（三）数字化助力医养结合紧密连贯

第一，匹配服务资源。老人随着年岁的累积，身体机能发生退化之后，非常容易出现健康问题，医养问题的结合也是刚需，但是受诸多因素的影响，无法将医养服务惠及更多的老人。大数据、物联网等数字技术可以利用平台优势和技术手段合理分配医疗资源和养老服务，把专业的医疗技术和先进的康复训练与日常学习、日常饮食、生活养老等专业更加紧密地联系在一起。第二，提供精准医疗服务。各类智慧化传感器为老年人提供倒地报警、血压跟踪测量、心跳监控、心理治疗等远程健康监测服务。准确测出异常数据、及时发现介入，并同步到对应的服务和医护人员，进行治疗。第三，减轻医疗负担。通过信息化手段，实现医疗资源的共享和优化配置，提高医疗服务的效率和质量，为老年人提供全面性的医疗保障和连续性养老服务，在减轻社会医疗负担的同时，确保老年人的生活质量和健康水平。

---

① 白玫、朱庆华：《智慧养老现状分析及发展对策》，《现代管理科学》2016年第9期。

三 数字化如何应用养老服务：实践分析

人口老龄化趋势背景下，中央层面持续出台相关政策多次提到"养老服务信息化建设"的字样。2012 年全国老龄办首先提出"智能化养老"的理念，鼓励支持开展智慧养老的实践探索①。2013 年，全国老龄委专门成立"全国智能化养老专家委员会"为我国智能养老服务事业与产业发展把脉导航。此后，在《关于加快发展养老服务业的若干意见》《关于积极推进"互联网+"行动的指导意见》等多个政策中提出"促进智慧健康养老产业发展""提升养老服务信息化水平"等明确目标。

整体来看，我国数字化应用养老服务的顶层政策设计经历了初步规划、技术探索、示范产业、实践推广、技术推广等阶段，在老龄事业发展规划、"互联网+医疗健康"、智慧健康养老产业应用等领域②，促进了数字健康养老产业的发展和养老标准体系的建立，对技术深层嵌入中国养老服务体系进行了规划和布局（见表 1）。相继出台的具有计划性、必要性的利好政策信息意味着智慧/数字养老已经驶入发展快车道，开始上升到国家战略层面，为数字技术与养老服务融合提供了良好的政策准备、政策支持以及发展契机。

表 1 国家重点政策及具体内容

发布时间	阶段	发布部门	政策名称	发布内容
2012 年	首次提出	全国老龄办	—	首次提出"智能化养老"的理念，鼓励支持开展智慧养老的实践探索

---

① 《"智慧养老"助力幸福晚年》，https://www.gov.cn/xinwen/2018-03/21/content_5276078.htm，最后检索时间：2023 年 12 月 12 日。
② 周凌一、周宁、祝辰浪：《技术赋能智慧养老服务的实践逻辑和优化路径——以上海市为例》，《电子政务》2023 年第 2 期。

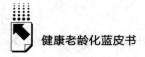

续表

发布时间	阶段	发布部门	政策名称	发布内容
2013年	初步规划	国务院	《关于加快发展养老服务业的若干意见》	发展居家网络信息服务。地方政府要支持企业和机构运用互联网、物联网等技术手段创新居家养老服务模式发展老年电子商务,建设居家服务网络平台,提供紧急呼叫、家政预约、健康咨询等适合老年人的服务项目
2015年	技术探索	国务院	《关于积极推进"互联网+"行动的指导意见》	明确提出要"促进智慧健康养老产业发展"
2017年	示范产业	工业和信息化部等	《智慧健康养老产业发展行动计划(2017-2020年)》	计划在5年内建设500个智慧健康养老示范社区,意味着智慧养老驶入发展快车道;到2025年,智慧健康养老产业科技支撑能力显著增强,产品及服务供给能力明显提升
	示范产业	工业和信息化部等	《智慧健康养老产业发展行动计划(2021-2025年)》	
2021年	实践推广	民政部、国开行	《关于"十四五"期间利用开发性金融支持养老服务体系建设的通知》	通知支持互联网、大数据、物联网、云计算、人工智能等技术在养老服务管理中的运用,建设社区智慧养老服务信息平台,引导养老机构依托新兴技术手段构建"互联网+养老服务"和智慧养老模式。支持智慧养老产品研发推广应用,开发适老化技术和产品
	实践推广	国务院	《"十四五"国家老龄事业发展和养老服务体系规划》	推广智慧健康养老产品应用,建立一批智慧健康养老产业生态孵化器、加速器,编制智慧健康养老产品及服务推广目录;在全国城乡社区普遍开展老年人运用智能技术教育培训

续表

发布时间	阶段	发布部门	政策名称	发布内容
2022 年	实践推广	民政部	《民政部贯彻落实〈国务院关于加强数字政府建设的指导意见〉的实施方案》	加速整合构建全面涵盖老年人口及养老服务机构的信息资源数据库为智慧养老和医养结合、养老服务机构监管提供有力支撑
2023 年	技术推广	国务院	《关于切实解决老年人运用智能技术困难的实施方案》	进一步推动解决老年人在运用"智能技术方面遇到的困难",坚持传统服务方式与智能化服务创新并行,为老年人提供更周全、更贴心、更直接的便利化服务作出部署
		工业和信息化部	《促进数字技术适老化高质量发展工作方案》	加强数字技术适老化领域标准化建设、提升数字技术适老化产品服务供给质量、优化数字技术适老化服务用户体验、促进数字技术适老化产业高质量发展作为四大主要任务

注：①《国务院关于加快发展养老服务业的若干意见》，https：//www. gov. cn/zwgk/2013－09/13/content＿ 2487704. htm，最后检索时间：2023 年 12 月 12 日。

②《国务院关于积极推进"互联网＋"行动的指导意见》，https：//www. gov. cn/zhengce/content/2015－07/04/content＿ 10002. htm，最后检索时间：2023 年 12 月 13 日。

③《智慧健康养老产业发展行动计划（2017－2020 年）》，https：//www. gov. cn/xinwen/2017－02/20/content＿ 5169385. htm#1，最后检索时间：2023 年 12 月 13 日。

④《智慧健康养老产业发展行动计划（2021－2025 年）》，https：//www. gov. cn/zhengce/zhengceku/2021－10/23/content＿ 5644434. htm，最后检索时间：2023 年 12 月 13 日。

⑤《民政部　国家开发银行关于"十四五"期间利用开发性金融支持养老服务体系建设的通知》，https：//www. gov. cn/zhengce/zhengceku/2021－12/03/content＿ 5655643. htm，最后检索时间：2023 年 12 月 13 日。

⑥《"十四五"国家老龄事业发展和养老服务体系规划》，https：//www. gov. cn/xinwen/2022－02/21/content＿ 5674877. htm，最后检索时间：2023 年 12 月 13 日。

⑦《民政部贯彻落实〈国务院关于加强数字政府建设的指导意见〉的实施方案》，https：//www. gov. cn/zhengce/zhengceku/2022－09/29/content＿ 5713649. htm，最后检索时间：2023 年 12 月 13 日。

⑧《关于切实解决老年人运用智能技术困难的实施方案》，https：//www. gov. cn/xinwen/2020－11/24/content＿ 5563861. htm，最后检索时间：2023 年 12 月 13 日。

⑨《促进数字技术适老化高质量发展工作方案》，https：//www. gov. cn/zhengce/zhengceku/202312/content＿ 6922847. htm，最后检索时间：2024 年 1 月 7 日。

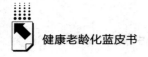

（一）国家政策方案梳理

国家层面关于数字化应用养老服务相关政策基本处于宏观指导状态，为"养老+数字"社会提供了一个愿景。以数字化助力养老服务，推动协调数字嵌入各项活动的制度性建设①，除了需要中央对地方政府养老服务数字助力的指导、赋能和推动，还需要地方政府根据自身的综合特征实行政策落地与实践。

（二）各地区政策内容概览

通过梳理浙江、江苏、北京、上海等智慧/数字养老建设先行地区及四川、重庆、山东等后发探索地区"十四五"养老政策规划，发现各地在政策主要任务制定过程中十分注重智慧助老、智慧用老两个方面，前者主要包含智慧养老产品研发制造、智慧服务提供、信息无障碍环境构建等；后者涉及建立老年人才信息库、完善老年教育体系，搭建就业信息整合平台，促进其再就业、积极参与社会活动等；但是在智慧孝老方面，各地政策制定主要侧重于弘扬孝亲敬老传统美德、形成良好社会氛围等宏观层面，微观层面上指导性、具体性政策和措施稍显缺失（见表2、表3）。

表2 数字化助力养老服务特征

特征	内容
智慧助老	搭建OTO线上线下信息技术/数字服务平台 智慧健康养老产品设备研发和服务供给 无障碍环境、数字化场景相适应
智慧用老	"互联网+教育"模式 老年人才信息库和公共服务平台
智慧孝老	弘扬孝亲、敬老传统美德 供老、料老、伴老、顺老、敬老等9个智慧支持模块

---

① 谢侃侃：《数字共治视角下长三角城市群协同治理的主要实践与对策分析》，《技术经济》2023年第2期。

表 3　部分省市"十四五"政策及重点内容

省/市名称	政策名称	政策内容
浙江省	《浙江省养老服务发展"十四五"规划》	智慧助老:进一步推进养老服务数字化改革,落实新基建智慧康养设施建设,引进人工智能减轻护理压力,形成"养老云"数据,建设一批智慧养老院和养老社区;以"1+5+N"总体框架,建成全省统一的"浙里养"智慧养老服务平台,实现数字养老拓展行动
江苏省	《江苏省民政事业发展第十四个五年规划》	智慧助老:实施"科技+养老服务"行动,依托各类智慧养老服务网络,推广智能化养老服务;加强养老服务信息采集管理,建立全省统一的养老服务数据信息共享平台,以此提高养老服务的便捷性和针对性
北京市	《北京市"十四五"时期老龄事业发展规划》	智慧用老:完善覆盖市、区、街(乡镇)、居(村)四级老年教育服务体系和"互联网+教育"服务模式;智慧助老:通过增强自主创新能力、促进科技成果转化、建设信息技术平台,强化积极应对人口老龄化的科技支撑,以此满足多样化、个性化健康养老需求
上海市	《上海市老龄事业发展"十四五"规划》和《上海市养老服务发展"十四五"规划》	智慧助老:通过打造智慧养老服务数字化场景、推动老年人生活数字无障碍、形成养老政务服务"数治"新范式,以此推动养老服务领域数字化转型,提高养老服务品质
四川省	《四川省"十四五"老龄事业发展和养老服务体系规划》	智慧用老:搭建自我服务、自我管理、自我教育平台。加强老年人力资源开发,将老年人开发利用纳入各级人才队伍建设总体规划,创建老年人才信息库。指导和促进基层老年社会组织规范化建设。智慧助老:加大新基建智慧康养设施建设、强化老年用品的科技支撑,推动高新技术和先进适用技术在养老服务领域的应用
重庆市	《重庆市养老服务体系建设"十四五"规划(2021—2025年)》	智慧用老:积极搭建平台,加快设立老年人力资源信息库,及时收集相关资源信息,免费为老年人才登记入库,扩大老年人社会参与。智慧助老:加快社区居家养老服务信息化建设,持续打造市级综合性信息服务平台,建立全市居家老年人信息库,推动社区居家养老专业化智慧化发展
山东省	《山东省"十四五"养老服务体系规划》和《山东省"十四五"老龄事业发展规划》	智慧用老:完善"山东终身在线学习"等平台和直播大课堂,开展在线老年教育,以老年人需求为导向,加快老年教育优质学习资源和师资队伍建设。智慧助老:开展智慧健康养老产业促进行动,利用云计算、大数据、智能技术,发展健康管理类可穿戴设备、健康监测设备、智能养老监护设备等

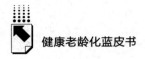
注：①《浙江省养老服务发展"十四五"规划》，https：//mzt. zj. gov. cn/art/2021/4/28/art_ 1229460745_ 4856156. html，最后检索时间：2023 年 12 月 13 日。

②《关于印发江苏省民政事业发展第十四个五年规划的通知》，https：//mzt. jiangsu. gov. cn/art/ 2021/8/27/art_ 79985_ 9990693. html，最后检索时间：2023 年 12 月 13 日。

③《北京市"十四五"时期老龄事业发展规划》 https：//www. beijing. gov. cn/zhengce/ zhengcefagui/202111/t20211126_ 2545746. html，最后检索时间：2023 年 12 月 29 日。

④《上海市老龄事业发展"十四五"规划》，https：//fgw. sh. gov. cn/sswghgy_ zxghwb/20210706/ 8f00482535e54b49bdbd24f6bbaaae6d. html，最后检索时间：2023 年 12 月 13 日。

⑤《上海市养老服务发展"十四五"规划》，https：//mzj. sh. gov. cn/mz － jhgh/20210928/ acb2374791b24a35b39bfd5a2a1c47df. html，最后检索时间：2023 年 12 月 13 日。

⑥《四川省"十四五"老龄事业发展和养老服务体系规划》，https：//www. doc88. com/ p－ 40716196216953. html，最后检索时间：2023 年 12 月 13 日。

⑦《重庆市养老服务体系建设"十四五"规划（2021—2025 年）》，https：//www. cq. gov. cn/ zwgk/zfxxgkml/szfwj/qtgw/202203/t20220302_ 10454863. html，最后检索时间：2023 年 12 月 13 日。

⑧《山东省"十四五"养老服务体系规划》，http：//www. shandong. gov. cn/art/2021/8/6/art_ 107851_ 113741. html，最后检索时间：2023 年 12 月 13 日。

⑨《山东省"十四五"老龄事业发展规划》，http：//wsjkw. shandong. gov. cn/zwgk/ghjh/ 202112/t20211210_ 3802648. html，最后检索时间：2023 年 12 月 13 日。

（三）数字化助力养老服务的地方实践

各地为推进养老服务系统的数字化再造发展，实现养老服务体系的迭代与升级，以老年人、养老服务机构和街道社区等多方面的需求为中心，通过融合线上线下服务，建立起一系列破解供需对接瓶颈、带动相关产业发展、推动提升养老领域科技创新水平、加快养老服务高质量发展的养老服务数字化应用场景。通过梳理发现，各地区实践探索行动多围绕安全防护类、照护服务类、健康服务类数字应用场景展开。

安全防护类数字场景应用

在远程监控方面，数字技术手段能实时报告居家老人的健康数据，南京物联网智慧养老项目，通过手腕式血压计、手表式 GPS 定位仪等传感器随时随地监测老人的身体状况并告知家人；上海研发家庭红外线扫描仪，定时对家中进行波段扫描，机器若长时间未受干扰，进而发出警报通知家人；宁夏的智能化社区居家养老服务平台通过紧急救援系统和"一键式"紧急呼叫服务来保证老年人居家养老的安全性。在防走丢方面，厦门打造的上门康复云养老服务平台、山西省长治市研发的"名片"手机等服务提供了老人地理位置等信息，为老年人设置地理安全围栏，监护其安全。此外，在居家智能适老化改造方面，广东省江门市江海区率先在全市范围内探索智慧养老与居家适老化改造有机结合的提质服务，推出"科技+养老"长者居家建床项目，即安装 AI 智能看护设备与适老化硬件改造双管齐下，对老人的日常生活进行 24 小时监测，提高居家安全系数。

照护服务类数字场景应用

在平台远程支持方面，重庆市江北区智慧养老信息平台建立的"区—镇（街）—社区（村）"三级网络，涵盖家庭养老床位、居家养老等 9 大功能板块，实现养老服务全流程数字化和全监管网络化，科学调配养老服务资源，为江北区老年人提供"助餐、助医、助洁"等优质养老服务；成都市锦江区创新构建"提升一个智慧养老平台、优化三种有效供给、满足三类有效需求"的"133"智慧养老服务体系，促进养老服务资源动态精准匹配、多样化养老服务优质规范发展的同时，构建多元养老服务支撑保障体系。在老年人出行方面，上海市政府、上海市出租车统一平台"申程出行"研发并执行的试点项目"一键叫车智慧屏"，采用了大字体，无广告，操作流程更便捷，可为老年乘客提供便捷的叫车、优先派单等服务。

在居家、机构照护方面，河南精准对接居家和社会养老服务需求与供给，建立居家和社区养老服务信息平台，为老年人提供"点菜式"就近便捷养老服务；在技术应用方面，探索"智慧养老院"搭建路径，推广物联网和远程智能安防监控技术，实现 24 小时安全自动值守，建设统一规范、互联互通的养老服务平台和共享系统，开展养老大数据的深度挖掘与应用。

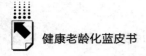
健康服务类数字场景应用

在智慧医养方面，徐汇区第二社会福利院想老人之所想，急老人之所急，主动跨前一步，拓展慢性病管理服务触角，与徐汇区中心医院对接，打通了"云医院"通道，通过互联网手段，实现诊前不用排队就能预约、诊中足不出户就能看诊、诊后不需出院就能拿药的三大便民利民目标，让老人足不出院感受到零距离的医养服务。在老年慢性病用药方面，北京市大栅栏社区卫生服务中心为进一步保障签约老年患者连续、规律用药，不断优化长处方服务，做实药品需求登记，加强多渠道健康知识宣传。在智慧助餐方面，上海浦东新区周家渡街道基于辖区老年人口分布和实际需求，构建完成"1+1+7+10"助餐服务覆盖圈（1个社区长者食堂、1个智慧餐厅、7个社会化助餐点、10个家门口助餐点），打造"5分钟为老助餐服务圈"，实现365天助餐服务"聪明"不打烊，实现餐品信息智能读取、营养标签公示、餐食快速结算等功能。

四 数字化为何赋能养老服务难：原因剖析

（一）顶层标准缺失，资源信息难共享

数字化助力养老服务涉及老年人医疗、护理、饮食、居住、出行等多个方面，覆盖面巨大。然而当前市场缺乏统一标准，不仅不同省份的数字化水平及相关标准差异较大，就连同一省份甚至同一城市的不同地区差异也非常明显。一是标准建设滞后，缺乏实际准则。以智慧养老模式为例，目前智慧养老相关的规划建设总体上滞后于各地实践探索，且地方政策大多为鼓励性政策和参考性意见，难以发挥具体的指导作用。[①] 2019年攀枝花市正式开始探索智慧养老服务工作，在印发专门文件对智慧养老产业发展作出整体规划

---

① 任洁、王德文：《智慧养老中的老问题、新形式与对策研究》，《兰州学刊》2021年第5期。

和行业标准之前，智慧养老信息平台建设已处于起步阶段；如绍兴市发布的相关文件内容上多以定性语言为主，缺乏定量指标和科学规范化的操作说明，缺乏具体指导性。二是信息匹配不均，缺乏互通共享。各地多存在线下与线上资源不匹配、养老服务信息平台重复建设等问题，这极大地限制了信息资源和服务资源的有效利用，使终端产品服务质量良莠不齐，影响最终服务效果。三是数据孤立静态，缺乏有效整合。虽然大多数居家护理 App 已实现对老年人的远程监护和远程医疗，且在我国部分地区实现了电子档案备份、健康管理等技术应用，但目前采集到的数据仍缺乏有效的整合，且由于各行业、平台尚未开放共享，导致数据碎片化、孤岛化严重。

（二）多重因素影响，智慧产品难推广

从个体层面讲，一是技术恐惧心理影响老年用户接受新技术，导致智慧产品闲置率高、推广项目参与意愿差。囿于信息知识和技能匮乏，老年人面对种类繁多的智能产品和铺天盖地的网络信息，自我效能感反而下降，甚至出现挫折感、恐慌感与信息焦虑感。二是数字信息素养影响老年人使用新产品，研究显示我国部分老年居民较低的信息素养已经影响到他们的生活乃至生存状况。由于产品与服务中"智慧"属性的"技治主义"取向，正在驱逐部分难以融入技术化、信息化社会的老年群体，导致部分老年人自我效能感或控制感降低，进而影响其心理健康和信息素养水平。三是使用成本高昂阻碍老年用户使用新服务，很多老人既担心难以支付技术安装或维护费用，也担心技术产生的数据会给子女造成信息过载压力[①]，尽管大量运用信息技术手段提高了部分养老产品的性能，但是操作烦琐和数据复杂等问题使产品性价比较低，进而导致老年用户使用率低。

从技术层面上讲，一是老龄智慧产品的设计存在很多固有缺陷，适老性有待提高；受年龄增长、学习能力下降、身体机能衰退等因素影响，老

---

① 毛羽、李冬玲：《基于 UTAUT 模型的智慧养老用户使用行为影响因素研究——以武汉市"一键通"为例》，《电子政务》2015 年第 11 期。

年人普遍难以顺利使用智慧产品，对该类产品的内外部控制力度较弱，进而导致智慧产品增能效果一般。二是智慧产品设计开发前期需求调研较少采用开放性问题，限定了用户的多样选择与个性需求，例如，失能老年人的产品是研发者根据失能老年群体现有临床表现而设计出来的，不可避免地存在很多臆测成分，与其个体化、差异化的实际需求不符。三是智慧化产品还存在展示性大于实用性的突出问题，过度"智能"将引起老人不适或资源浪费。对于老人而言，智能窗帘等家居产品的感应式开关不仅难找，还易误触；对于养老机构而言，"防跌倒感应"等设备因其感应过于灵敏存在频频误报的情况，相关人员快速到位处理，然而仅是虚惊一场，导致人力物力等资源的浪费，同时如果次数过多，服务方还容易麻痹大意，反而酿成事故。

此外，不同类型的数字化助力服务还停留在各省市部分地区试点阶段，多数企业对数字技术投入养老服务业价值与效益保持观望态度，实际投入运作的资本较少，试点地区的数字化助力服务以信息平台和图景建构为主，并未在全国范围内得到有效推广复制。

（三）链条尚未完备，产业体系难升级

智慧养老是信息经济的一部分，其本身汇聚了高技术性和高附加值的特点，其作为数字化助力养老服务的典型模式，不仅涵盖养老行业，还涉及制造与科技等多个行业[1]；从标准化到产业化，无疑会形成一个巨大的产业链，产业链上、中、下游主要包含基础硬件、终端设备、软件产品和应用与服务等环节，随后延伸到其他相关的电子产品及家居建材行业，从而提升整个养老服务产业的价值，推动养老服务产业升级和信息经济的发展。但是，目前智慧养老的相关产业发展还较为缓慢，社会资源的投入和关注还很有限，缺乏具有影响力的养老品牌。

---

[1] 丁文均、丁日佳、周幸窈等：《推进我国智慧养老体系建设》，《宏观经济管理》2019年第5期。

此外，就养老体系产业链而言，一是技术短板、行业数据尚未互联互通限制了上游行业发展。我国在核心软硬件上远落后于很多国外企业，各地数据建设平台并未开放共享，行业数据存在碎片化等问题。二是中游智慧养老产品市场普及率不高，产品同质化、低端化严重。目前，市面上大量的智慧康养产品仍是低端消费品、入门级电子产品等，在检测精度、产品续航等方面存在问题。三是下游养老市场软硬件设施尚不完善，发展阻力较大。其中，居家养老群体数量大，但目前监测系统不完善，呈现非专业性、非体系性的状态；社区养老由于前期和运营中成本较高，价格昂贵，资源无法有效链接；机构养老专业人才不足，服务质量良莠不齐，设施不完善。

综上所述，尽管目前各养老机构不断调整其数字化运营水平，并因地制宜发挥各自优势进行智慧模式创新，但仍然存在短板，制约产业体系向价值链高端发展升级。

五　如何提高数字化助力水平：可行路径

进一步提升数字化助力养老服务水平，应充分以老年群体个性化、多样化需求为基础，对政府、社会力量和技术保障方等层面进行综合性治理，构建以政府为主导，企业、社会、家庭和老年人等多方参与的多元协同体系。在此过程中，需要注意克服潜在的障碍、走出常见的误区，促进数字适老化改造、构建无障碍社会环境，推动养老服务健康有序、智慧化发展。

（一）"以人为本"增强服务人情味

《中共中央关于制定国民经济和社会发展第十四个五年规划和二〇三五年远景目标的建议》提出，"实施积极应对人口老龄化国家战略"，并明确具体要求。如今，各地开始积极建立智慧化养老服务平台、探索智慧/数字养老新模式，推动"养老"变为"享老"，其中为老年人生活增添温度的关键在于"以人为本"。

第一，从老年需求类别上看，大致可分为基本需求、一般需求和个性需求，面对第一类需求需要政府出力，为其提供基础性、智慧性兜底保障、身心关爱服务；对于一般需求，国企则应肩负责任、充当主力，联动市场，在智能智慧产品研发及应用方面投入资金和人力；对于个性需求，则让其充分多元化地存在于市场，自由匹配各类个性化、智慧化服务，政府起到监督管理作用。第二，从功能模块结构上看，智慧养老涉及智慧居家、智慧社区、智慧机构、智慧医养等多个方面，是多元要素汇聚、叠变的结果。通过技术层面的需求识别，探索人人交互、人机交互和机机交互特点、机制，在此过程中注入个人和群体智慧，自动加主动地为老年人提供能够满足自身需求的更好、更多、更智能的"一站式"服务。第三，从属地养老供给上看，由于各个基层单位的地域、资源、风格特点均不同，因此被服务老人需求差异化明显，为其提供"量身定制"的个性服务，能够使其掌握主动权、诉求最大化得到满足，享受到匹配的、有效的、有温度的服务。

综上，再先进的技术也不太可能替代情感和近身服务，具有温度的系统及功能所提供的养老服务对老年人来说是有尊严和价值的。"以人为本、量身定制"的智慧服务能够增加服务人情味，可以克服机器系统冰冷、无情的技术理性局限，防止"智慧不养老，养老不智慧"。

（二）"综合施策"增强服务协同性

"养老+数字"服务体系不仅仅包括信息系统的建设，还涵盖了体制机制改革、标准制定等一系列问题，是一个复杂的系统工程，需要方方面面的资源能够在数字技术赋能养老服务的概念下实现有效对接。

第一，为老年人的具体养老需求提供技术支撑，通过网站、自助服务终端、无线终端设备等渠道，为老龄群体及其家属提供养老信息实时查询功能；基于智慧养老政务平台和行业平台，开发医疗、保健、教育、娱乐等各种养老服务应用，增加养老产品选择的多样性，提升养老服务的便捷性。第二，为老龄产业发展的需求提供技术支撑和相关服务，开放平台接口，推动产业智慧升级，形成智慧产业生态系统，鼓励老龄产业相关企业、组织和个人开发应用系统接入平台提供海量应用；着眼于数据协同、业务协同、系统协同，构建多维参与、部门贯通的养老业务数据系统，实现特色化养老服务功能集成。在实践过程中，可以围绕养老服务需求，打通卫生、医疗、人社等在内的相关信息平台，构建以老年群体为核心的社会关系网络，促使各项养老业务均可实现"一站式"处理。第三，以资源优化配置为核心，确立多方主体间规则，明确职能定位，促进智慧养老服务的整体性协同，同时规范统一智慧养老健康数据采集、录入、应用标准及行业标准；扶持领军型企业发展，推动企业在智能康复设备、居家或机构养老的智慧养老产品研发等方面加大投资的同时，加强企业和基层社区合作交流，精准匹配养老服务需求和供给；进一步强化智慧养老评估与监管，约束服务提供者的行为规范，促进养老新业态有序发展。

（三）"包容智慧"增强服务可及性

第一，新型互联网企业在开发智能养老产品、搭建网络养老平台过程中，应避免以"自我为导向"进行产品研发和服务提供，应利用市场问卷、走访调研等多方面手段进行"老年人画像"，进而增强对养老服务流程、养老服务需求等方面的了解；在明确理论和实践界反复识别的老年人多种家居需求后，使其平等可及地享受健康、安全、辅助、护理四类智慧化服务。第二，加强各类智慧产品与服务的宣传工作，重点聚焦高龄、失能老人市场推广行为。采用老年人容易接受和理解的方式对智慧养老社区、各类数字产品与服务进行宣传，如通过海报、宣传册、滚动电子显示屏、报纸、电视、智能设备免费体验等形式，引导老年人认知并接触智慧养老模式。此外，还要加强智慧产品与服务的补贴政策与申请流程的宣传。第三，提升数字产品服务适老化感受度，在保障老年人财产安全方面，尽可能过滤、筛选掉具有诱导性、营销性特点的信息，同时将安全风险提示功能完善，加强老年人在使用过程中的安全感。在保障老年人隐私安全方面，数字产品生产制造方应强化风险拦截功能，发挥规范监管作用，以提升老年人对产品的信任感。最后，要构建数字养老综合信息平台，通过平台开展各企业、各部门合作，实

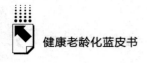

现产品各种服务功能、资源数据的互联共享，达到养老服务供需精准对接目的。①

（四）"人才培养"增强服务专业性

人力资源是保障一个行业可持续发展和不断壮大的关键。智慧养老作为数字化助力养老服务的新兴智能服务业之一，亟须建立多支由现代科技人才、专业医疗技术人员和基础服务人员组成的复合型人才队伍，完善人才培养体系。同时，数字化更多是一种技术手段，使服务供给与服务需求之间的衔接更有效顺畅，其本身并不能提供直接服务。因此，为实现数字技术嵌入养老服务路径多元化，应以人为基础，着手构建多元合理的人才结构。

一是建立标准培训体系，培养既具有医护、心理咨询、营养等专业知识，又具备信息数据处理能力的复合型人才；针对我国护理人员缺乏、家政服务职业歧视等问题，政府应出台落实养老服务人员补贴、激励的政策，提高养老服务人员待遇，吸引更多的人才加入以壮大服务队伍。二是积极开展社会养老人才队伍建设和素质提升培训班，通过政府购买服务方式委托为老服务组织为专职服务人员开展家政服务、紧急救助、数字技术等方面的培训，不断提升服务人员的专业技能，以提升养老服务运营管理效率、数字化水平与质量，实现更多高数字技术人才的集聚。三是在提升行业的总体薪资水平的同时，将老年服务人员与不同消费层级的老年群体的消费需求之间进行合理、高效地匹配；改变社会对于护理人员"污名化"的看法，社会对于不同职业的价值亟须进行理念重塑，为护理人员进行"去标签化"和"去污名化"的职业教育和社会宣传。

六　结语

优化养老服务体系既是积极应对人口老龄化的客观需要，也是为适应信

---

① 尹艳红：《数字治理助力养老服务的困境与策略》，《行政管理改革》2023 年第 6 期。

息社会发展潮流和响应国家推动社会治理体系和治理能力现代化的战略要求的主观选择。面对现实需要和国家战略要求，加速提高数字化助力养老服务水平，应从智慧/数字养老等视域考量现有养老服务体系，将数字技术与传统养老服务模式进行深度融合，实现养老服务模式的升级与进步，助力养老服务体系完善优化。一方面迭代升级数字应用场景，打通数据壁垒，加快相关领域标准和规范的制定，提升养老服务水平和精准性；另一方面加强老年人的信息技术素养和智能设备教育，破解老年人面临的"数字鸿沟"问题，使老年人乐享移动互联网、5G、大数据等信息技术带来的红利，达到真正的智慧养老、助老、孝老。

借 鉴 篇

B.10
国外基本养老公共服务的实践与经验

雷 斌 齐一萌 李 坤*

摘 要： 与中国相比，发达国家较早完成了工业化和现代化，同时也更早进入人口老龄化。在人口老龄化的压力下，发达国家开始探索不同的面向老年人的社会保障体系和服务体系。尽管西方政策话语体系中没有基本养老服务的概念，但是在内容上发达国家很多的养老政策与服务内容都与我国提出的基本养老服务内容相同。因此，借鉴西方发达国家在应对人口老龄化，面向老年人提供服务的经验，对于推动我国基本养老服务发展具有非常重要的现实意义。

关键词： 养老服务 发达国家 基本养老服务体系 社会保障体系

---

* 雷斌，西南交通大学公共管理学院，副教授，研究领域为科技政策与科技管理、老龄科技与产业；齐一萌，西南交通大学公共管理学院本科生；李坤，西南交通大学公共管理学院本科生。

一　比较视角下的基本养老服务：国际视野与中国话语

伴随着工业化、现代化发展，人类的寿命不断延长，老龄化必然成为未来人口发展的重要趋势。相对农业社会而言，由于人类抵抗灾害与疾病的能力逐渐增强，人口死亡率开始逐步下降，同时，低死亡率伴随着高出生率，自然增长率已经改变。随着工业化发展，生产力的提高使人类抵抗自然灾害与疾病的能力也随之提高，尤其是西方代表性资本主义国家人口的平均寿命大幅提高，这就造成人口高龄化趋势，进一步推动了老龄化加深。第三次工业革命时期，世界人口年龄结构逐步进入老龄化，这一阶段表现出社会发展程度越深、现代化进程越快的国家，其人口平均寿命就越长，生育率却越低的特征。中国的人口老龄化与工业化发展有关，中国的现代化程度和生产力水平大幅提高，科技的发展起到决定性的作用，社会的发展需求逐渐由前三次工业革命对于劳动力数量的累积，转变为对于劳动力质量的需求，劳动力的数量不再是促进生产力提高的重要因素，造成这一时期出生率直线下降，但由于生产力的提高，人类抵抗各种自然灾害和疾病达到历史最高水平，人的平均寿命达到较高水平，因此出现了低死亡率、低出生率的现象。中国的人口老龄化是世界人口老龄化趋势中的一个重要组成部分，目前中国已进入"深度老龄化"，老龄化程度在全球居于中上水平，人口的少子化和长寿趋势使老龄化程度持续加深。中国老年人口规模巨大且仍在持续增长，从2023年开始，1963年之后出生的高峰人群逐步进入老龄阶段，中国老年人口的增长规模也将逐步增加，进行快速与中速增长的趋势将会一直持续到21世纪五六十年代。

发达国家的人口老龄化出现得更早，其人口老龄化始于19世纪后期到20世纪早期，尤其是二战后的婴儿潮时期（1946~1964年）出生的人口在20世纪末和21世纪初逐渐进入老年，这加速了人口老龄化进程。首先，工业革命促进了医疗进步，疫苗的普及、抗生素的使用以及整体医疗水平的提高大幅降低了婴儿死亡率的同时也提高了预期寿命。其次，经济发展中工业化和城市化进程提高了人们的生活水平和公共卫生水平。最后，随着经济发展和社会变化，家庭结构发生改变，生育率显著下降。按照联合国的定义，当一个国家或地区60岁及以上老年人口占人口总数的10%，或65岁及以上老年人口占人口总数的7%，则意味着这个国家或地区的人口处于老龄化社会。当65岁及以上老年人口比例达到或超过14%时，该国家或地区就进入了超老龄社会。发达国家中老龄化水平最高的是日本，2021年65岁及以上老年人口比例为29.79%，属于超老龄社会；意大利、芬兰的老龄化水平紧随其后，2021年65岁及以上老年人口比例为23.68%与22.89%；英国和加拿大的老龄化水平在发达国家中居中，2021年65岁及以上老年人口比例分别为18.92%、18.52%；美国和澳大利亚的老龄化水平相对较低，2021年65岁及以上老年人口比例分别为16.68%、16.57%。且发达国家的老龄化程度将进一步加深，预计到2050年，日本65岁及以上老年人口比例将超过总人口的1/3，达到35.6%，老年人口负担非常大；意大利的老龄化水平也较高，65岁及以上老年人口比例超过30%；加拿大的老龄化水平将超过英国，65岁及以上老年人口比例为25%；英国65岁及以上老年人口比例为23.6%；美国老龄化水平在发达国家中仍然处于最低水平，65岁及以上老年人口比例为21.2%。[①]

OECD官网老年抚养比数据显示，中国的人口老龄化在发展趋势上跟西方发达国家是相似的，在整体上中国要滞后一些年份。中国老龄化的发展趋势将会依照西方发达国家的老龄化发展趋势发展（见图1）。同时，各国的老龄化程度与生产力水平趋势一致（见图2）。

发达国家与中国人口老龄化的主要差异，第一在于二者的起始时间不同，发达国家的人口老龄化进程较早开始，通常在20世纪中期老龄化指数上升。而中国的人口老龄化进程开始于20世纪末，尤其在21世纪初加速。第二是速度差异，发达国家的人口老龄化进程相对较为缓慢和逐步。而中国的人口老龄化进程非常迅速，中国用了几十年时间经历了发达国家几百年才

---

① 邱红：《发达国家人口老龄化及相关政策研究》，《求是学刊》2011年第4期。

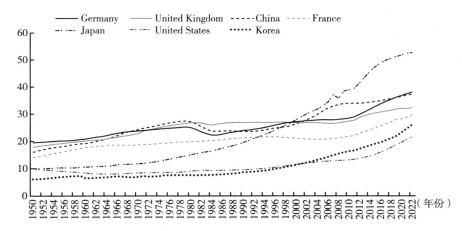

图 1 1950~2022 年世界部分发达国家与中国的老年抚养比

资料来源：OECD Data Explorer · Historical populationdata。

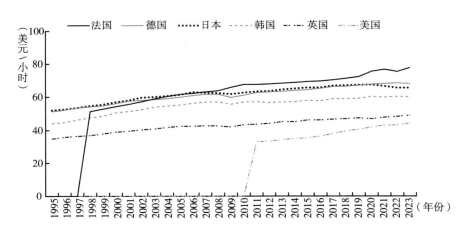

图 2 1995~2023 年世界部分发达国家生产力水平（每小时工作生产总值）

资料来源：OECD Data Explorer · Historical populationdata。

完成的老龄化进程。第三则体现在经济和社会保障水平上。与国际上其他国家或地区相比，尽管中国进入老龄化社会的时间节点并不算早，但在此老龄化进程节点上，其现代化水平和经济发展水平要落后于许多先于中国步入老龄化社会的国家或地区，这也就意味着中国人口老龄化进程呈现"未富先

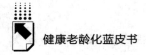

老"现象，而不是像其他步入老龄化的国家或地区是"先富后老"或"富老同步"。具体数据有学者统计过，美国、日本、以色列、韩国、新加坡等国家在进入人口老龄化社会时人均 GDP 均超过了 10000 美元，但中国在进入人口老龄化社会时人均 GDP 仅为 3976 美元。一般情况下，经济发展带来人民生活水平提升，且人口出生率下降和人口开始老化都是同步的。中国由于大力控制人口数量，使人口出生率下降的速度大大超越了经济增长的速度，中国还不是发达国家，与发达国家相比在经济上还存在发展差距，尚不具备发达国家的经济基础和健康支撑体系。我国人均 GDP 与发达国家相比仍有较大差距。2023 年，我国人均 GDP 为 89358 元，仅为美国的 18.8% 左右。当前，我国已进入深度老龄化社会，但是人均 GDP 仅有 1.3 万美元，越来越多的老年人需要更多的财富来维持生活。如果面临同等程度甚至更严重的高龄化水平，中国承受的压力将会比发达国家更加沉重。发达国家普遍建立了完善的社会保障体系，能够为老年人提供较为全面的养老和医疗服务。第四在社会和家庭结构上存在区别。在社会结构上，中国存在"城乡倒置"现象，也就是农村老龄化程度长期高于城镇老龄化程度的现象。第七次全国人口普查（2020 年）数据显示，2020 年中国农村地区的老龄化程度进一步加深，尽管城镇老年人口的绝对数量超过了农村，但是农村的老龄化程度与城镇的差距进一步拉大。在家庭结构上，欧洲 2019 年有近 1/3 的 65 岁及以上的人口独居，其中女性的比例高达 40.8%，男性的比例为 19.5%。随着离婚、未婚、未育的人口逐渐增加，独居老人的数量和比例也在上升，相关国家的老年人口比重也将显著上升，预计到 2050 年，欧洲 65 岁及以上的人口将占总人口的 29.4%。发达国家的家庭结构趋于小型化和独立性，老年人更多依赖社会保障和养老机构。而在中国，由于孝文化以及长期处于农耕文明条件下，传统的家庭养老模式在中国依然占据重要地位。随着人们寿命的延长和子女数量的减少，家庭结构已发生了变化，而老年人的护理选择变得更少。

关于中国"未富先老"的判断最早出现在 20 世纪 80 年代，据学者们考证，最早是邬沧萍先生在 1987 年出版的《漫谈人口老化》一书中提出了这一判断的雏形，并于 20 世纪 80 年代末在讲话中率先使用了 "未富先老" 的表述。"未富先老" 是在 1982 年第三次全国人口普查资料发布后提出的命题，旨在提醒全社会，面对中国生育率快速下降、人口老龄化进程不断加速的发展趋势，必须做好思想、理论、舆论准备，物质准备，制度准备，人才准备和健康准备等，居安思危。邬沧萍等人希望这一命题的提出有助于人们认识到 "中国经济还不发达" 与 "人口老龄化提前到来" 这一对矛盾所带来的复杂问题。[1]

总之，发达国家与中国在面对人口老龄化时都有相似的挑战，如医疗和养老服务的需求增加、劳动力人口减少等。但两者在人口老龄化的进程、速度、社会经济背景及应对措施上存在显著差异。发达国家通过长期的社会保障和医疗体系建设，逐步适应老龄化社会的需要；西方的一些典型福利国家在养老服务模式上遵循着 "家庭—机构化—去机构化—社会化" 的变化路径发展。在后工业时期，一些发达国家开始重新审视老年人的照料需求，开展了一系列富有特色的市场化改革。各国在摆脱传统家庭养老模式的过程中，使养老服务供给的资金来源与服务供给主体日益分离，促进福利供给主体的多元化。而中国在面临迅速老龄化的过程中，需要加快社会保障和养老服务体系的建设，借鉴发达国家的经验，探索适合自身国情的解决方案。

与围绕 "养老保险制度" 的建立不同，中国提出的基本养老服务是为老年人提供养老的服务保障，而 "养老保险制度" 主要侧重于为老年人提供养老的经济保障。"基本养老服务" 首次在 2006 年颁布的《国民经济和社会发展第十一个五年规划纲要》中被提出，是指以满足全体老年人生存发展、照料护理等基本养老需求为根本目标，以遵循经济社会发展水平和适时动态调整为基本原则，由政府承担主要供给责任、市场主体和公益性社会机构进行补充供给的基本公共服务。[2] 中国的 "基本养老服务" 在以家庭为养老服务供给的基础单元和首要责任主体的同时也具有供给主体多元性，政

---

① 林宝：《对中国 "未富先老" 判断的新考察》，《人口研究》2023 年第 3 期。

② 左菁：《基本养老服务制度的政策逻辑与内涵特征》，《重庆社会科学》2024 年第 2 期。

府在基本养老服务制度安排中承担"总责任"。因此基本养老服务能更加满足不同老年人的不同需求，在一定程度上结合了不同层次需求的服务和不同主体之间的协调与配合的要求。

二　发达国家养老服务的管理体制

（一）先进国家的养老服务体制

瑞典属于典型的斯堪的纳维亚福利国家体制，其养老服务管理体制主要由国家下放到地方，中央政府并不直接提供具体的照护服务，而是通过监督地方政府相关照护服务的提供与实施来管理养老服务。卫生和社会事务部统筹全国养老服务事务，下属部门包括全国卫生与福利委员会等，负责协调《社会服务法案》和《健康与医疗服务法案》这两个养老法案。① 老人可以向市级层面申请养老服务，并由市级社会福利办公室的照护经理根据评估结果决定是否接受服务，接受何种服务，之后由公共或私人供给者提供服务，并得到健康和社会照护监督委员会的监督。在管理机构设置方面，国家层面的管理机构有卫生与社会事业部，区域层面有 21 个郡议会，地方层面则有290 个市养老相关部门。整体而言，瑞典的养老服务管理体制注重地方政府的实施和监督，同时保证了法律依据的健全，为老年人提供较为全面的养老服务。

英国是自由主义福利国家，其养老服务体制由成人社会服务体系（ASC）和国民医疗服务体系（NHS）组成。在国民医疗服务体系下，管理机构由议会、卫生部、NHS 董事会、经济监管部门和质量管理委员会等组成，主要负责中级和初级护理。而在成人社会服务体系中，管理机构包括地方委员会联盟、地方质量管理委员会等地方养老服务管理部门，主要负责养老社会

---

① Government Offices of Sweden，http：//www. social styrelsen. se/english/aboutus，2018－05－01，最后检索时间：2024 年 7 月 25 日。

化服务。① 英国的养老服务责任主体分为中央或联邦部门、区域部门和地方部门，分别负责中级护理、初级护理和社会服务等不同层级的服务。整体而言，英国的养老服务体制注重地方的管理与监督，确保老年人能够获得全面的照护和支持。

美国是自由主义福利国家，其养老服务管理体制包括联邦和州级两个层面。在国家层面，美国的养老服务管理机构是卫生及公共服务部，下设老龄署和社区生活署，负责执行州计划的责任，并向老年人提供养老服务。另外，还有与公共卫生服务部相关联的医疗保险和医疗补助服务中心，共同负责社区居家长期照护服务等养老服务项目。在地方层面，养老服务则由州机构和地区机构实施。整体来看，美国的养老服务管理体制注重联邦和州级机构之间的合作与分工，旨在为老年人提供高质量的健康生活。②

德国属于保守主义福利国家，其养老服务体制主要包括以下几个方面。一是降低公共养老金比例，通过多次养老金制度改革提高养老金制度的可持续性和经济性。二是建立长期护理保险制度，实行政府、企业、个人和医疗保险机构四方筹资，以应对老年人长期护理需求的不断增加。三是立法延迟退休并开发老年人力资源，通过限制提前退休、鼓励延迟退休和发展老年教育等措施解决劳动力短缺问题并提高老年人技能水平。这些措施共同构成了德国全面的养老服务体制。

法国的养老服务体制主要包括两个方面：提高养老金缴费水平和加大居家养老支持力度。在养老金方面，法国政府多次试图进行改革，如延迟退休年龄和提高缴费水平以降低福利赤字压力，但遭遇了民众反对和罢工抗议。此外，为应对长期护理需求的增长，法国政府不断加大对居家养老服务的支持力度，通过降低税收、发放个人自理补助等方式鼓励国民选择居家养老，同时推动护理人员培训和科技应用，以提升老年人的生活质量并加强服务监

---

① 王莉莉、吴子攀：《英国社会养老服务建设与管理的经验与借鉴》，《老龄科学研究》2014年第 7 期。
② Ncpssm，http://www.Ncpssm.org/PublicPolicy/OlderAmericans/Documents/ArticleID/1171/Older-Americans-Act，2018-05-07，最后检索时间：2024 年 7 月 25 日。

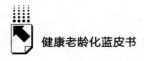

管和监督。

日本属于东亚福利国家，其养老服务管理体制比较完善，设有厚生劳动省下设的保险局、老健局、基金局、健康政策局等机构。日本的养老服务法律包括《国民年金法》《介护保险法》《老年保健法》，国家层面的养老服务管理机构是厚生劳动省，负责初级护理和中级护理，而区域和地方层面则由健康福利部门管理。① 老年人要申请照护服务需先向政府进行"照护认定"申请，经过审核程序方可获得批准后享受服务。总体而言，日本的养老服务体系侧重于提供社会辅助服务，实施了"介护保险制度"，将养老服务从社会福利及医疗保险中分离出来。

综上所述，各国养老服务的发展都受到政治经济等因素的影响，同时面临着人口老龄化发展程度的不同以及所产生社会矛盾的不同，因此，各国都形成了相似但实际各有特色的养老服务体制。

（二）中外基本养老服务体系构建与目标对比

中国正在构建基本养老服务体系，包括养老服务供给不断扩大、老年健康支撑体系更加健全、为老服务多业态创新融合发展、要素保障能力持续增强、社会环境更加适老宜居。本部分将以中国建设基本养老服务体系的目标为基准，从国外发达国家应对老龄化社会所采用的基本养老保险政策、为老年人提供社会服务内容、对老年人的社会保障和救济等方面进行比照与借鉴（见表1）。

表1 部分中外养老服务体系对比

中国基本养老服务体系	其他发达国家养老服务体系
对老年人进行综合能力评估	德国:《社会法典》建立了严格的养老服务标准和评估体系。 日本:《介护保险法》对老年人的介护需求进行评估，并根据评估结果提供相应的介护服务。

---

① Ministry of Health, Labour and Welfare, https：//www.mhlw.go.jp/english/org/pamphlet/dl/
pamphlet-about_ mhlw, 2018-06-08, 最后检索时间：2024 年 7 月 25 日。

中国基本养老服务体系	其他发达国家养老服务体系
护理补贴 家庭养老支持服务	美国：Medicaid（医疗补助计划）和 Medicare（医疗保险计划）等公共项目为这些老年人提供医疗、康复、长期照护等服务。 英国：《国民健康服务法》和《国家老年服务框架》等法律和政策，为老年人提供包括医疗、康复、心理支持、社交活动在内的全方位服务。

三　发达国家老年人生活状况调查与需求分析

在发达国家，为了应对老龄化社会带来的挑战，政府和学术界开展了大量关于老年人生活状况和需求的调查研究。这些研究覆盖了健康、经济、社会、心理等多个领域，为政策制定和社会服务的改进提供了重要依据。以下将详细介绍一些主要的研究，涵盖其目的、方法、内容及其对社会的影响。以下将分别从健康相关研究、社会经济研究、心理健康研究、生活质量与福利研究、医疗保健与长期护理研究、技术与老龄化研究六个方面来进行分析。

健康是老年人生活质量的重要组成部分，了解老年人的健康状况和需求对于制定有效的健康政策和提供适当的健康服务至关重要，所以许多国家对此十分重视并开展了相关研究。在美国进行的健康与退休研究[①]（Health and Retirement Study，HRS），通过系统的数据收集，研究人员能够分析老年人的生活轨迹，评估其健康状况、医疗需求和经济状况的变化。研究使用多阶段抽样方法，覆盖美国全国范围的样本，收集包括健康状况、医疗服务使用、收入、财富、就业状况等方面的数据。HRS 涵盖了广泛的内容，包括

---

① HRS. HRS Data Book Aging in the 21St Century：Challenges and Opportunities for Americans，2017-01，https：//www. hrsonline. isr. umich. edu/sitedocs/databook/？page=1.

身体健康、功能状态、心理健康、健康保险与医疗服务、经济状况、劳动与退休决策、家庭结构与社会支持等。在英格兰，为了解英格兰50岁以上人口的健康、财富、工作和社会参与等方面的变化，选择进行英格兰老龄化纵向研究（English Longitudinal Study of Ageing，ELSA）。ELSA的研究内容包括健康和功能状态、心理健康、经济状况、劳动市场参与、社会关系和社会参与等。通过分析这些数据，研究人员可以了解老年人的生活轨迹，评估社会政策的影响。这些研究可以为我们的政府和政策制定者提供关于老年人生活状况的重要数据，帮助我们制定更有效的老年人政策。比如HRS研究发现老年人的慢性病患病率较高，需要更多的医疗资源。这一发现可以促使政府在医疗资源分配和健康政策上做出调整，ELSA的数据则揭示了老年人健康与经济状况的密切关系，促使政府在健康和福利政策上进行协调，来确保老年人的生活质量，并且数据也可以被广泛用于学术研究，为了解老年人生活状况和需求提供丰富的资料。

老年人的社会经济状况是影响其生活质量的重要因素。了解老年人在经济上的需求和挑战，有助于制定更加公平和有效的社会政策。在OECD老龄化与劳动力市场研究[①]中，合作与发展组织OECD对各成员国的老龄化及其对劳动力市场的影响进行广泛研究，探讨老年人的就业、退休政策和社会保障体系。OECD通过成员国的数据收集和比较分析，进行跨国研究。研究采用统计分析和比较研究的方法，分析老龄化对劳动力市场、养老金制度和社会保障体系的影响。通过对不同国家的数据进行比较，研究揭示了老龄化对经济和社会的多方面影响。类似地，在欧洲进行的欧洲社会调查（European Social Survey，ESS）提供了老年人在不同社会背景下的对比数据，涵盖社会态度、生活质量、健康、经济状况等方面。ESS的研究内容广泛，包括老年人的经济状况、社会参与、健康状况、生活满意度等。上述研究发现社会支持和社会参与对老年人的心理健康有显著影响，我们可以增加对老年人社交

---

① 陈冰、蓝常高等：《OECD国家促进老龄劳动者就业的精细化策略》，《人口与发展》2015年第1期。

活动的支持，提升他们的生活满意度，通过对这些数据的分析，我们的研究人员能够了解不同国家和社会背景下老年人的生活差异，利用其研究结果为我们提供数据支持，帮助制定更符合实际需求的老年人政策。

心理健康是影响老年人生活质量的重要因素之一。了解老年人的心理健康状况和需求，可以帮助制定有效的心理健康服务和支持系统。瑞典全国老年心理健康调查[①]旨在了解瑞典老年人的心理健康状况，特别是抑郁、焦虑和认知功能等问题，并探讨这些问题与社会、经济因素的关系。通过全国性调查，使用问卷和访谈收集老年人的心理健康数据。研究内容包括心理健康评估、生活事件、社会支持、经济状况等。通过对这些数据的分析，研究人员可以了解老年人心理健康的影响因素及其变化趋势。而在日本，老年人心理健康研究[②]探讨了日本快速老龄化社会中的心理健康问题，与瑞典不同的是其重点关注了老年人的孤独感、自杀率及社会支持系统。研究内容包括孤独感、自杀意念、心理健康服务使用情况、社会支持系统等。通过分析这些数据，研究人员能够了解老年人的心理健康状况及其影响因素。研究发现日本老年人的自杀率较高，主要原因是孤独感和社会支持不足，其结果引起了政府和社会对老年人心理健康问题的高度关注。为此，日本政府加强了对老年人的社会支持系统建设，并推出了一系列心理健康服务，显著改善了老年人的心理健康状况。瑞典研究发现孤独感和缺乏社会支持是导致老年人抑郁和焦虑的重要因素。这一发现促使瑞典政府增加对老年人社交活动和心理健康服务的支持，改善了老年人的心理健康状况，与此同时其调查结果也可以为我国政府和社会组织提供改善老年人心理健康的科学依据。

生活质量是衡量老年人福利的重要指标。了解老年人的生活质量及其影响因素，可以帮助政府和社会组织制定更加人性化和有效的社会福利政策。

---

① Folkhälsoarbeteti Sverige, https：//www. folkhalsomyndigheten. se/contentassets/576c960266a344 48ae305c381ee647b5/folkhalsoarbetet-i-sverige. pdf，最后检索时间：2024 年 7 月 26 日。

② Kato E. T. , Sato J. , "Addressing health and demographic challenges in Japan's ageing society," *The Lancet Diabetes & Endocrinology*，11. 8（2023）：pp. 543-544.

加拿大老年人生活质量研究①评估了健康、经济、社会参与、住房、社会福利等方面的政策对老年人生活质量的影响，研究内容包括健康状况、收入、社会参与、住房条件、社会福利使用情况等。通过对这些数据的分析，研究人员可以评估政策对老年人生活质量的影响。在这一领域，澳大利亚进行的老年人福利与生活质量调查则主要研究老年人获取服务的公平性、生活满意度以及面临的主要挑战。研究内容包括健康服务、社会福利、生活满意度、面临的困难等。通过大规模调查和数据分析，收集老年人的生活质量数据，研究人员可以了解老年人的福利需求及其影响因素。澳大利亚老年人福利与生活质量调查的结果为政府和社会组织提供了改善老年人生活质量的科学依据。例如，研究发现老年人获取服务的公平性和生活满意度存在显著差异。根据这一发现，我们可以调整福利政策，增加对弱势老年群体的支持，提升整体的生活质量。加拿大的研究则发现健康状况和经济状况是影响老年人生活质量的关键因素。根据这一发现，我们可以在健康和经济支持方面加大投入，来改善老年人的生活质量，上述老年人生活质量研究的结果可以为政府制定老年人政策提供一定的参考。

医疗保健和长期护理是老年人生活质量的重要保障。了解老年人在医疗保健和长期护理方面的需求，可以帮助政府制定更加完善的医疗和护理服务体系。在欧洲进行的欧洲健康、老龄化与退休调查②（Survey of Health Ageing and Retirement in Europe，SHARE）就是为这一目的服务的，欧洲健康、老龄化与退休调查研究健康、退休、社会经济地位与长期护理需求之间的关系。SHARE 对欧洲 27 个国家的 50 岁以上人口进行调查，收集包括健康、经济状况、劳动市场参与、社会关系和长期护理需求等数据。研究内容包括健康状况、退休计划、经济状况、长期护理需求和服务等。通过对这些数据的分析，研究人员可以了解老年人的需求及其影响因素。SHARE 的研究结果为欧洲各国政府提供了应对老龄化社会挑战的政策建议。而美国的全

① Paskulin L M G, Molzahn A., "Quality of life of older adults in Canada and Brazil," *Western Journal of Nursing Research*, 29.1（2007）：pp. 10-26.
② SHARE-ERIC, https：//share-eric.eu/，最后检索时间：2024 年 7 月 25 日。

国长期护理调查①（National Long Term Care Survey）更倾向于关注老年人长期护理需求、护理服务质量以及支付能力等问题。开展全国性调查，使用问卷和访谈收集老年人的长期护理数据。研究还包括护理服务质量和支付能力的数据收集、长期护理需求、服务使用情况、支付方式和护理质量等。通过对这些数据的分析，研究人员可以了解老年人长期护理的需求及其影响因素，在老年人的医疗保健领域可以对我国的政策发展提供一定的借鉴经验，并且可以为我国相关领域的类似研究提供参考。

随着科技的快速发展，技术在改善老年人生活质量方面发挥着越来越重要的作用。了解老年人对技术的适应情况，可以帮助开发更加适合老年人的技术产品和服务。在这个领域日本进行的老年人技术适应性研究，研究老年人对现代技术（如互联网、智能设备）的适应情况，探讨技术如何改善老年人的生活质量。通过问卷调查和实验研究，了解老年人对技术的接受度和使用情况，以进行全面分析。

日本研究发现老年人在使用现代技术时面临诸多障碍，如操作复杂和技术恐惧。根据这一发现，日本政府和企业加强了对老年人技术培训的支持，并开发了更加友好的技术产品，显著提升了老年人的技术适应性和生活质量，所以日本老年人技术适应性研究的结果为政府和企业提供了开发适合老年人的技术产品和服务的科学依据。在欧洲老年人智能家居研究主要研究智能家居技术在改善老年人独立生活能力、提高生活质量方面的应用和效果，旨在了解智能家居技术对老年人生活的实际影响，为技术开发和推广提供依据。通过实验研究和用户调查，评估智能家居技术的实际应用效果。通过对这些数据的分析，研究人员可以了解智能家居技术对老年人生活的影响及其有效性。研究发现智能家居技术可以显著改善老年人的独立生活能力和生活质量。根据这一发现，欧洲一些国家加大了对智能家居技术的推广力度，并提供了相应的政策支持，同样的我国也可以促进智能家居在老年人群体中的

---

① NIH，https：//www.nia.nih.gov/research/resource/national-long-term-care-survey-nltcs，最后检索时间：2024 年 7 月 28 日。

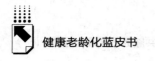

普及，可以借鉴欧洲老年人智能家居研究的结果为我国政府和企业提供了开发和推广智能家居技术的科学依据。

综上所述，发达国家不仅更好地了解了老年人的生活状况和需求，也为政策制定和社会服务的改进提供了科学依据。这些研究结果推动了老年人生活质量的提升，并为应对老龄化社会提供了有效的策略和解决方案。在未来，随着老龄化问题的日益严重，更多的研究和政策支持将继续发挥重要作用，确保老年人能够享有健康、充实和有尊严的生活。

四 发达国家老年人的基本保障与救助

本部分着重介绍发达国家老年人的基本保障与救助，主要包括老年群体的社会保障和社会救济。

（一）社会保障

在社会保障方面，本部分从养老保险、医疗保障和服务进行介绍，并以德国作为典型范例。

1.养老保险

从养老保险制度的构成上看，国外普遍会发展独立的第三支柱养老保险计划。发达国家的养老保障体制可以大致分为以下几种类型。一是福利型养老保险：贯彻"普惠制"原则，基本养老保险覆盖全体国民，强调国民皆有年金。所有退休国民均可无条件地从政府领取一定数额的养老金，这种养老金与公民的身份、职业、在职时的工资水平、缴费（税）年限无关。二是混合型养老保险：在原有福利型养老保险的基础上，引入了"收入关联型养老保险"，即福利型养老保险与收入关联型养老保险同时并存，共同构成第一支柱的基本养老保险。收入关联型养老保险的待遇一般要高于普通年金的待遇，资金主要来源于雇主和雇员的缴费以及基金的投资收益。三是传统型养老保险（也称为收入关联型养老保险）：贯彻"选择性"原则，即并不覆盖全体国民，而是选择一部分社会成员参加。强调待遇与工资收入及缴费（税）相关联，因此待遇水平通常较高，能够较好地保障退休者的基本生活。例如德国建立里斯特养老金计划；法国建立人民退休养老储蓄计划、集体养老储蓄计划；美国建立个人退休账户计划；日本建立人寿保险计划。从养老保险制度的覆盖面上，国际上普遍重视养老保险制度对全民的普惠性包容。为保障参保缴费的劳动年龄人口比例与法定劳动年龄人口的制度覆盖率的等同，发达国家普遍要求强制参保。例如德国、美国、日本等国家。而发展中国家更加注重对农村人口和非正规就业者的覆盖，例如巴西和南非的政策实施情况已经覆盖到了全部的农村人口。

2. 医疗保障和服务

以德国的长期护理保险制度为例，面对快速增长的长期护理需求，德国政府应对较为积极，并逐步建立起长期护理保险制度。1994 年德国颁布了《长期护理保险法案》，实施普遍的、强制性的、全民覆盖的长期护理保险体系。该体系由覆盖绝大多数人群的社会长期护理保险、私人长期护理保险以及补充护理保险构成。其中，社会长护险保障对象跟从医疗保险，即所有法定医疗保险的投保人自动加入长护险，其配偶和子女由制度自动进行覆盖。超过一定收入水平的高收入者可自由选择是否加入社会长护险，但必须购买私人长期护理保险，三项保险确保了长期护理保险制度的全覆盖。①

德国是全球第一个将长期护理保险设立为独立险种的国家。在 20 世纪七八十年代，随着德国社会老龄化程度加深，需要护理的老人越来越多，养老金不够支付高昂的费用。为此，德国提出长期护理保险议案，经历了漫长的 15 年，1995 年德国正式实行长期护理保险。

在保障范围方面，德国的法律规定 18 岁以上公民必须参加长期护理保险，未成年子女随被保险人投保，并且参加医疗保险的人群都要参加长期护理保险，遵循医保跟随原则。虽然德国的长期护理保险是强制参保，但是它

---

① 杜鹏、韦煜堃：《积极老龄化视角下欧洲老龄社会政策应对及启示——以法国、德国、英国为例》，《国外社会科学》2022 年第 6 期。

允许公民自行选择参加的保险类型，至少必须在社会长期护理保险和商业长期护理保险中选择一种。目前长期护理保险几乎覆盖了德国的全体公民，是全覆盖的保险，受益面也是各年龄段人口均可，宗旨是为真正有护理需求的人提供服务。受益人由失能评定机构进行评定，需要具备失能失智6个月以上，且近10年内至少缴纳5年才能申请，达到失能评定标准，即在卫生、饮食、行动、家务中任意两个及以上方面无法自理，方可享受长护险提供的服务。2014年，社会长期护理保险受益人数为256.9万人，商业长期护理保险受益人数为16.93万人。受益人占参保人的3.39%。受益人中65岁及以上人群约占80%。

在服务内容与给付方式方面，近年来德国居家护理服务需求上升，享受居家护理的人数远高于机构护理人数。数据显示，2017年与2016年相比，受益人数增加55.3万人，其中，居家护理人数增加54.8万人，机构护理人数增加5000人，可见受益人群不断增加，居家护理需求不断扩大。为了保证基金支出，护理服务均设置了给付限额，受益人承担超出部分费用。德国养老护理服务分为居家护理、机构护理和半机构护理。其中居家护理分为专业机构居家护理和非正式家庭护理。居家护理方面，德国相关法律鼓励家庭护理，给予相应的政策支持居家护理的非正式护理，即家庭成员照护，受益人可以获得一定的货币用以支付家庭成员或者亲朋好友护理费用。如需要专业机构上门护理，受益人可以选择上门护理机构，接受上门护理服务，给付方式为保险机构和护理机构直接结算。机构护理方面，半机构护理是针对无法获得家庭护理又不满足住院护理条件的人群，选择日间或者夜间的机构护理服务。机构护理解决的是居家和半机构护理不能满足其需求的人群，要求失能处于3级或者失能程度更严重的人群，经过专门的评定机构审核后方可采用。对于保险给付方式，半机构护理的保险给付与上门护理的费用标准一致，并且剩余的部分可以用于支付上门护理的费用。享受机构护理的受益人可以得到定额拨付的保险金，此费用可以用来支付医药费、护理费等，但不能用于支付食宿费等。另外，对于住院护理费用，保险金只能支付住院护理费用的75%，其余部分由个人自付。

（二）社会救济

在社会救济方面主要介绍面向低收入老年人提供的医疗、住房、生活保障等。以美国作为典型案例，由于缺乏相应的数据研究，老年群体的能力不足和脆弱性很难被人们注意。这使他们的声音以及需求很少被人注意到。在政策制定的过程中，老年群体的参与度较低，也无法在制定政策中维护自身群体的权益。

在社会生活中，影响老年群体受到伤害的因素有很多。例如个人情况、社会事件以及社会、经济、文化等因素造成的不平等，并且年龄、性别、种族等因素会增加脆弱的风险性。为了应对这种情况带来的问题需要依靠应对能力（个人和外部的技能和资源、社会网络和支持、个人可以获得处理威胁、事件的能力）和复原力（社会和个人适应或大或小的冲击和挫折并苗壮成长的能力）。而这两个重要因素所需的收入、健康等条件因为资源的分配不均使弱势群体更易受到伤害。[1]

在美国，对待这类需要救济的老年群体，颁布的有《民权法案》。这一法案在总体上保障了这一群体享有平等的机会。此外，在教育、就业、医疗、住房、信用、选举等领域均有保障平等，保护弱势群体权利的立法。同时联邦政府和州政府均设有劳工部专门针对老年人、残疾人和妇女儿童，通过专门的立法来保障其权利。

自 1959 年起，综合住房法案中的第 202 条款便明确为老年住房设立了资助框架，政府采取预付款方式，向非营利机构在购建或购置住房时提供财政援助，并额外提供项目运营中的租金补贴。此措施特别惠及那些年龄达到 62 岁及以上，且其收入低于所在地区收入中位数 50% 的老年群体，旨在有效应对低收入老年人口的住房难题与支持服务需求。这一条款不只标志着联邦层面老年住房项目的滥觞，时至今日，它依然是联邦支持老年住房建设规

---

[1] 《弱势老年人 | 联合国欧洲经济委员会》，https：//unece. org/population/publications/older-persons-vulnerable-situations，最后检索时间：2024 年 2 月 17 日。

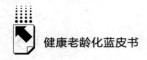

模最大的项目。

另外，综合住房法案的第 8 条款则将焦点对准了低收入家庭，尤其是通过资金支持促进了"老年经济适用房"的发展，这类住房涵盖了政府资助的老年居住设施及可负担的家庭型养老社区等。该条款的实施，确保了符合条件的租户仅需承担其月收入的 30% 作为房租，通过住房补贴的形式大大减轻了租户的经济负担。①

五　发达国家老年人的社会服务

随着全球老龄化的加剧，各国政府和社会组织越来越重视老年人的生活质量和社会参与度。为了拓展老年人的生活范围、提升其社会参与，许多国家进行了大量的研究和实践。下文从老年人的教育服务、志愿服务、社区服务三个方面，介绍一些国际研究及其主要成果。

（一）老年人的教育服务研究

教育服务对老年人不仅具有提升知识和技能的功能，还能促进社交、延缓认知衰退，增强生活满意度。在终身学习与老年人② （Lifelong Learning and Older Adults） 的研究中，主要目的是探讨终身学习对老年人生活质量和社会参与的影响，分析老年人参与教育活动的动机和障碍。该研究通过问卷调查、访谈和文献分析，收集老年人参与教育活动的数据，并进行定量和定性分析，涵盖了老年人教育的多种形式，包括正式教育 （如大学课程）、非正式教育 （如社区讲座） 和自主学习 （如在线课程）。重点分析了参与教育对老年人的心理健康、社会网络和生活满意度的影响。而在欧洲进行的欧洲

---

① 程子非：《OECD 主要国家及地区养老服务筹资模式及政府财政投入》，《南昌师范学院学报》 2023 年第 11 期。

② Panitsides E A, Papastamatis, "Promoting Active Aging through Lifelong Learning: Evolving Trends and Practices." *The International Journal of Adult Community and Professional Learning*, 19. 2 (2013): pp. 59-66.

老年人教育计划①（European Project for Older Adult Education），其研究目的是促进欧洲各国老年人教育的交流与合作，提升老年人参与教育的水平和效果。项目涵盖了老年人教育的各个方面，包括课程设计、教学方法、学习资源开发和教育政策。研究发现，参与教育活动的老年人不仅在知识和技能上有所提升，其心理健康和社会参与度也显著提高。终身学习为老年人提供了继续发展的机会，促进了他们的社会融合。不同的是其重点探讨了如何克服老年人参与教育的障碍，如健康问题、交通不便和经济负担等。

通过跨国合作项目，分享各国的成功经验和最佳实践，开展国际研讨会和培训活动等方法有利于推动我国老年人教育的创新和改进，增加老年人教育资源的共享和利用，从而推动我国在提升老年人教育参与率和效果方面取得了显著进展。

（二）老年人的志愿服务研究

志愿服务不仅是老年人发挥余热、贡献社会的方式，也是他们保持活力、扩大社交网络的重要途径，引起了世界各国的广泛重视。比如在老年人志愿服务的社会影响②（Social Impact of Volunteering by Older Adults）研究中为了评估老年人参与志愿服务对个人和社区的双重影响，探讨志愿服务在促进老年人社会参与方面的作用而进行。该研究涵盖了多种类型的志愿服务，如社区服务、教育辅导、文化活动和环保行动。重点分析了志愿服务对老年人社会参与和社区凝聚力的促进作用。通过问卷调查和访谈，收集老年志愿者的服务经历和感受，分析志愿服务对老年人心理健康、社会网络和生活满意度的影响。而在老年人志愿服务的动机与障碍③（Motivations and

---

① ESREA，https：//esrea. org/networks/education-and-learning-of-older-adults/，最后检索时间：2024 年 7 月 25 日。

② Nancy Morrow-Howell，Jim Hinterlong，Philip A. Rozario，Fengyan Tang，"Effects of Volunteering on the Well-Being of Older Adults," *The Journals of Gerontology：Series B Psychological Sciences and Social Sciences*，58. 3（2003）：pp. 137-145.

③ Petriwskyj，Andrea M.，and Jeni Warburton，"Motivations and barriers to volunteering by seniors：A critical review of the literature," *The International Journal of Volunteer Administration* 24. 6（2007）：pp. 3-25.

Barriers to Volunteering among Older Adults）研究中实验目的聚焦于探讨老年人参与志愿服务的动机和面临的障碍，为政策制定和项目设计提供依据。研究分析了老年人参与志愿服务的内在动机（如自我实现、社会责任感等）和外在动机（如社会交往、获取新技能等）。同时，探讨了健康问题、时间冲突和缺乏支持等障碍对老年人参与志愿服务的影响。

上述研究也可以为我国的老年人志愿服务参与领域提供一定的借鉴。比如在老年人志愿服务的社会影响中发现参与志愿服务的老年人普遍表现出更高的生活满意度和心理健康水平。他们通过志愿服务扩大了社交圈子，增强了社会认同感和归属感。同时，老年志愿者的参与也对社区发展产生了积极影响，提升了社区的凝聚力和互助精神，说明我们应当重视老年人参与志愿服务对社区和老年志愿者的双向积极影响，推动此领域发展，提高老年人的参与率。并且在老年人志愿服务的动机与障碍研究中发现明确和有效的激励机制、提供适当的培训和支持，以及改善志愿服务的组织和管理，可以显著提高老年人的参与率。研究还建议，应针对老年人面临的具体障碍，制定相应的政策和措施，鼓励更多老年人参与志愿服务，同样地我国也可以在政策制定的方向上借鉴这一研究结果，通过有效措施提高参与率，从而发挥老年人志愿服务的积极影响。

（三）老年人的社区服务研究

社区服务是提升老年人生活质量和社会参与度的重要途径。为评估社区支持服务对老年人生活质量的影响，探讨社区服务在促进老年人社会参与和生活满意度方面的作用而进行的社区支持与老年人生活质量[1]（Community Support and Quality of Life among Older Adults）研究，研究范围涵盖了多种社区服务，包括健康服务、社交活动、文娱活动和生活援助。重点分析了社区支持服务在改善老年人健康状况、增强社交网络和提升生活质量方面的效

---

[1] Unsar, Serap, Ozgul Erol, and N. Sut, "Social support and quality of life among older adults," *International Journal of Caring Sciences* 9. 1 (2016)：pp. 249–257.

果。同一领域内，为了探讨老年人社区参与的不同模式及其对生活质量和社会参与的影响，为社区服务的设计和实施提供参考而进行的老年人社区参与的模式与影响（Patterns and Impacts of Community Participation among Older Adults），通过问卷调查和焦点小组讨论，收集老年人社区参与的形式、频率和影响因素，分析了老年人参与社区活动的不同模式，如定期参与、偶尔参与和长期志愿服务。研究重点探讨了不同参与模式对老年人生活质量和社会参与度的影响，以及影响社区参与的因素。研究结果显示，定期参与社区活动的老年人，其生活质量和社会参与度显著高于偶尔参与和未参与者。

前者研究发现，社区服务对老年人的生活质量有显著的积极影响。参与社区活动的老年人不仅身体健康状况有所改善，其社会参与度和生活满意度也显著提高。这是我国政策制定时可利用的经验，说明我们应当完善社区服务，通过提供丰富的活动和支持，帮助老年人维持社交联系，增强他们的社会归属感。研究还发现，社区环境、活动类型和社会支持是影响老年人社区参与的重要因素。我国可以通过改善社区环境、提供多样化的活动和增强社会支持，来有效提升老年人的社区参与度和生活质量。

综上所述，教育服务、志愿服务和社区服务在拓展老年人生活范围和提升社会参与方面发挥着重要作用。通过系统的研究和实践，各国在这些领域积累了丰富的经验和成果。这些研究不仅为老年人提供了继续发展的机会，也为社会的和谐发展贡献了智慧。未来，随着老龄化问题的不断加剧，进一步加强对老年人服务的研究和支持，将成为全球共同面临的重大课题。

六 发达国家老年人服务的基本特点及其借鉴意义

发达国家在老年人服务方面具有许多成功经验和基本特点，这些特点对中国具有重要的借鉴意义。

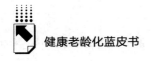

（一）发达国家老年人服务的基本特点

1. 政府主导与多方参与

首先，政府通过建立制度法规、提供资金支持、推进资源整合发挥主导作用，明确构建系统、协作、专业、连续的老年人服务，规定政府各部门以及相关主体的责任、衔接机制、标准规范以及发展目标。其次，服务供给主体多元化，服务人员队伍复合化。以社区作为资源枢纽中心，依托日托中心、小型养老机构、社区活动中心等社区嵌入式养老服务设施发挥企业、非营利组织、志愿组织的积极作用，促进各类资源的系统性整合。例如美国的老年人体育服务，形成了"联邦老龄署—州老龄署—县老龄署"的老年工作行政网络体系，各级老龄署成为推进全美老年体育发展的重要政府机构。美国多主体的协同管理体制体现在政府机构、社会组织、工作单位、家庭和社区，这些部门都在老年人服务中发挥了作用，社区与家庭是发展老年服务的主要负责部门，政府、社会组织和个人发挥协助与支持作用。[①]

2. 完善的社会保障体系

人口老龄化给各国的养老保险制度带来了巨大压力。为应对压力，经过多次改革调整，发达国家基本上建立了多支柱、多层次的养老保险制度体系，通过养老保险、医疗保险、长期护理保险等制度，为老年人提供全面的经济和医疗保障。例如，英国形成了典型的三支柱养老保障体系，包括国际养老金体系、职业养老金体系和个人养老金体系。美国和加拿大的养老保障体系也与英国相似。日本的养老保险分为国民年金、厚生年金和其他年金三个部分，以实现"全民皆保"的目标。韩国的养老金制度包括公共养老金、退休养老金和个人养老金计划，并在后来加入了基本养老金计划以强化国民养老金计划，并开始运营住宅养老制度。这些措施以多元化为特点，旨在确保可持续性和稳定性，减轻养老保险制度面临的压力。

---

① 范成文、金育强、钟丽萍：《发达国家老年人体育服务社会支持体系及对我国的启示》，《体育科学》2019 年第 4 期。

3. 综合性与个性化服务

提供医疗、护理、心理、社交等综合服务，各国都强调以老年人的需求为中心，注重老年人的个性化需求，制订个性化服务计划。发达国家的老年人社区照护服务就兼顾综合性与个性化，在生理功能方面，既包含老年人助餐、助浴等日常生活照料，又满足老年人健康预防、诊疗康复、护理保健等医疗类需求，有效衔接全科医生、医院、社区护理中心等相关机构，通过在社区层面提供有效的预防、康复、护理等健康支持服务，减少对医疗资源的不合理利用。在心理功能方面，老年人心理健康以及精神类疾病的治疗及护理也是各国关注的重点，德国鼓励代际交流以帮助老人排解孤独，英国强调各地政府必须确保老年人获得充分的心理治疗服务。在社会功能方面，为了给老年人提供安全、便利的社区生活环境，各国通过家庭技术援助系统、远程医疗、智能家居监控等高科技养老辅助系统、器具提升老年人的自理能力，改善其生活品质；提供社交娱乐场所，促进代际交流和沟通，德国志愿服务机构以及日本的"老年人才中心"肯定老年人的作用，鼓励其参与志愿活动，重返就业。为了改善失能失智群体的生活状况，各国也投入了大量的服务资源，发布专门的应对战略、安排专业医护服务、成立研究治疗联盟等。

4. 社区和家庭支持

强调社区和家庭在老年人照护中的作用，提供居家护理、日间照护、家庭照护支持等服务。丹麦、英国、德国、日本四国的老龄化程度高，分别代表了四种类型的福利体制，形成了各具特色的老年人社区整合型照护服务模式。丹麦老年社会政策强调维持老年人自我照料能力，尊重其自主选择，提升其独立性和生活质量，形成了以"原宅养老"为特征的老年人社区整合型照护服务模式。英国是自由主义福利体制代表，老年照护服务是政府主要公共开支增长最快的项目，其运转效果会直接影响老人的出院率。英国基于"社区照顾"和"综合照护"为老年人提供社区整合型照护服务，强调政府及社会的共同责任。德国是保守主义福利体制代表，在老年人社区整合型照护服务方面倡导政府责任、家庭功能与社会互助的结合，以长期护理保险和法定医疗保险为支撑，重视代际团结和积极老龄化。日本是东亚福利体制代

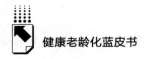

表，是老龄化程度最深的 OECD 国家，在社区范围内整合医疗服务、长期照料和社会照料资源，发展全科医生制度，发挥其整合型健康服务系统协调者功能，为老年人提供社区整合型照护服务。①

5. 技术与信息化应用

广泛应用数字技术和信息平台，提供远程医疗、健康监测、智能家居等服务。利用数字产品改变老人的生活环境，为居家老年人提供方便快捷、智能高效的服务，提升老人的自理能力、改善老人的生活质量。例如智能开门开灯系统及助行设备等。数字技术在老年人社区服务中更强大的功能在于防范风险以及健康支持。例如监测老人行走及物理活动的数字系统在护理行业应用普遍，该系统可以自动记录老人的进出，帮助老人快速地拨打紧急求救电话。同时，电子健康系统、移动健康设备和护理辅助类产品，可以帮助老年慢性病患者进行自我健康管理。此外，虚拟医生问诊系统可以优化老人看病的流程，提升老人就医效率，缓解护理人员紧缺的问题。除了积极研发老年数字产品和系统，政府还注重对老人的数字教育。帮助老人熟练、广泛地运用数字技术和使用数字产品，并通过老年数字化教育服务点、互联网平台为老人提供数字教育资源。

6. 志愿者和社会参与

鼓励志愿者和社会各界参与老年人服务，丰富服务内容，提升老年人的生活质量。志愿者与社会参与在发达国家老年人服务体系构建中扮演了至关重要的角色，是推动老年人服务体系建设的重要支撑力量。完善的志愿服务体系，也为老年人服务体系的建设节省了大量的人力、物力。例如美国社区志愿服务人员每年约有 3800 万人，而这些志愿服务工作均不计报酬。

（二）对中国的借鉴意义

1. 政策和立法支持

制定和完善老年人服务相关的法律法规，明确各方职责和权利，为老年

---

① 王雯、朱又妮、叶银：《老年人社区整合型照护服务：国际经验与治理借鉴》，《社会保障制度》2022 年第 7 期。

人服务提供法律保障。国际社会和发达国家制定和实施积极应对人口老龄化战略的实践表明，加强老龄法律法规和制度体系建设是运用制度化、法治化、规范化手段推动积极应对人口老龄化国家战略从方案文本转化为实践行动和实际效果的主要形式，通过系统化的法律法规和制度体系建设，保证各项积极应对人口老龄化国家战略取得实效。从国际社会和发达国家实施积极应对人口老龄化战略的发展历程看，依法应对和法治化、制度化应对是实施积极应对人口老龄化战略的必然选择，也是实施积极应对人口老龄化战略的重要任务。应加快论证和启动老龄重点领域立法进程，加强各级各类法规和政策制度中老龄统计指标和考核指标体系建设，从而为实施积极应对人口老龄化国家战略奠定法治基础。

2. 多层次服务体系建设

西方发达国家在老年人服务体系的建设过程中，基本形成了多部门共同参与的老年人服务体系建设局面。参与体系建设的主体涵盖了政府组织、社会组织、协会机构、企业、社区等，每个主体在体系建设中发挥着不同的作用，协同配合提供老年人服务。我国也应通过建立综合服务中心，提供一站式服务，并根据老年人不同的需求提供个性化的服务计划。构建起多层次的老年人服务体系，包括居家护理、社区护理、日间照护和养老院服务，满足不同老年人的需求，并逐步形成政府主导，非营利组织、私人机构和社区广泛参与，形成多层次、多样化的服务体系。中国可以借鉴发达国家的经验，发展社区护理服务，支持家庭照护者，形成社区和家庭共同参与的照护模式。

3. 财政投入和资源配置

养老服务是由国家或相关主体向老年人提供的普惠性、基础性和兜底性的服务，既包括基本养老金最低生活保障金、养老服务补贴、护理补贴等物质补助，也包括照料服务、关爱服务和社会救助服务等，因此为加强老年人的物质保障与服务保障需要加强基本养老服务体系建设，制定落实好基本养老服务清单制度，加大政府对老年人服务的财政投入，优化资源配置，确保老年人能够公平获得服务。尤其要进一步提高资源配置的利用效率，要充分

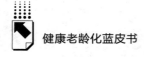

地做好调研，以老年群体对养老服务资源配置的主观意愿为出发点，满足其需求。在此需求的基础之上，以家庭赋能作为资源供给的首要因素，而资源配置则遵循宏观层面的政策部门与微观层面的社区通过联结协作模式整合服务资源，为老年群体提供真正所需的资源。

4. 培训和专业化

加强对护理人员的培训，提高服务专业化水平，确保老年人能够获得高质量的护理服务。将养老服务相关专业纳入我国高等、中等职业教育扶持范围，引导和鼓励职业院校等设置养老服务与管理、社会工作、健康管理、康复治疗技术等相关专业。鼓励开展"订单式培养"，定向培养养老护理专业人才，结合政府购买基层公共管理和社会服务，在基层特别是镇（街道）、村（社区）开发一批为老服务岗位，优先吸纳就业困难人员、建档立卡贫困人口和高校毕业生就业。支持设立养老服务人才培养和实训基地，定期举办养老服务技能大赛，对经过大赛选拔出的行业领军人才广泛宣传褒奖。

5. 信息化和智能化应用

中国可以加大对技术和信息化的投入，推动智能养老的发展，提高服务效率和质量。推进养老服务的信息化建设，发展智能养老技术，提高服务的便捷性和智能化水平。政府应推动相关政策的制定并提供相关支持，为传统养老服务向智慧养老服务的转型提供政策支持和财政补贴，包括制定相关的标准和规范、设立专项基金等。相关部门和行业组织可以制定和提供转型指导和规划，指导传统养老机构和服务提供者进行智慧养老服务转型，包括技术应用、设备采购和人员培训等方面。相关企业要进一步加强市场调研，掌握各类老年群体的真实需求，积极研发和提供适合老年人身心特点的、满足老年人多层次消费需求的智慧养老产品及服务。社区着力打造智慧养老社区，深化社区居家养老智慧化的服务模式；养老机构完善智慧基础设施设备配置，提高智慧服务水平，对护理服务人员进行专业培训；家庭成员要积极接受智慧养老服务，帮助老年人跨越数字鸿沟。

6. 社会宣传和教育

中国可以通过政策引导和激励措施，促进志愿者和社会各界参与老年人服务，形成全社会关爱老年人的氛围。加强对全社会的宣传和教育，提高公众对老年人服务的认知和重视，营造关爱老年人的社会氛围。以社区街道为单位，开展养老护理员关爱活动，定期评选表彰各类先进典型，积极参评当地养老服务工作先进集体和先进个人评比达标表彰项目。加强对先进事迹与奉献精神的社会宣传，让养老服务从业人员的劳动价值和社会价值在全社会得到宣传。

皮 书

智库成果出版与传播平台

❖ 皮书定义 ❖

皮书是对中国与世界发展状况和热点问题进行年度监测，以专业的角度、专家的视野和实证研究方法，针对某一领域或区域现状与发展态势展开分析和预测，具备前沿性、原创性、实证性、连续性、时效性等特点的公开出版物，由一系列权威研究报告组成。

❖ 皮书作者 ❖

皮书系列报告作者以国内外一流研究机构、知名高校等重点智库的研究人员为主，多为相关领域一流专家学者，他们的观点代表了当下学界对中国与世界的现实和未来最高水平的解读与分析。

❖ 皮书荣誉 ❖

皮书作为中国社会科学院基础理论研究与应用对策研究融合发展的代表性成果，不仅是哲学社会科学工作者服务中国特色社会主义现代化建设的重要成果，更是助力中国特色新型智库建设、构建中国特色哲学社会科学"三大体系"的重要平台。皮书系列先后被列入"十二五""十三五""十四五"时期国家重点出版物出版专项规划项目；自2013年起，重点皮书被列入中国社会科学院国家哲学社会科学创新工程项目。

皮书网

（网址：www.pishu.cn）

发布皮书研创资讯，传播皮书精彩内容
引领皮书出版潮流，打造皮书服务平台

栏目设置

◆ **关于皮书**

何谓皮书、皮书分类、皮书大事记、
皮书荣誉、皮书出版第一人、皮书编辑部

◆ **最新资讯**

通知公告、新闻动态、媒体聚焦、
网站专题、视频直播、下载专区

◆ **皮书研创**

皮书规范、皮书出版、
皮书研究、研创团队

◆ **皮书评奖评价**

指标体系、皮书评价、皮书评奖

所获荣誉

◆ 2008 年、2011 年、2014 年，皮书网均
在全国新闻出版业网站荣誉评选中获得
"最具商业价值网站"称号；

◆ 2012 年,获得"出版业网站百强"称号。

网库合一

2014年，皮书网与皮书数据库端口合
一，实现资源共享，搭建智库成果融合创
新平台。

皮书网

"皮书说"
微信公众号

权威报告·连续出版·独家资源

皮书数据库
ANNUAL REPORT(YEARBOOK)
DATABASE

分析解读当下中国发展变迁的高端智库平台

所获荣誉

- 2022年，入选技术赋能"新闻+"推荐案例
- 2020年，入选全国新闻出版深度融合发展创新案例
- 2019年，入选国家新闻出版署数字出版精品遴选推荐计划
- 2016年，入选"十三五"国家重点电子出版物出版规划骨干工程
- 2013年，荣获"中国出版政府奖·网络出版物奖"提名奖

皮书数据库　　　　"社科数托邦"
　　　　　　　　　微信公众号

成为用户

　　登录网址www.pishu.com.cn访问皮书数据库网站或下载皮书数据库APP，通过手机号码验证或邮箱验证即可成为皮书数据库用户。

用户福利

- 已注册用户购书后可免费获赠100元皮书数据库充值卡。刮开充值卡涂层获取充值密码，登录并进入"会员中心"—"在线充值"—"充值卡充值"，充值成功即可购买和查看数据库内容。
- 用户福利最终解释权归社会科学文献出版社所有。

社会科学文献出版社 皮书系列
SOCIAL SCIENCES ACADEMIC PRESS (CHINA)

卡号：637421321248
密码：

数据库服务热线：010-59367265
数据库服务QQ：2475522410
数据库服务邮箱：database@ssap.cn
图书销售热线：010-59367070/7028
图书服务QQ：1265056568
图书服务邮箱：duzhe@ssap.cn

基本子库
SUB DATABASE

中国社会发展数据库（下设 12 个专题子库）

紧扣人口、政治、外交、法律、教育、医疗卫生、资源环境等 12 个社会发展领域的前沿和热点，全面整合专业著作、智库报告、学术资讯、调研数据等类型资源，帮助用户追踪中国社会发展动态、研究社会发展战略与政策、了解社会热点问题、分析社会发展趋势。

中国经济发展数据库（下设 12 专题子库）

内容涵盖宏观经济、产业经济、工业经济、农业经济、财政金融、房地产经济、城市经济、商业贸易等 12 个重点经济领域，为把握经济运行态势、洞察经济发展规律、研判经济发展趋势、进行经济调控决策提供参考和依据。

中国行业发展数据库（下设 17 个专题子库）

以中国国民经济行业分类为依据，覆盖金融业、旅游业、交通运输业、能源矿产业、制造业等 100 多个行业，跟踪分析国民经济相关行业市场运行状况和政策导向，汇集行业发展前沿资讯，为投资、从业及各种经济决策提供理论支撑和实践指导。

中国区域发展数据库（下设 4 个专题子库）

对中国特定区域内的经济、社会、文化等领域现状与发展情况进行深度分析和预测，涉及省级行政区、城市群、城市、农村等不同维度，研究层级至县及县以下行政区，为学者研究地方经济社会宏观态势、经验模式、发展案例提供支撑，为地方政府决策提供参考。

中国文化传媒数据库（下设 18 个专题子库）

内容覆盖文化产业、新闻传播、电影娱乐、文学艺术、群众文化、图书情报等 18 个重点研究领域，聚焦文化传媒领域发展前沿、热点话题、行业实践，服务用户的教学科研、文化投资、企业规划等需要。

世界经济与国际关系数据库（下设 6 个专题子库）

整合世界经济、国际政治、世界文化与科技、全球性问题、国际组织与国际法、区域研究 6 大领域研究成果，对世界经济形势、国际形势进行连续性深度分析，对年度热点问题进行专题解读，为研判全球发展趋势提供事实和数据支持。

法律声明

　　"皮书系列"（含蓝皮书、绿皮书、黄皮书）之品牌由社会科学文献出版社最早使用并持续至今，现已被中国图书行业所熟知。"皮书系列"的相关商标已在国家商标管理部门商标局注册，包括但不限于LOGO（　）、皮书、Pishu、经济蓝皮书、社会蓝皮书等。"皮书系列"图书的注册商标专用权及封面设计、版式设计的著作权均为社会科学文献出版社所有。未经社会科学文献出版社书面授权许可，任何使用与"皮书系列"图书注册商标、封面设计、版式设计相同或者近似的文字、图形或其组合的行为均系侵权行为。

　　经作者授权，本书的专有出版权及信息网络传播权等为社会科学文献出版社享有。未经社会科学文献出版社书面授权许可，任何就本书内容的复制、发行或以数字形式进行网络传播的行为均系侵权行为。

　　社会科学文献出版社将通过法律途径追究上述侵权行为的法律责任，维护自身合法权益。

　　欢迎社会各界人士对侵犯社会科学文献出版社上述权利的侵权行为进行举报。电话：010-59367121，电子邮箱：fawubu@ssap.cn。

社会科学文献出版社